南京农业大学经济管理学院论丛

— 博士论文卷 —

涉农产业发展对居民收入分配的影响研究

The Study on the Impact of Agribusiness Development on Income Distribution

严斌剑◎著

经济管理出版社
ECONOMY & MANAGEMENT PUBLISHING HOUSE

图书在版编目（CIP）数据

涉农产业发展对居民收入分配的影响研究/严斌剑著.—北京：经济管理出版社，2013.12
ISBN 978-7-5096-2876-8

Ⅰ.①涉…　Ⅱ.①严…　Ⅲ.①农业产业—产业发展—影响—居民收入—收入分配—研究—中国　Ⅳ.①F320.1 ②F126.2

中国版本图书馆CIP数据核字(2013)第295438号

组稿编辑：曹　靖
责任编辑：张巧梅
责任印制：黄章平
责任校对：王淑卿

出版发行：经济管理出版社
（北京市海淀区北蜂窝8号中雅大厦A座11层　100038）
网　　址：www.E-mp.com.cn
电　　话：（010）51915602
印　　刷：三河市延风印装有限公司
经　　销：新华书店
开　　本：720mm×1000mm/16
印　　张：14.75
字　　数：289千字
版　　次：2018年6月第1版　2018年6月第1次印刷
书　　号：ISBN 978-7-5096-2876-8
定　　价：68.00元

编委会名单

总　序

南京农业大学是教育部直属的“211 工程”重点建设大学，经济管理学院的前身是金陵大学和中央大学农业经济系，历史悠久，源远流长。金陵大学农业经济系自 1920 年起招收农业经济学本科生，自 1936 年起招收农业经济学研究生。当时的系主任卜凯（John Lossing Buck）教授领导全系师生从事的中国农村土地利用制度和经济社会发展状况的系统调查和建立在调查基础上的分析、研究，是利用现代经济学理论研究中国农村问题的划时代成果，至今在国际学术界仍具有重大影响。

注重调查实证的传统在南京农业大学经济管理学院得到了发扬光大。经过数代人的努力，本院农业经济管理学科在全国同类学科中处于领先地位，继 1989 年首批被评为国家重点学科之后，2001 年、2006 年再次被评为国家重点学科。经济学、管理学等学科也得到很快发展，目前拥有农林经济管理及应用经济学两个一级学科博士点。作为全国最早获准招收硕士及博士研究生的单位，在研究生培养方面注重质量，取得了突出成绩。在迄今为止的全国百篇优秀博士论文评选中，南京农业大学经济管理学院有三篇博士论文先后入选全国优秀博士论文。为了更好地传播科研成果，南京农业大学经济管理学院自 2001 年起资助编辑和出版一系列学术著作，《南京农业大学经济管理学院论丛——博士论文卷》就是其中的一种。我们希望通过这种方式鼓励研究生做出更多、更优秀的成果，也希望通过这种方式加强与学术界同行的交流，促进经济管理类学科的发展。

钟甫宁

南京农业大学经济管理学院

前　言

越来越多的现象表明，农业的发展对缩小居民收入分配差距的作用正在缩小，这引起了对20世纪中期以来提出的“农业在经济发展中可以缩小居民收入分配差距”这一判断的质疑。同时，我们也看到在农业产前和产后部门发达的国家，如美国和日本，其居民收入分配差距相对较小；而在农业产前和产后部门不发达的国家，如印度、拉美等国家，其居民收入分配差距相对较大。那么，涉农产业发展与居民收入分配是否存在联系？围绕这一问题，本书将从以下三个方面去回答：现实经济数据是否已经反映了涉农产业发展对居民收入分配的影响？涉农产业发展影响居民收入分配的机理是什么？涉农产业发展政策对中国居民收入分配有什么影响？

本书首先把农业的概念和农业生产部门拓展到包括农业产前、产中和产后环节在内的涉农产业，这是因为农业是一个体系，不能仅从其中农业生产这一个部门去考察其发展的好坏。同时，也把农业的经济规模从农业生产部门拓宽到涉农产业，从增加值占GDP比重来看，中国涉农产业为27.1%，而农业生产部门只占10.5%（2005年数据），可见涉农产业在国民经济中是举足轻重的。然后，本书分别从统计、理论和政策模拟三个方面研究涉农产业发展对居民收入分配的影响。

本书从国际层面和中国省级层面对涉农产业发展与居民收入差距的统计特征分析结果表明，涉农产业发展对缩小居民收入差距有积极的作用。在涉农产业理论和增加值核算方法的指导下，本书选取了涉农产业发展程度指标，核算了世界主要经济体和中国省级的涉农产业增加值及其构成。同时，根据经济学理论与现实经济状况，选择了反映居民收入差距的基尼系数指标和城乡人均居民收入比指标，从国际上主要的几个反映居民收入差距的数据库和中国统计数据收集得到世界主要经济体和中国省级居民收入差距数据。在此基础上，本书采用面板数据模型对国际层面和中国省级层面的涉农产业发展程度指标与居民收入差距指标进行回归分析，发现不管是国际层面还是中国省级层面，涉农产业发展对缩小居民收入差距都具有一定的积极作用。

本书从基于非位似效用的结构增长理论和考虑产业关联与居民异质性的社会核算矩阵的理论研究表明，在分别考虑消费的恩格尔效应、产业关联性、居民异质性的情况下，涉农产业发展程度是随着经济发展水平的提高而增长的，涉农产业发展对缩小居民收入差距的经验事实可以得到解释。基于两个理论的研究发现：第一，随着经济发展水平的提高，涉农产业发展程度也会随之提高。第二，在劳动力同质且在行业间无法流动或者存在流动成本时，涉农产业的发展可以起到缩小居民收入差距的作用。第三，在一个封闭的经济体中，当劳动类型存在差异，不同行业对不同类型劳动的需求存在差异，不同类型劳动的报酬存在差异，那么，涉农产业（不包括农业生产部门）的发展可以缩小居民收入差距。第四，当居民异质性程度较高，涉农产业发展虽然能够缩小整个经济体中的居民收入差距，但是可能会拉大某些群体内的居民收入差距。

本书从基于非位似效用、产业关联性、居民异质性特征构建的可计算一般均衡微观模拟模型的政策模拟研究表明，以减免生产税为主的涉农产业发展政策可以缩小经济体的居民收入差距，但是，可能会使得经济体中某些群体内部居民收入差距扩大。在考虑了宏观闭合和随机性之后，其结论是稳健的。具体来看：第一，农产品加工制造业的生产税减免政策对缩小居民收入差距在五部门中最有效。第二，城镇和农村内部的居民收入差距受涉农产业发展政策的影响有差异，城镇的居民收入差距在缩小，而农村居民收入差距有所扩大。第三，经济发达区域内部与经济欠发达区域内部的居民收入差距受涉农产业发展政策的影响有差异，经济发达区域的居民收入差距在缩小，而经济欠发达区域居民收入差距有所扩大。第四，结论在不同的宏观闭合选择和随机性设定下都是稳健的。

本书是对已有文献研究的一个有价值的继承和拓展。第一，已有的涉农产业概念和核算研究，既为本书的涉农产业发展的定义提供理论支撑，也为涉农产业发展的核算提供了方法指导。在已有研究的通过涉农产业核算来体现涉农产业在国民经济中的重要性的基础上，本书通过核算经济贸易合作组织成员国与主要发展中国家的涉农产业增加值和中国省级的涉农产业增加值，找出了涉农产业发展与经济发展水平之间的关系，并通过计量模型发现涉农产业发展对缩小居民收入差距的积极作用。第二，已有的研究主要集中在农业发展和农业发展政策对居民收入差距的影响。这些研究佐证了对涉农产业发展对居民收入差距影响的进一步研究的必要性。对农业的关注除了农业生产环节，也要关注农业投入部门的发展、农产品加工制造部门的发展，以及农产品流通服务部门的发展。第三，已有的研究已经在局部均衡框架下分析了涉农产业发展对相关利益群体的影响，这类文献为本书在一般均衡框架下的分析提供了直观的认识，但是由于没有考虑对间接群体的影响，这类研究可能会得出相反的结论。因此，从涉农产业发展对整个经济体中居民收入差距的影响来看，采用一般均衡框架是有必要的。第四，已有的在一般均衡框架下的社会核算矩阵研究为本书的一般均衡框架提供了产业关联和居民异质性分析的启示，并且也得到对本书有启发的观点。但是，这类研究并没有考虑到居民消费的恩格尔效应对涉农产业发展的影响，同时，此类研究对居民的划分比较粗略，这使得其在研究涉农产业发展和居民收入分配这两个方面都存在缺陷。第五，已有的在一般均衡框架下的可计算一般均衡研究为本书在构建居民消费和影响机制分析提供了指导。此类模型已经考虑了居民消费的恩格尔效应对涉农产业发展的影响，但是，由于对居民采用代表性居民来设定，使得模型在分析居民收入差异的环节存在不足。第六，已有的在一般均衡框架下的可计算一般均衡微观模拟模型的研究为本书在考虑居民异质性方面提供了思路和方法。但是，此类研究并没有考虑模型本身的宏观闭合设定和随机性问题，而这两个问题关系到对宏观经济形势的判断和模型本身的可靠性。本书则全面地考虑了这些问题。

本书为支持涉农产业的发展提供理论支撑和现实依据。本书统计、理论和政策模拟三个层面揭示和解释了涉农产业发展对缩小居民收入分配差距的积极作用。本书使用国际层面和中国省级层面的相关数据，分析了涉农产业发展对居民收入分配差距影响，发现涉农产业的发展有利于缩小收入分配差距。本书从基于非位似效用函数的结构增长理论和包含产业关联与居民异质性的社会核算矩阵理论，在理论上阐述了涉农产业发展对缩小居民收入差距的积极作用。本书也通过可计算一般均衡微观模拟模型模拟了涉农产业发展政策对中国居民收入分配的影响，也支持涉农产业发展对缩小居民收入差距的作用。

本书为政策制定者提供了较为适用的政策分析框架。本书对 CGE 模型的宏观数据与微观模拟模型中的微观住户调查数据的结合方法的应用做了一次探索性的尝试研究。目前的主流经济学研究越来越注重微观数据及微观行为与宏观数据和宏观条件相结合，政策制定者也越来越关注政策的不同群体的差别效应。中国政府提出的“包容性增长”“分享式增长”的经济发展模式，在关注平均居民收入的同时，更关注不同居民之间的收入差异，并希望让所有的居民都能在增长发展中获得福利的提高。虽然传统的 CGE 模型也可以对微观主体进行分析，但是这种分类仍然是采用代表性微观主体假设，因此无法真正反映微观主体间的差异，这样导致很多重要的信息被遗漏。CGE 模型微观模拟技术可以将微观住户调查数据引入 CGE 模型中，这样就可以反映宏观与微观之间的互动关系，为综合利用宏观和微观数据提供一个视角。此外，由于微观住户调查数据中提供了每个家庭的所在区域，因此，可以模拟外生冲击对不同区域家庭的收入分布的影响。这一尝试为政策制定者考虑居民收入分配问题提供了政策分析工具。

本书为涉农产业和居民收入分配的理论研究提供了新的数据处理方法。本书拓展了涉农产业增加值的核算方法。Furtuoso 等（1998）虽然完善了 Davis 和 Goldberg（1957）及 Schluter 等（1986）对涉农产业增加值的核算方法，但是，他们对农产品流通服务部门的计算时忽略了这个部门作为农业投入部门对农业生产部门的部分，因此，高估了农产品流通服务部门的增加值。本书则将这一部分从农产品流通服务部门中扣除。在已有社会核算矩阵编制方法的基础上，编制了中国涉农产业社会核算矩阵。本书根据国际产业分类标准和国际商品分类标准，先编制得到涉农产业投入产出表，在此基础上编制了涉农产业社会核算矩阵。在中国涉农产业社会核算矩阵的基础上，本书引入了中国住户调查数据中的微观家庭数据，并通过交叉熵方法，平衡得到了包括18035个家庭的中国涉农产业家庭细分社会核算矩阵。这一数据的编制为今后研究相关宏微观结合的问题提供了启发。

本书深化了农业对国民经济中重要性的理解。已有的发展经济学理论更多的是关注农业生产部门在国民经济中的作用，但是忽视了农业产前、产后环节的发展质量对农业重要性发挥的影响。本书认为，只有一个农业产前、产后环节都有良性发展的涉农产业才能发挥农业在经济中的重要性。

目　录

第1章　导论

1.1　研究背景

经历了30多年的改革开放，中国经济在高速增长中面临着居民收入差距拉大所带来的一系列风险。作为一个发展中的大国，农业在中国经济社会发展中起到基础性的作用，农业发展的好坏直接关系到居民收入分配状况，也关系到中国经济社会能否可持续发展。国际经验和经济理论分别展示和阐述了农业发展对稳定和缩小居民收入差距、保持经济社会可持续发展的作用。随着农业概念在内涵和外延上向涉农产业的拓展，目前仅从传统农业（或者是国民经济按照三次产业划分的第一产业）的概念去考察农业发展对居民收入分配的作用已经不是很合理，它会忽视包含第二产业、第三产业在内的其他涉农产业部门对农业和经济发展的贡献，因此需要重新界定涉农产业概念，并在这个概念基础上深化涉农产业发展对居民收入分配影响这一问题的研究。2005年，作为第一产业的农业生产部门增加值占GDP的份额为10.5%，而包含农业生产部门在内的涉农产业增加值占GDP的份额为27.1%①，这说明涉农产业是中国国民经济中的重要部门。从中国目前的情况看，涉农产业中产前、产后环节的滞后发展，对农业发展本身和居民收入分配都有一定的负面影响。已有的发展经济学理论、结构增长理论、产业关联理论和一般均衡理论均为这一分析提供了理论基础。

1.1.1　现实背景

（1）居民收入差距扩大已成为中国经济社会的一个严重问题。2009年中国GDP总量达到340506.9亿元，人均为25575元。按照2009年人民币兑美元年平均中间价1美元兑6.8310元人民币计算，中国人均GDP为3744美元。以世界银

① 数据由本书第3章涉农产业发展与居民收入分配的统计分析核算得到。

行的国家收入划分标准①，中国已处于中等发达国家水平。国际经验表明，从低收入国家发展到中等发达国家的速度往往较快，期间会出现以居民收入差异拉大为主要症状的经济社会问题。一些国家和地区较好地处理了这一问题，顺利进入发达国家和地区行列，如被称为“东亚奇迹”的日本、韩国、中国台湾地区等（Vogel，1991）。也有一些国家和地区因为没有处理好这个问题，陷入“中等收入陷阱”，由于这些国家主要分布在拉美地区，因此也称“拉美化陷阱”（Ohno，2009）。

中国经济的高速增长也伴随着居民收入差距的扩大（李实和赵人伟，1994；王小鲁和樊纲，2004）。中国居民收入差距的变化可以从城乡居民收入差距、行业居民收入差距、地区间居民收入差距来反映。第一，城乡居民收入差距随着经济增长在不断扩大。图 1-1 是中国城乡居民收入差距变化情况，图中的右边纵坐标以 1978 年的人均 GDP 指数为 100。1990 年，中国人均 GDP 指数为 237，城乡居民收入之比为 2.20；2009 年，中国人均 GDP 指数为 1338，城乡居民收入之比为 3.33。虽然在 1994 年到 1997 年存在一个下降的趋势，但是整个时期呈上升趋势。第二，省内行业收入差距对全国居民收入差距贡献在赶上并超过省际居民收入差距。图 1-2 是由得克萨斯大学不平等项目数据库②按照行业收入计算得到的中国居民收入差距及其在省内和省际的分解。图 1-2 显示，全国泰尔指数从 1987 年的 0.013 增加到 2006 年的 0.0805，且呈现较为平稳的上升趋势。从全国居民收入差距的构成看，在 2005 年以前，省际居民收入差距对全国居民收入差距的贡献都大于省内居民收入差距，这从省际泰尔指数在这一时期高于省内泰尔指数可以得到。但是，在 2005 年以后，省内泰尔指数开始超过省际泰尔指数，这意味着省内的行业收入差距对全国居民收入差距的影响已超过省际居民收入差距。第三，中国地区间居民收入差距在经济增长中不断分化。1990 年前，全国范围内存在趋同特征且存在东部和中西部两大收敛俱乐部；1990 年后，全国范围内趋同开始消失，两大俱乐部也变成东部、中部、西部三大收敛俱乐部（潘文卿，2010）。

因此，中国如何避免“中等收入陷阱”、如何在经济增长中降低或者稳定居民的收入差距，成了中国学者、政策制定者和普通民众所共同关注的话题。

---

① 按照世界银行 2009 年对各国收入的分组标准，以 2009 年美国的美元为计价物，中等收入国家的平均人均国民收入为 3391 美元，中高收入国家的平均人均国民收入为 7495 美元，高收入国家的平均人均国民收入是 37970 美元。

② 详细资料参见 http：//utip. gov. utexas. edu/data. html。

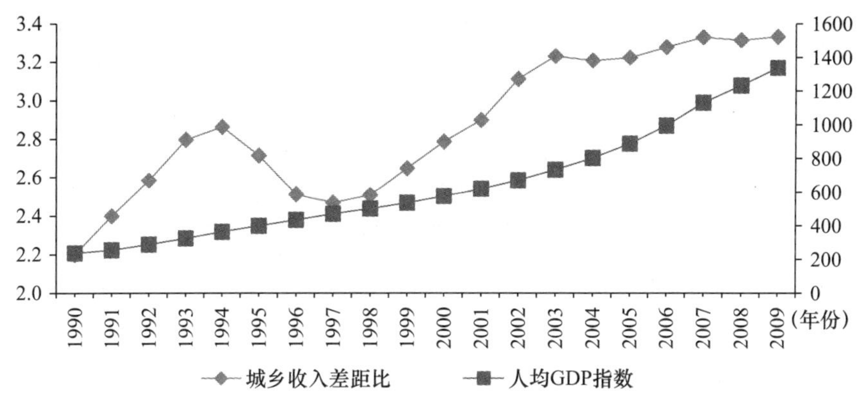

图1－1　1990年以来中国经济增长与城乡居民收入差距状况

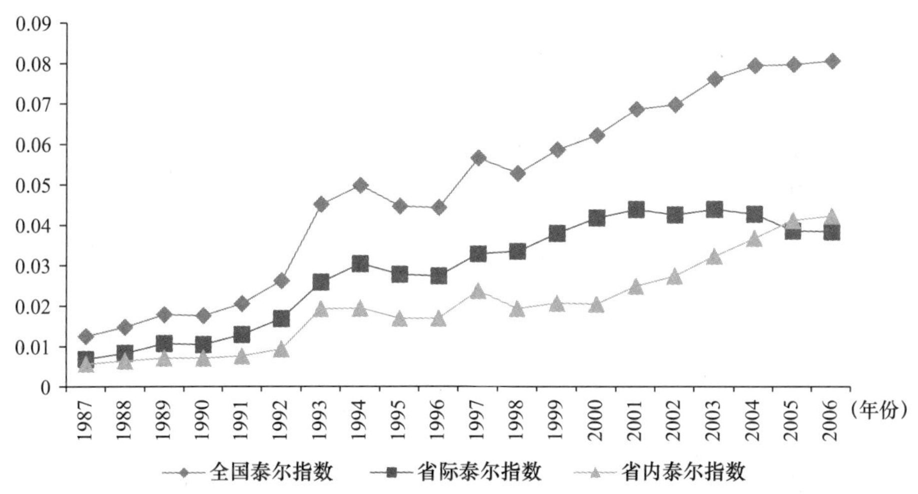

图1－2　1987～2006年中国居民收入差距及其构成

（2）涉农产业是中国国民经济中的重要行业，但是其从业人员的相对工资水平较低。从生产角度看，包括农业投入部门、农业生产部门、农产品加工制造部门和农产品流通服务部门在内的涉农产业，其增加值在2005年占中国GDP的27.1%。因此，涉农产业发展的好坏直接关系到国民经济的健康运行。从分配角度看，涉农产业从业人员的工资水平较低。图1－3是1994年到2008年的中国城镇相关涉农产业的从业人员工资水平与城镇从业人员平均工资的比值。图1－3显示，中国城镇涉农产业相对工资水平较低，且呈现下降趋势。

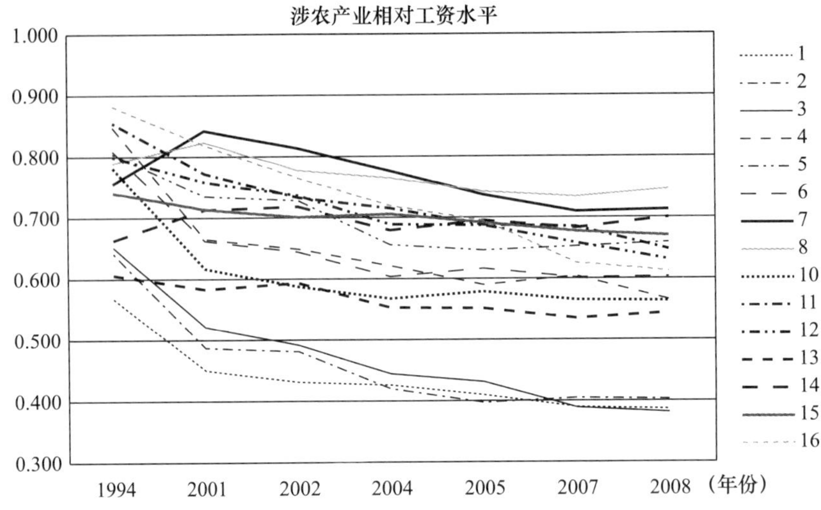

图 1－3　1994～2008 年中国城镇涉农产业相对工资水平

注：1～16 分别是该年鉴上对应的涉农产业部门，其中 9 为烟草制品业，由于该行业工资水平远高于其他涉农产业工资水平，且从业人数占涉农产业从业人数的份额较小，因此并未在图中画出。

资料来源：历年《中国劳动统计年鉴》。

（3）农业工业化、产业化的发展已成为中国现代农业发展的主要内容，但与国际经验相比，涉农产业结构中的产前、产后环节发育严重不足，涉农产业发展失衡。21 世纪的农业，已经不仅仅是农民独有的产业，越来越多的相关行业进入从生产者到消费者这条农产品产业链的各个环节。比如，农业生产者所购买的种子及一些生产资料是由农业科研机构研发的，而由农业生产者经营得到的部分农产品也要经过多个加工环节后，通过批发市场、超市或者农贸市场，进入广大消费者手中。现代农业已经是一个包括产业、产中、产后各环节的大系统。这个系统发展的好坏直接关系到农业发展的好坏，进而关系到经济社会的稳定发展。

从 1987 年到 2002 年，我国的涉农产业总产值从 10468.2 亿元增长到 80985.3 亿元，可以说是取得了很大的发展。但是，与美国和日本相比，我国涉农产业结构中的产前、产后环节发展滞后。2002 年，中国涉农产业体系中农业投入部门、农业生产部门、农产品加工制造部门和农产品流通服务部门的产出之比为 0.18∶1∶1.32∶0.44，同期美国的涉农产业体系中四部门之比为 0.30∶1∶3.89∶2.15，同期日本的涉农产业体系中四部门之比为 0.15∶1∶4.38∶2.49（耿献辉，2009）。因为美国和日本都是农业发达的国家，中国涉农产业体系中产前与产后环节比不过这两个国家也是可以理解的。但是，即使与世界主要经济体的涉农产业发展状况相比，中国涉农产业的产前和产后环节也仍然是滞后的。

具体来看，中国涉农产业存在农产品加工水平低、农产品流通服务部门发展缓慢和农业投入部门发展不足三大问题。

第一，农产品加工水平低。首先来看农产品加工水平的国际经验。世界各国的农产品加工水平是不相同的。在美欧等发达国家，农产品的加工水平很高。而在印度等发展中国家，农产品加工水平是很低的。表1－1是根据OECD投入产出表，以农产品加工制造部门增加值与农业生产部门增加值比值表示农产品加工水平计算得到世界主要经济体农产品加工水平在1995年、2000年和2005年前后的状况①。表1－1显示，从时间上看，大部分国家的农产品加工水平从1995年到2005年是逐年增加的，这表明农产品加工水平的提高是社会发展的大趋势。但是，也有部分国家的农产品加工水平存在下降的情况，如美国、波兰等国。对这种现象，可以从居民对生鲜农产品的需求收入弹性大于1可以解释，即随着经济水平的提高，居民反而会更倾向消费新鲜的、未经过加工的农产品。从不同国家来看，发达国家的农产品加工水平显著高于发展中国家的农产品加工水平。2005年，美国、日本、西欧等发达国家的农产品加工水平较高，主要在3～7，其中英国最高，达到6.955；波兰、捷克、匈牙利等东欧国家的农产品加工水平相对较低，主要在1～3；作为“金砖国家”的俄罗斯、巴西、中国和印度，其农产品加工水平很低，除巴西为1.18外，其余三个国家都低于1，这其中又以印度最低，仅为0.249。中国的农产品加工水平也较低，从1995年、2000年到2005年左右分别为0.638、0.815和0.881。

再看农产品加工水平的国内经验。中国各省的农产品加工水平也存在不小的差异。发达省市的农产品加工水平较高，如北京、上海、天津、浙江、江苏、广东；西部省份最低，如甘肃、青海、宁夏等。表1－2是根据1997年和2002年中国省级投入产出表计算得到的各省的农产品加工水平。从时间上看，一些省份的农产品加工水平从1997年到2002年在提高，但也有不少省份是在下降的。存在这一现象的原因，主要是省域间的农产品流动方便，而农产品加工制造业具有一定的空间集聚效应，使得一些省份的农产品被用于另一省份的农产品加工制造部门来加工。从不同省份看，区域间农产品加工水平差异大。东部地区（包括北京、天津、山东、江苏、上海、浙江、福建、广东）的农产品加工水平较高，2002年，东部沿海省份的农产品加工水平都大于1，其中上海最高，为5.329；东北地区（黑龙江、吉林、辽宁）的农产品加工水平较低，2002年的这一指数在0.4～0.7；中部地区（内蒙古、河北、山西、河南、湖北、湖南、江西、安徽）

① 关于这一部分表1－1～表1－6的涉农产业的相关数据的核算，详见第3章。另外，由于中国台湾地区也在这42个国家和地区之内，因此，本书后面在提到各国的时候，更准确的是各国和各地区。

表1-1　各国农产品加工水平

欧洲发达国家				东欧国家				发展中国家				非欧洲发达国家			
国家	1995年	2000年	2005年	国家	1995年	2000年	2005年	国家	1995年	2000年	2005年	国家	1995年	2000年	2005年
AUT	2.437	3.779	4.128	CZE		2.313	2.349	ARG	1.684			AUS		1.772	1.630
BEL	3.602	3.887	4.470	EST	1.683	2.270	2.560	BRA	0.939	1.014	1.180	CAN	3.094	3.661	3.883
CHE		4.034		HUN	1.505	1.815	1.241	CHL	1.788		1.669	JPN	3.896	3.127	4.136
DEU	3.97	4.113	4.891	POL	1.627	2.818	1.740	CHN	0.638	0.815	0.881	KOR		1.367	1.983
DNK	1.915	2.379	3.429	ROU		1.323	1.650	IDN	0.841	0.906	1.044	NZL	1.567		1.635
ESP	1.564	1.391	1.548	RUS	0.964	0.994		IND	0.210	0.228	0.249	USA	5.796	5.979	4.576
FIN	2.934	3.022	3.280	SVK	1.783	2.276	2.002	MEX			2.008				
FRA	1.983	1.818	2.159	SVN		3.212	2.604	TWN	2.236	2.426	1.992				
GBR	4.327	6.101	6.955	TUR	0.767		1.001	ZAF	1.821	2.008	2.038				
GRC	0.829	0.972	1.138												
IRL	1.674	2.721	4.803												
ISR	2.352		1.779												
ITA	2.476	2.648	2.779												
LUX	3.717	4.457	6.656												
NLD	2.036	2.366	2.570												
NOR	1.771	1.915	2.401												
PRT	2.300	2.463	2.793												
SWE	2.725	3.583	4.931												

内部差异大，2002年的这一指数在0.2～1；西部地区（甘肃、贵州、宁夏、青海、陕西、四川、新疆、云南）的农产品加工水平普遍较低，2002年的这一指数，除了云南在1左右，其余省份都小于0.5。

表1－2 中国省级农产品加工水平

东部地区			东北地区			中部地区			西部地区		
省份	1997年	2002年	省份	1997年	2002年	省份	1997年	2002年	省份	1997年	2002年
北京	2.188	2.554	黑龙江	0.744	0.709	安徽	0.605	0.371	重庆	0.313	0.200
福建	0.902	1.035	吉林	0.331	0.432	河北	0.911	0.703	甘肃	0.304	0.190
广东	1.702	1.667	辽宁	0.849	0.604	河南	0.649	0.775	广西	0.484	0.355
江苏	1.415	1.360				湖北	0.845	1.007	贵州	0.330	0.437
山东	0.902	1.283				湖南	0.532	0.473	宁夏	0.430	0.182
上海	7.282	5.329				江西	0.360	0.230	青海	0.195	0.312
天津	3.017	1.442				内蒙古	0.447	0.189	陕西	0.482	0.429
浙江	1.840	1.989				山西	0.499	0.580	四川	0.478	0.432
									新疆	0.329	0.311
									云南	1.058	1.065

第二，农产品流通服务部门发展缓慢。首先看农产品流通服务部门发展的国际经验。农产品流通服务部门发展水平在各国之间存在较大的差异。欧美等发达国家的流通运输和批发零售市场很发达，相应地，农产品流通服务部门发展水平也较高。而很多发展中国家的农产品流通服务部门发展滞后，表现为流通运输环节不通畅、批发零售市场不发达。表1－3是由OECD投入产出表计算得到的各国农产品流通服务部门增加值占涉农产业增加值的份额，并以该指标来反映农产品流通服务部门的发展水平。表1－3显示：从时间上看，从1995年、2000年到2005年，大部分国家的农产品流通服务部门的发展水平呈现提高趋势。这一趋势与第三产业在国民经济中的发展趋势是一致的。国民经济中的第三产业份额呈现不断增长的趋势，而农产品流通服务部门属于第三产业，因此，其发展水平也在呈现不断提高的趋势。从不同国家的比较看，发达国家的农产品流通服务部门发展水平明显高于发展中国家。2005年，美国、日本、西欧等发达国家的农产品流通服务部门发展水平较高，主要在0.3～0.5，其中西班牙最高，达到0.509；波兰、捷克、匈牙利等东欧国家的农产品流通服务部门发展水平相对较低，主要在0.2～0.3；作为“金砖四国”的俄罗斯、巴西、中国和印度，其农产品加工流通服务部门发展水平很低，巴西为0.215，俄罗斯为0.209，印度为0.107，中国为0.138。

表 1－3　各国农产品流通服务部门发展水平

欧洲发达国家				东欧国家				发展中国家				非欧洲发达国家			
国家	1995 年	2000 年	2005 年	国家	1995 年	2000 年	2005 年	国家	1995 年	2000 年	2005 年	国家	1995 年	2000 年	2005 年
AUT	0. 369	0. 405	0. 457	CZE		0. 255	0. 265	ARG	0. 253			AUS		0. 285	0. 287
BEL	0. 297	0. 302	0. 329	EST	0. 201	0. 234	0. 268	BRA	0. 181	0. 157	0. 215	CAN	0. 268	0. 287	0. 290
CHE		0. 388		HUN	0. 208	0. 218	0. 218	CHL	0. 181		0. 176	JPN	0. 354	0. 384	0. 399
DEU	0. 263	0. 292	0. 317	POL	0. 165	0. 229	0. 239	CHN	0. 223	0. 100	0. 138	KOR		0. 262	0. 283
DNK	0. 261	0. 256	0. 295	ROU		0. 169	0. 169	IDN	0. 199	0. 172	0. 187	NZL	0. 179		0. 193
ESP	0. 444	0. 460	0. 509	RUS	0. 181	0. 209		IND	0. 066	0. 080	0. 107	USA	0. 317	0. 384	0. 406
FIN	0. 212	0. 214	0. 250	SVK	0. 194	0. 206	0. 227	MEX			0. 314				
FRA	0. 289	0. 307	0. 330	SVN		0. 243	0. 288	TWN	0. 284	0. 352	0. 400				
GBR	0. 316	0. 380	0. 419	TUR	0. 199		0. 242	ZAF	0. 245	0. 263	0. 231				
GRC	0. 329	0. 425	0. 443												
IRL	0. 257	0. 244	0. 278												
ISR	0. 300		0. 292												
ITA	0. 339	0. 378	0. 402												
LUX	0. 401	0. 416	0. 432												
NLD	0. 265	0. 284	0. 299												
NOR	0. 278	0. 288	0. 289												
PRT	0. 258	0. 335	0. 375												
SWE	0. 232	0. 257	0. 304												

再看农产品流通服务部门发展的国内经验。中国各省的农产品流通服务部门发展水平也存在不小的差异。表1－2是根据1997年和2002年中国省级投入产出表计算得到的各省的农产品流通服务部门发展水平。表1－4显示：从时间上看，除了少部分省份，大部分省份的农产品流通服务部门发展水平从1997年到2002年呈现增长趋势。这与由表1－3分析得到的国际农产品流通服务部门发展水平的变化趋势是一致的。从不同省份看，区域间农产品加工水平差异大。京津沪地区（包括北京、天津、上海）的农产品流通服务部门发展水平较高，2002年，这3个市的指数都超过0.2，其中北京最高，为0.292；东部地区农产品流通服务部门发展水平有不小差异，浙江、广东、江苏在2002年的指数较高，都接近或超过0.15；而山东则较低，仅为0.095；东北地区的辽宁，该指数较低，2002年达到0.182，而黑龙江和吉林则较低，都在0.11左右；中部地区农产品流通服务部门发展水平普遍较低，除了山西的指数在2002年为0.165，其余省份都在0.1左右，内蒙古最低，仅为0.056。西部地区的农产品流通服务部门发展水平较低且相对集中，除了甘肃超过0.15外，其余省份都在0.11至0.03的区域内。这说明，农产品流通服务部门增加值占涉农产业增加值的份额越小，意味着农产品流通服务部门的发展水平越低；农产品流通服务部门增加值占涉农产业增加值的份额越大，意味着农产品流通服务部门的发展水平越高。

表1－4　中国省级农产品流通服务部门发展水平

东部地区			东北地区			中部地区			西部地区		
省份	1997年	2002年	省份	1997年	2002年	省份	1997年	2002年	省份	1997年	2002年
北京	0.110	0.292	黑龙江	0.107	0.118	安徽	0.079	0.091	重庆	0.101	0.097
福建	0.114	0.132	吉林	0.125	0.109	河北	0.124	0.120	甘肃	0.116	0.156
广东	0.134	0.168	辽宁	0.143	0.182	河南	0.071	0.112	广西	0.121	0.115
江苏	0.095	0.149				湖北	0.103	0.129	贵州	0.077	0.085
山东	0.106	0.095				湖南	0.108	0.094	宁夏	0.112	0.115
上海	0.136	0.266				江西	0.070	0.084	青海	0.116	0.134
天津	0.128	0.214				内蒙古	0.112	0.056	陕西	0.102	0.137
浙江	0.133	0.172				山西	0.136	0.165	四川	0.095	0.118
									新疆	0.096	0.108
									云南	0.088	0.097

第三，农业投入部门发展水平低。首先看农业投入部门发展的国际经验。农业投入部门增加值占涉农产业增加值所占份额可以用来反映农业投入部门发展状

况。在落后的农业中，农业生产主要是靠大自然和农民的劳动，而很少由其他部门提供的化肥、种子、农药、机械等服务，相对应，农业投入部门增加值在涉农产业增加值中所占份额就会下降。而在比较发达的农业中，农业生产不仅需要自然资源和农民的劳动，还需要化肥、种子、农药、机械等物质投入，并且也需要技术咨询、农业金融等服务对农业生产的投入，因此，农业投入部门增加值占涉农产业增加值的份额会比较高。但是，农业投入部门的发展不一定会促进农业投入部门增加值份额的提高，相反会降低这一指标。这是由于农业投入部门的发展提高了农业生产率，使得相同的农业投入可以生产出更多的农产品，相应地，每个农产品所需要的农业投入要素就下降了。那么，农业投入部门增加值份额到底是怎么变化的？表 1 – 5 给出了世界主要国家在 1995 年、2000 年和 2005 年农业投入部门增加值份额情况。从时间上看，除了少数几个国家农业投入部门增加值份额有上升外，大部分国家和地区农业投入部门增加值份额呈下降趋势。有上升趋势的国家主要集中在发展中国家，如智利、印度尼西亚、印度、南非等，也有发达国家出现上升情况。从不同国家看，发达国家的农业投入部门增加值份额从整体上要小于东欧国家和发展中国家与地区。从 2005 年的数据看，欧洲发达国家中，丹麦以 0.129 排在最高，卢森堡以 0.036 排在最低；东欧国家中，匈牙利以 0.161 排在最高，斯洛文尼亚以 0.094 排在最低；发展中国家和地区中，印度以 0.202 排在最高，印度尼西亚以 0.063 排在最低；非欧洲发达国家中，新西兰以 0.186 排在最高，日本以 0.051 排在最低。中国在 2005 年为 0.136，在发展中国家中仅次于印度。

再看农业投入部门发展的国内经验。表 1 – 6 是 1997 年和 2002 年中国省级农业投入部门增加值份额数据。第一，从时间上看，从 1997 年到 2002 年，除了少数省份，中国省级农业投入部门增加值份额呈现上升趋势。这一现象与国际趋势相反。这说明，这种农业发展正处于粗放式的阶段①，即通过大量的农业投入来推进农业的快速发展，但是并没有使单位农产品产出的农业投入下降。第二，从不同的省份看，从东部到西部，农业投入份额增加值份额呈下降趋势。从 2002 年的数据看，东部沿海省份中，江苏以 0.15 排在最高，上海以 0.067 排在最低；东北地区中，吉林以 0.185 排在最高，黑龙江以 0.147 排在最低；中部地区中，河南和内蒙古以 0.200 并列排在最高，湖北以 0.125 排在最低；西部地区中，新疆以 0.300 排在最高，云南以 0.126 排在最低。

① 德国农业经济学家特奥多尔—布林克曼在其《农业经营经济学》一书中把农业经营形态分为两种，一种是粗放经营，另一种是集约经营。区分两者的指标是每单位土地面积上的土地所使用的劳动与资本量。鉴于这里的资本量包括很多初始农业投入，因此可以借鉴这一概念以分析农业投入部门增加值份额对农业生产的反映。

表1-5 各国农业投入部门增加值份额

欧洲发达国家				东欧国家				发展中国家				非欧洲发达国家			
国家	1995年	2000年	2005年	国家	1995年	2000年	2005年	国家	1995年	2000年	2005年	国家	1995年	2000年	2005年
AUT	0.042	0.071	0.064	CZE		0.111	0.095	ARG	0.107			AUS		0.102	0.093
BEL	0.068	0.062	0.058	EST	0.170	0.123	0.116	BRA	0.141	0.149	0.099	CAN	0.102	0.104	0.109
CHE		0.078		HUN	0.177	0.167	0.161	CHL	0.105		0.136	JPN	0.055	0.056	0.051
DEU	0.070	0.069	0.069	POL	0.199	0.151	0.135	CHN	0.136	0.146	0.136	KOR		0.065	0.063
DNK	0.131	0.136	0.129	ROU		0.161	0.160	IDN	0.048	0.063	0.063	NZL	0.163		0.186
ESP	0.075	0.057	0.047	RUS	0.202	0.169		IND	0.163	0.135	0.202	USA	0.081	0.071	0.074
FIN	0.089	0.087	0.091	SVK	0.169	0.148	0.128	MEX			0.074				
FRA	0.106	0.109	0.104	SVN		0.099	0.094	TWN	0.114	0.095	0.096				
GBR	0.069	0.049	0.048	TUR	0.163		0.101	ZAF	0.081	0.091	0.098				
GRC	0.098	0.094	0.081												
IRL	0.091	0.093	0.094												
ISR	0.120		0.106												
ITA	0.050	0.045	0.044												
LUX	0.056	0.042	0.036												
NLD	0.114	0.106	0.110												
NOR	0.086	0.079	0.084												
PRT	0.064	0.068	0.064												
SWE	0.053	0.051	0.061												

表1-6　中国省级农业投入部门增加值份额

东部地区			东北地区			中部地区			西部地区		
省份	1997年	2002年	省份	1997年	2002年	省份	1997年	2002年	省份	1997年	2002年
北京	0.105	0.132	黑龙江	0.144	0.147	安徽	0.166	0.149	重庆	0.192	0.154
福建	0.122	0.098	吉林	0.182	0.185	河北	0.158	0.153	甘肃	0.196	0.211
广东	0.101	0.110	辽宁	0.153	0.173	河南	0.178	0.200	广西	0.150	0.160
江苏	0.119	0.150				湖北	0.126	0.125	贵州	0.180	0.173
山东	0.145	0.108				湖南	0.151	0.179	宁夏	0.176	0.200
上海	0.051	0.067				江西	0.174	0.168	青海	0.212	0.148
天津	0.081	0.113				内蒙古	0.163	0.200	陕西	0.166	0.175
浙江	0.088	0.071				山西	0.162	0.187	四川	0.167	0.174
									新疆	0.186	0.300
									云南	0.124	0.126

1.1.2　理论背景

（1）发展经济学。经济增长中的收入分配问题是发展经济学的一个重要内容。在经验研究方面，经济增长与收入分配之间的关系并不唯一。Kuznets（1955，1973）总结了经济增长与居民收入分配的倒U形关系，认为一国的居民收入分配差异会随着经济发展水平的提高而呈现先扩大后缩小的趋势。也有学者发现了与库兹涅茨倒U形曲线相反的现象，即经济增长不能自动地提高穷人的收入份额（Adelman，1973）。针对这些现象，理论界给出了一系列的解释。对库兹涅茨特征的解释有刘易斯的二元经济模型（Lewis，1954）、拉尼斯—费模型（Ranis and Fei，1961）、乔根森模型（Jorgenson，1967）、迈因特模型（Myint，1965）、哈里斯—托达罗模型（Harris and Todaro，1970）等。反库兹涅茨倒U形曲线的理解解释也是大量涌现的（Adelman，1973）。

农业对工业化与经济发展的作用，也是发展经济学的一个重要议题。Johnston和Mellor（1961）、Mellor（1976）较早地采用经典发展范式来分析农业在发展中的作用。在这个范式中，农业增长被看作是工业化、经济结构转型和整体经济增长的发动机。农业通过把农业剩余投资于工业部门以及对工业品的有效需求来促进工业部门的发展（Morrisson and Thorbecke，1990）。农业生产率的提高给工业部门提供了大量劳动力（Ranis and Fei，1961），生产出较低的农产品价格又通过降低了工业部门的名义工资成本来促进工业化（Lele and Mellor，1981）。由农产品出口赚的外汇收入可以被用于购买工业化所需的资本品和中间产品，来自农业的税收或强制性储蓄可以为工业化和城镇化提供资金。农业可以通过对工业部门非贸易品的有效需求来带动工业化，也称农业发展驱动的工业化（Adelman，1984）。这种方式的工业化不会使得经济体出现严重的收入分配问题。

（2）结构性增长理论。经济发展中产业结构的变化是结构性增长理论的主要研究内容（林毅夫，2010）。国际经济发展经验表明，随着经济发展水平的提高，在国民经济中第一产业的增加值与就业份额会下降，第二产业的增加值与就业份额会先上升后下降，第三产业的增加值与就业份额会一直上升（Acemoglu，2009）。针对这一现象，结构增长理论分别从需求和供给两个方面给予解释。基于需求的结构增长理论认为产业结构呈现的变化是由消费函数形式决定的。居民对三次产业产品具有不同的收入弹性，对第一产业产品的需求弹性小于1，对第二产业产品的需求弹性等于1，对第三产业产品的需求弹性大于1。通过对消费函数的这一设定，可以推导出与国际经验接近的经济增长中的产业结构变化状况（Murphy et al.，1989；Kongsamut et al.，2001）。基于供给的结构增长理论认为产业结构呈现的变化是由于不同产业间技术进步的差异引起的（Baumol，1967；Acemoglu and Guerrieri，2008）。在工业化前期或“工业化”阶段，制造业部门的技术进步快于农业和服务业部门，在工业化后期或“去工业化”阶段，服务业部门的技术进步快于制造业和农业部门（陈晓光和龚六堂，2005）。综合需求和供给，可以完整地理解经济增长中产业结构的变化。

（3）涉农产业理论。涉农产业（Agribusiness）概念最初在Davis和Goldberg（1957）中提出，它是指从事农业生产资料的生产与供应、农产品的生产加工和运销以及从事有关的信贷、保险等相关产业。在1985年涉农产业的学术刊物Agribusiness的第一期第一篇文章中，Woolverton等（1985）指出，从涉农产业发展的角度看，农业最初是一个自我包含（Self-contained）的产业。每个农户生产自己的农业生产资料，如种子、肥料及简单的设备。农户会把他们生产的产品用于自己的消费，或者把其中一部分加工成食品和衣服，只有很少用于出售。随着由劳动力相对稀缺而引发的技术的快速采用，农业投入部门得到发展；新发明的机器逐渐代替劳动力，提高了个体农户的生产率。与此同时，农产品加工、食品制造业和食品分销产业也相应发展。以农产品加工、流通、产前投入等部门更快增长为特征的涉农产业的发展是Reardon和Barrett（2000）提出的“农业工业化”概念的三大重要内容之一。周应恒和耿献辉（2007）把涉农产业的思想与中国的农业相结合，定性分析了中国的涉农产业，并认为涉农产业的发展趋势使传统农业部门的产值比重大大减小，农产品加工业和涉农服务业发展空间大。

（4）产业关联理论。产业关联理论也叫投入产出理论，主要是研究国民经济的各个产业间的中间投入、最初投入与中间产出、最终产出之间的关系（钟契夫等，1993；Hewings，1985；Miller and Blair，2009）。在现实经济活动中，每个行业的生产都离不开其他行业产品对该行业生产中所需产品的供给，同时也为其他行业的生产提供中间投入品，因此，经济体是一个相互联系的系统（Leontief，1966）。自 Quesnay（1758）在《经济表》中把经济体作为一个循环系统以来，经过 Walras（1874）、Leontief（1966）等经济学家的努力，目前产业关联已经有了完整的理论体系、强大的分析工具和庞大的数据库。一般均衡理论为产业关联提供了理论上的指导，投入产出模型、社会核算矩阵模型、可计算一般均衡模型为产业关联提供了有力的分析工具，投入产出表、社会核算矩阵为产业关联以及由此衍生的问题提供了丰富的数据。涉农产业是一个产业关联体系，其内部各行业相互依赖，且与国民经济密不可分。因此，产业关联理论可以较好地用于涉农产业的分析（耿献辉，2009）。

（5）可计算一般均衡模型（Computable General Equilibrium，CGE）。以投入产出表为基础数据的产业关联关注的是经济体的生产层面的相互联系，在投入产出表基础上拓展的社会核算矩阵，则同时反映生产、消费、交换和分配等国民经济活动之间的相互联系（Pyatt and Thorbecke，1976）。可计算一般均衡模型是在社会核算矩阵基础上的用于研究经济活动、外部冲击或经济政策对经济体整体影响的分析工具（Dervis et al.，1982）。随着可计算一般均衡模型研究的深入，关于模型内外生变量选择的宏观闭合方法（严斌剑和范金，2009），模型参数和函数形式可靠性的随机性研究（范金等，2009），以及考虑居民异质性的可计算一般均衡微观模拟技术（Bourguignon et al.，2010），进一步推动了可计算一般均衡模型在政策分析中的应用，尤其是在居民收入分配相关政策分析中的应用。

1.2 问题的提出及研究方法的选择

1.2.1 问题的提出

（1）国际经验表明，农业发展对缩小一国居民收入差距起到一定的作用，但是这个作用在下降。我们看到，那些经济发展快且居民收入差距小的国家往往比较重视农业发展，如美国和日本。与此相反，那些经济发展停滞或陷入发展陷阱的国家，如非洲国家和拉美地区，却往往不重视发展农业。从美日等国的经验看，这些国家在工业化发展中并没有通过压低农业来支持工业发展，而是通过提高农业的科技投入、提高农业劳动者素质、提高财政对农业发展的支持力度、优化农业组织经营形式来提高农业发展水平（速水佑次郎和神门善久，2003）。而从非洲、拉美国家的教训看，通过抑制农业来发展工业的做法虽然可以在短期内促进工业化，但是，如果长期不重视农业发展的话，农业与非农之间的收入差距会拉大，而且农业的滞后会通过高物价、贫富差距大等因素阻碍工业化进程（Hayami and Ruttan，1985）。正因如此，亚洲开发银行提出的“包容性增长”的一个重要内容就是重视农业的发展（Zhuang，2009）。世界银行在2008年的世界发展报告也以《以农业促发展》为标题。

但是，我们也看到，农业发展对缩小居民收入分配差距的作用在下降。农业生产的丰收并没有提高农民收入。与此同时，我们看到的另一个现象是在农业产前、产后环节发达的国家，其居民收入分配差距相对较小；而对农业产前、产后环节较为落后的国家，其居民收入分配差距相对较大。

（2）中国农业生产部门的发展并没有有效提高农民收入、缩小居民收入分配差距。由于传统农产品的低收入弹性，农业生产部门的发展往往带来农产品价格的暴跌和农民收入的下降，反而拉大了居民收入分配差距，出现农业“增产不增收”的现象①。由于农业投入部门的不发达，农民对农业生产的技术创新能力较低。由于农产品加工制造部门不发达，造成农产品增加值很难得到提升，农产品增值空间小。由于农产品流通服务部门的滞后发展，使得农产品市场风险变大。那么，以农业投入部门、农产品加工制造部门与农产品流通服务部门迅速增长为内容，农业产业链延长为本质的涉农产业发展是否可以起到缩小居民收入差距的作用?

（3）目前的农业产业化、工业反哺农业政策并没有明确农业在国民经济中的作用。中国农业发展、农村建设虽然都已进入“跳出农业看农业、跳出农村看农村”的阶段，但是，仍没有系统地认识到工农业之间、城乡之间的关系。虽然提出了农业产业化经营，工业反哺农业等思路，但是没有对新时期农业在国民经济中的角色做一个有效而准备的定位。农业产业化主要是指农业主动向工业和服务业的延伸。从20世纪80年代以来，不少学者提出农业产业化是中国农业发展的方向和必由之路（张振国，1996；江春泽，1996；严瑞珍，1997；陈耀邦，

① 《农业“增产不增收”必须尽快“找答案”》，http：//www.ceh.com.cn/ceh/jryw/2009/7/4/49520.shtml。

1998)，但是对农业产业化的确切内涵，并未形成一个统一的被大家普遍接受的严格定义（韩俊，2008）。同时，对农业产业化也停留在组织制度分析层面，而定量分析则较少。而且，农业产业化没有体现出农业与工业的互动关系，无法准确体现现代农业的发展方向以及它在国民经济中的重要性，甚至有可能会忽视传统农业的重要性而片面地追求其产业化后环节的部分。工业反哺农业强调工业对农业的带动作用。进入21世纪以来，尤其是党中央提出工业反哺农业以来，有关工业反哺农业的研究也逐渐增多（马晓河等，2005；洪银兴，2007；安同良等，2007；洪银兴、郑江淮，2009）。工业反哺农业对农业发展的推动作用是毋庸置疑的，但是它也只是现代农业发展过程中一个阶段性的任务，具有很强的时效性。仅从工业反哺工业，难以准确把握中国现代农业发展的长期任务。同时，工业是一个范围很广的产业，并不是所有的工业都能对农业起到带动作用。

厘清农业与国民经济中其他部门的关系，在较为全面、着眼长期的框架下分析农业在国民经济中的地位及其内部的变化规律，对指导和建立中国现代农业发展的长效机制尤为重要，对理解农业发展对中国居民收入分配的影响、缩小城乡收入差距也有重要意义。在 Davis 和 Goldberg（1957）提出的涉农产业概念的指导下，基于中国人口众多、资源稀缺及其小农经营为主的国情（周应恒，2008），参考近些年国际农业发展的三大趋势（赵其国等，2008），本书认为，应该在包含农业产前、产中、产后等环节的涉农产业视角下去把握中国居民收入分配变化特征。

本书的核心问题是：涉农产业发展与居民收入分配存在什么关系？围绕这一问题，本书将从以下三个方面去回答：现实经济数据是否已经反映了涉农产业发展对居民收入分配的影响？涉农产业发展影响居民收入分配的机理是什么？涉农产业发展政策对中国居民收入分配有什么影响？

1.2.2 研究方法的选择

本书在分析策略上体现了理论分析与经验分析相结合，定性分析与定量分析相结合，国际分析和国内分析相结合，一般均衡分析与局部均衡分析相结合，现有研究与拓展研究相结合的分析方法。具体来看，本书采用了以下方法：

在数据处理方面，本书的数据计算包括三个方面：一是涉农产业增加值的核算。本书对 Furtuoso 等（1998）提出的基于投入产出表的涉农产业核算方法做了修正，并分别采用经济贸易合作组织投入产出表数据库（2010年版本）（OECD Input Output Database，2010 edition）和中国地区投入产出表（1997年和2002年），计算了1995年、2000年和2005年前后国际涉农产业增加值及其构成情况、

1997年和2002年国内各省的涉农产业增加值及其构成情况。二是涉农产业社会核算矩阵的编制。本书根据中国2002年的122部门投入产出表，以及相关的统计数据，编制了中国2002年中国5部门7商品的社会核算矩阵。5部门分别是农业投入部门、农业生产部门、农产品加工制造部门、农产品流通服务部门、非涉农产业部门，7商品分别是只用于中间投入的商品、主食、副食、烟酒、衣着、居民消费的其他商品、只有政府消费的商品。三是对居民收入和支出数据在宏观和微观上的一致性处理。本书对来自2002年中国住户调查数据（Chinese Household Income Project，CHIP）的居民收入和支出数据，与来自中国涉农产业社会核算矩阵中的居民收入支出数据，采用交叉熵方法将其进行一致性处理。这里体现了国际数据与国内数据相结合、宏观数据与微观数据相结合的方法。

在变量关系的处理方面，本书在分别研究国际和中国省级农产业发展与居民收入分配状况的基础上，采用面板数据模型研究了涉农产业发展与居民收入分配之间的关系。这里体现了定量局部均衡分析、国际与国内相结合的方法。

在理论模型的构建分析方面，本书在包含非位似效用函数的结构增长理论下，分析居民消费的恩格尔效应对涉农产业发展的影响。在考虑产业关联和居民异质性的社会核算理论下，研究涉农产业发展对居民收入的影响。这里体现了定性一般均衡分析方法。

在研究涉农产业发展政策对居民收入分配的影响方面，本书采用了可计算一般均衡模型微观模拟技术。与代表性家庭的可计算一般均衡模型相比，可计算一般均衡模型微观模拟技术可以对居民收入分配进行更准确的计算。这里体现了一般均衡分析、宏观主体与微观主体相结合的方法。

1.3 研究意义

1.3.1 实践意义

（1）为支持涉农产业的发展提供了依据。本书统计、理论和政策模拟三个层面揭示和解释了涉农产业发展对缩小居民收入分配差距的积极作用。本书使用国际层面和中国省级层面的相关数据，分析了涉农产业发展对居民收入分配差距影响，发现涉农产业的发展有利于缩小收入分配差距。本书从基于非位似效用函数的结构增长理论和包含产业关联与居民异质性的社会核算矩阵理论，在理论上阐述了涉农产业发展对缩小居民收入差距的积极作用。本书也通过可计算一般均衡微观模拟模型模拟了涉农产业发展政策对中国居民收入分配的影响，也支持涉农产业发展对缩小居民收入差距的作用。

（2）为政策制定者提供了较为适用的政策分析框架。本书对 CGE 模型的宏观数据与微观模拟模型中的微观住户调查数据的结合方法的应用做了一次尝试。目前的研究越来越注重微观数据及微观行为与宏观数据和宏观条件相结合，政策制定者也越来越关注政策的不同群体的差别效应。中国政府所推崇或提出的“包容性增长”“分享式增长”的经济发展模式，在关注居民收入平均水平的同时，更关注不同居民之间的收入差异，并以让所有的居民都能在增长发展中获得福利的提高为政策目标。虽然传统的 CGE 模型也可以对微观主体进行分析，但是这种分类仍然是采用代表性微观主体假设，因此无法真正反映微观主体间的差异，这样导致很多重要的信息被遗漏。CGE 模型微观模拟技术可以将微观住户调查数据引入 CGE 模型中，这样就可以反映出宏观与微观之间的互动关系，为综合利用宏观和微观数据提供一个视角。此外，由于微观住户调查数据中提供了每个家庭的所在区域，因此可以模拟外生冲击对不同区域家庭的收入分布的影响。这一尝试为政策制定者考虑居民收入分配问题提供了政策分析工具。

1.3.2 理论意义

（1）为涉农产业和居民收入分配的理论研究提供了新的数据处理方法。经济数据是经济学理论研究的试金石。在得到经济数据之前，需要明确获取一手数据、处理二手数据的方法。本书拓展了涉农产业增加值的核算方法。Furtuoso 等（1998）虽然完善了 Davis 和 Goldberg（1957）、Schluter 等（1986）对涉农产业增加值的核算方法，但是，他们对农产品流通服务部门的计算忽略了这个部门作为农业投入部门对农业生产部门的部分，因此，高估了农产品流通服务部门的增加值。本书则将这一部分从农产品流通服务部门中扣除。在已有社会核算矩阵编制方法的基础上，编制了中国涉农产业社会核算矩阵。目前已有学者编制了涉农产业投入产出表（耿献辉，2009），也编制了不少类型的社会核算矩阵（范金等，2009），但是对中国涉农产业社会核算矩阵的构建还未见报道。本书根据国际产业分类标准和国际商品分类标准，先编制得到涉农产业投入产出表，在此基础上编制了涉农产业社会核算矩阵。在中国涉农产业社会核算矩阵的基础上，本书引入了中国住户调查数据中的微观家庭数据，并通过交叉熵方法，平衡得到了包括 18035 个家庭的中国涉农产业家庭细分社会核算矩阵。这一数据的编制为今后研究相关宏微观结合的问题提供了启发。

（2）拓展了产业结构增长和社会核算矩阵理论的应用范围。已有的产业结构模型主要是关注农业、工业、服务业三者之间的增加值、就业等指标的变化（Kongsamut et al.，2001）。本书基于理论上农业概念向涉农产业的延伸以及现实中农业投入部门、农业生产部门、农产品加工制造部门和农产品流通服务部门一体化的实际需要，在传统产业结构模型的基础上把农业、工业、服务业的三部门细分为未加工农产品、加工农产品、包含服务的农产品、工业品和服务这五个商品及其相对应的五个部门。在研究了这五个部门增加值份额变化之后，本书还考察了劳动力在行业间流动与不流动的情况下，产业结构变化对居民收入分配的影响。已有的社会核算矩阵理论虽然在农业和农产品加工业有所研究，对居民收入差距领域的应用也有所涉猎，但是对涉农产业的研究还未多见。本书是在此领域的一个拓展。

（3）深化了农业之于国民经济重要性的理解。已有的发展经济学理论更多的是关注农业生产部门在国民经济中的作用，但是忽视了农业产前、产后环节的发展质量对农业重要性发挥的影响。本书认为，只有一个农业产前、产后环节都有良性发展的涉农产业才能发挥农业在经济中的基础性作用。

1.4 可能的不足

本书采用投入产出方法研究产业关联以及涉农产业发展对国民经济的影响，而无法考虑具体产业内部竞争关系对行业内要素收入分配的影响，这可能会对模型中要素收入函数设定的准确性有一定的影响。同时，没有考虑针对烟草和白酒产业发展所引起的负外部性而采取税收管制政策，这可能对本书提出涉农产业税收减免政策的适用性有影响。

1.5 本书结构安排

第1章是导论。介绍了本书的现实背景和理论背景，提出本书的研究问题和研究方法，并阐明本书的实践意义和理论意义。

第2章是文献综述。第一部分是对涉农产业的研究回顾，包括涉农产业概念、体系、核算方法、经济地位的研究。第二部分是对农业发展对居民收入分配的影响研究回顾，包括农业部门发展、农业发展政策和涉农产业发展对居民收入分配的研究回顾。第三部分是对可计算一般均衡模型的研究回顾，包括可计算一般均衡模型在农业和居民收入分配中的应用研究回顾、可计算一般均衡模型宏观闭合的研究回顾、随机可计算一般均衡模型的研究回顾以及可计算一般均衡微观模拟技术的研究回顾。第四部分是对中国涉农产业发展政策的回顾。第五部分是小结。

第 3 章是涉农产业发展与居民收入分配的统计分析。第一部分是引言。第二部分是涉农产业的经济核算数据说明，包括对涉农产业增加值核算方法的介绍和对数据的说明。第三部分是国民收入分配测量指标选择，包括对指标选择和对数据的说明。第四部分是国际涉农产业发展与居民收入分配的关系研究，包括对国际涉农产业发展状况、国际居民收入分配状况的分析，并采用面板数据模型研究了两者之间的关系。第五部分是中国省级涉农产业发展与居民收入分配的关系研究，包括对中国省级涉农产业发展状况、中国省级居民收入分配状况的分析，并采用面板数据模型研究了两者的关系。第六部分是小结。

第 4 章是涉农产业发展对居民收入分配的理论模型。第一部分是引言。第二部分是包含非位似效用的涉农产业结构增长理论，包括理论背景、模型和推论。第三部分是考虑产业关联和居民异质性的社会核算矩阵理论，包括理论背景、模型主体和推论。第四部分是小结。

第 5 章是涉农产业发展政策与居民收入分配的模拟分析：模型与数据。第一部分是引言。第二部分是可计算一般均衡微观模拟模型的选择与设定，包括模型的选择、模块方程、宏观闭合设定和随机性设定。第三部分是模型的基础数据，包括宏观数据、微观数据以及两者的一致性调整。第四部分是小结。

第 6 章是涉农产业发展政策与居民收入分配的模拟分析：政策模拟。第一部分是引言，介绍选择生产税减免政策作为政策模拟的原因。第二部分是情景设定，设定不同的宏观闭合选择和参数随机性下的政策组合。第三部分是对反映收入不平等指标的介绍以及政策的情景分析，分析在不同的宏观闭合选择和参数随机性下的不同政策模拟效果。第四部分是小结。

第 7 章是结论与展望。

图 1－4 是本书的技术路线图。

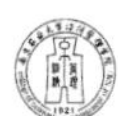

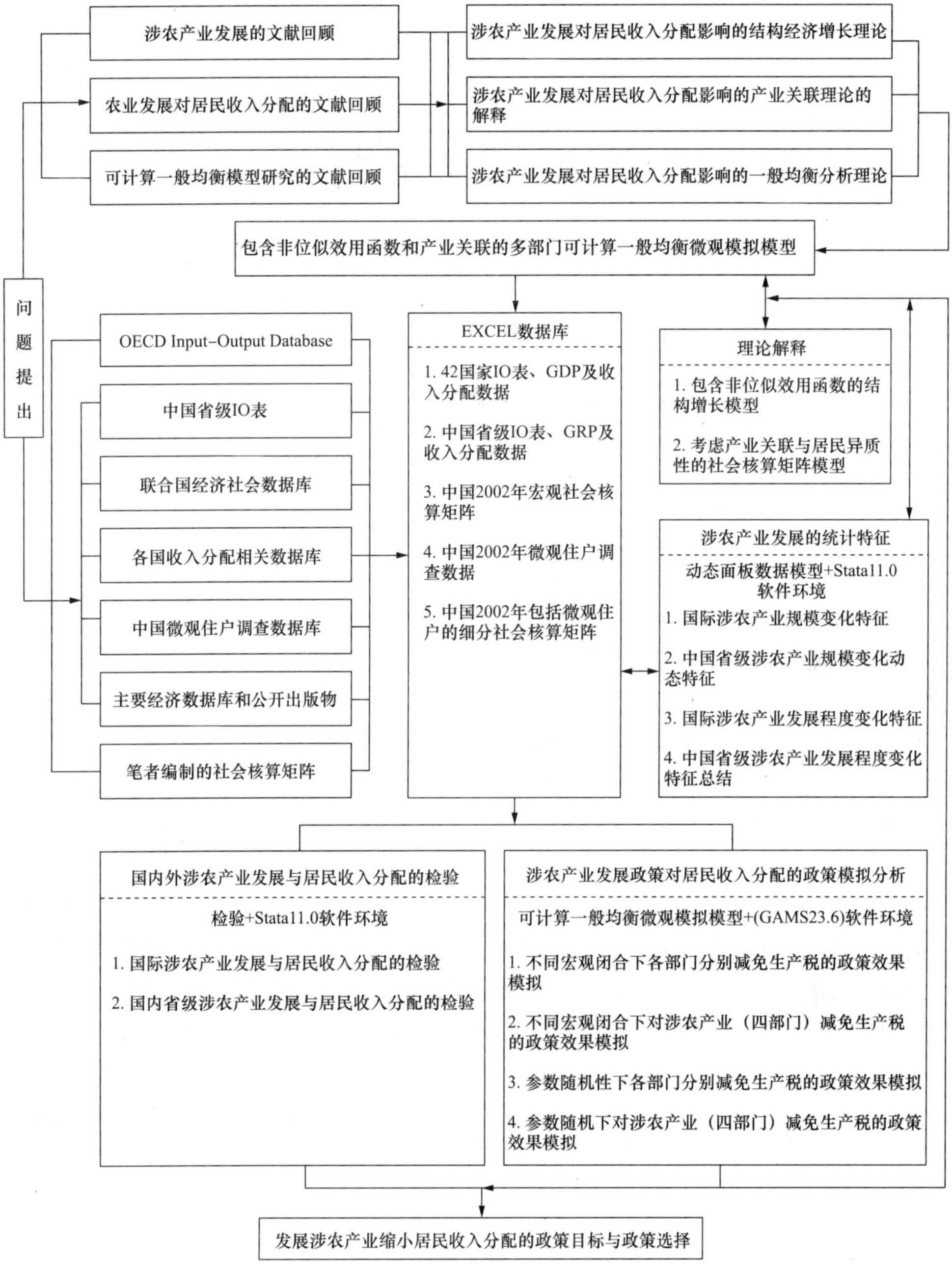
涉农产业发展的文献回顾
农业发展对居民收入分配的文献回顾
可计算一般均衡模型研究的文献回顾
涉农产业发展对居民收入分配影响的结构经济增长理论
涉农产业发展对居民收入分配影响的产业关联理论的解释
涉农产业发展对居民收入分配影响的一般均衡分析理论
包含非位似效用函数和产业关联的多部门可计算一般均衡微观模拟模型
问题提出
OECD Input-Output Database
中国省级IO表
联合国经济社会数据库
各国收入分配相关数据库
中国微观住户调查数据库
主要经济数据库和公开出版物
笔者编制的社会核算矩阵
EXCEL数据库
1. 42国家IO表、GDP及收入分配数据
2. 中国省级IO表、GRP及收入分配数据
3. 中国2002年宏观社会核算矩阵
4. 中国2002年微观住户调查数据
5. 中国2002年包括微观住户的细分社会核算矩阵
理论解释
1. 包含非位似效用函数的结构增长模型
2. 考虑产业关联与居民异质性的社会核算矩阵模型
涉农产业发展的统计特征
动态面板数据模型+Stata11.0软件环境
1. 国际涉农产业规模变化特征
2. 中国省级涉农产业规模变化动态特征
3. 国际涉农产业发展程度变化特征
4. 中国省级涉农产业发展程度变化特征总结
国内外涉农产业发展与居民收入分配的检验
检验+Stata11.0软件环境
1. 国际涉农产业发展与居民收入分配的检验
2. 国内省级涉农产业发展与居民收入分配的检验
涉农产业发展政策对居民收入分配的政策模拟分析
可计算一般均衡微观模拟模型+(GAMS23.6)软件环境
1. 不同宏观闭合下各部门分别减免生产税的政策效果模拟
2. 不同宏观闭合下对涉农产业（四部门）减免生产税的政策效果模拟
3. 参数随机性下各部门分别减免生产税的政策效果模拟
4. 参数随机下对涉农产业（四部门）减免生产税的政策效果模拟
发展涉农产业缩小居民收入分配的政策目标与政策选择

图 1-4 本书技术路线

第2章 文献综述

2.1 有关涉农产业的相关研究综述

2.1.1 涉农产业概念的研究综述

公认的涉农产业（Agribusiness）概念是由 Davis 和 Goldberg（1957）提出的，它的定义是指从事农业生产资料的生产与供应、农产品的生产加工和运销以及从事有关的信贷、保险等相关产业。事实上，Davis（1956）的另一篇文献中已经给出了作为现代农业形式的涉农产业的初步设想。随后，在 1985 年涉农产业的学术刊物 Agribusiness 的第一期第一篇文章中，Woolverton 等（1985）指出，从涉农产业发展的角度看，农业最初是一个自我包含（Self - contained）的产业。每个农户生产自己的农业生产资料，如种子、肥料及简单的设备。农户会把他们生产的产品用于自己的消费，或者把其中一部分加工成食品和衣服，只有很少部分用于出售。随着由劳动力相对稀缺而引发的技术的快速采用，农业投入部门得到发展；新发明的机器逐渐代替劳动力，进而提高了个体农户的生产率。与此同时，农产品加工、食品制造业和食品分销产业也相应发展。涉农产业是一个包含农业投入部门、农业生产部门、农产品加工制造部门、农产品流通服务部门的大体系。这一概念也有其他不同的名称，如美国农业部称之为食物纤维体系（Food and Fiber System），日本农林水产省称之为农业食物关联产业（周应恒和耿献辉，2007）。

2.1.2 涉农产业增加值核算研究综述

有关涉农产业的核算，已有 50 多年的研究历史。对涉农产业的核算方法取决于对涉农产业范围的认识。早先认为涉农产业系统是由食品和纤维产品需求所带动的产业，相应地通过计算投入产出表中的食品和纤维产品（或行业）的感应度系数来核算涉农产业的增加值，如 Davis、Goldberg（1957）和 Schluter 等（1986）。这一方法的好处是计算相对简单，但是其缺点是假设产业关联结构是固定不变的。最近的研究认为涉农产业系统是比较具体的，而且可以通过投入产出表直接核算得到，如 Furtuoso 等（1998），Furtuoso、Guilhoto（2001）和 Guilhoto（2004）。该方法的优点是放宽了产业关联固定系数假定，但是其在计算农产品流通服务部门增加值的时候并没有对其作为农业投入部门对农业生产部门的投入进行扣除。国内学者采用后来的方法计算中国的涉农产业增加值及其结构（赵霞和吴方卫，2008；耿献辉，2009）。耿献辉和周应恒（2011）基于中国、美国、日本的投入产出表，比较分析了三国涉农产业及其组成部分的增加值，认为我国农业关联产业体系在国民经济中的份额远远超过了传统农业，其投入、生产、加工制造、运销服务四部门的产出比例为 0.17∶1∶2.21∶0.21，与美国和日本相比，中国农业关联产业结构中农产品加工制造和农产品运销服务环节发育程度相对较低。

2.1.3 涉农产业与国民经济关系的研究综述

（1）从经济发展角度理解涉农产业的价值。Scoville（1973）认为，已有的农业与非农的两部门模型不足以解释和量化由食品和纤维系统生产所带动的相关涉农产业及其对经济增长的贡献，这会降低农业在国民经济中的作用。因此，他建立了一个包含农业生产部门以及除农业生产部门之外的涉农产业部门、非涉农产业部门的三部门经济增长模型，估计了涉农产业在增加值和就业对国民经济的贡献。研究发现，虽然农业生产部门增加值占 GDP 的比重是下降的，但是涉农产业增加值占 GDP 的份额相对稳定。Leones 等（1994）认为，只通过农业生产部门增加值无法反映农业在国民经济中的重要性，需要通过投入产出模型以衡量包括农业产前、产后环节在内的农业对国民经济的贡献。Stanton（2000）认为，涉农产业的发展可以代替政府在提高农村居民收入的角色。耿献辉和周应恒（2011）计算得到中国涉农产业的影响力系数为 1.0162，略大于 1，总体上对国民经济发展的推动作用较为明显。

涉农产业发展随着经济发展水平的提高而不断升级。严斌剑等（2011）从经济发展过程中生产供给和需求角度理解涉农产业发展，即农产品的生产和市场需求在推动着涉农产业的发展，同时从需求弹性大小及其变化理解涉农产业发展。对农产品需求弹性小于 1 的假定是农业增加值在国民经济增加值中所占比重随经济增长而下降的原因。但是，并不是所有的农产品的需求弹性都小于 1。在经济发展过程中，消费者食品支出中花费在营销和加工服务上的份额会增加，而花费在未加工食品上的份额会下降（Hayami and Godo，2004）。随着收入水平的提高，居民对食品安全更加重视，对加工食品的需求提高，更加喜欢餐馆和其他食品服务场所，更加喜欢在超市、便利店以及其他现代零售店购买食品，扩大对非传统食品的消费（Gale and Huang，2007），Food – Away – From – Home（FAFH）的收入需求弹性大于1（Ma et al.，2006）。农产品需求弹性的大小，一方面取决于经济发展水平，另一方面则取决于农产品本身。一种农产品的需求弹性会随着经济发展水平的提高，从奢侈品变成必需品，需求弹性从大于1变成小于1，如肉类食品；也可以从必需品变成奢侈品，需求弹性从小于1变成大于1，如一些野菜。经过深加工的农产品，其食品安全性、保鲜度、抗腐蚀性等方面更好，相应的需求弹性可能就比未经过深加工的农产品大；经过流通服务部门包装的农产品，其需求弹性就可能大于未经过包装的农产品。随着经济增长，对需求弹性大于1的农产品的消费量在提高，其增长速度大于经济增长速度。需求弹性大于1的农产品的消费量在所有农产品中所占的比重越大，农产品的增长速度相对于经济增长速度越快，其对应的涉农产业增加值对国民经济的贡献度也会更大。由于涉农产业中需求弹性大于1的农产品的形成与农产品加工制造业和流通服务业关系密切，因此，涉农产业发展程度也会随着需求弹性大于1的农产品的消费比重的提高而相应变大。从生产要素价格及其投入理解涉农产业发展。劳动、资本和中间投入是农业生产的基本投入要素。由于劳动力数量的增长速度低于经济增长速度，劳动成本会随着经济增长的提高而提高。资本和中间投入的增长速度较劳动力数量的增长速度快，资本和中间投入的价格相对于劳动力的价格增长速度更慢。由于劳动与资本及中间投入之间的替代性，农业生产者会倾向于增加对资本和中间投入的投入量以扩大生产。同时，由于资本和中间投入存在较强的互补性，因此，生产者对中间投入的需求会随着经济增长而提高，且增长速度要快于经济增长的速度，即中间投入在产出中的份额也会提高。所以，从生产角度看，随着经济增长，涉农产业中的农业投入部门的比重会提高，涉农产业发展程度也在提高。综上所述，从需求和生产角度着，都可以对涉农产业对国民经济贡献率随经济发展水平的提高而下降，而涉农产业发展程度随着经济发展水平的提高而提高的现象做出较好的解释。

（2）从农业发展角度理解涉农产业的价值。Wilk 和 Fensterseifer（2003）构建了一个通过涉农产业各部门与消费者、政府和社会等利益相关者的战略联盟，以增强一国的涉农产业竞争力和可持续发展能力。Edwards 和 Shultz（2005）认为涉农产业的发展应该从以生产为中心转移到以市场为中心，即农业发展要以市场需求为导向。同时，涉农产业的发展有利于农业生产对市场需求的调整。

2.2 农业发展对居民收入分配影响的研究综述

农业发展对居民收入分配影响的研究包括两个方面：一是包括农业生产、农产品价格、农业劳动者、农业投入等在内的农业部门的发展对居民收入分配的影响；二是各类农业发展政策对居民收入分配的影响。

2.2.1 农业部门发展的居民收入分配影响的研究综述

农业生产部门发展对居民收入分配的影响研究。Mehrgan 和 Nessabian（2010）研究发现，农业发展有利于缩小收入差距。笔者利用伊朗 1968～2003 年的统计数据，发现伊朗不存在收入差距与经济增长之间的库兹涅茨曲线特征，对农业发展的重视降低了由经济增长带来的收入差距扩大趋势。

农业投入部门的发展对收入分配的影响研究。Estudillo 等（2000）以绿色革命之后菲律宾一个以水稻为主要作物的农村居民收入分布为研究对象，发现由绿色革命推动的水稻生产率的提高使更多的居民进入非农行业，从而造成了农村居民收入差距的扩大。Karanja 等（2003）研究了肯尼亚玉米生产技术进步对玉米产量和居民福利的影响。研究表明：与边缘地区相比，发达地区的玉米产量受玉米生产技术进步的影响更大，同时发达地区的总收入受技术进步影响也大，且影响为正，但是居民收入分配受技术进步的影响是负的。

农业劳动力转移对农村收入分配的影响研究。与 Estudillo 等（2000）的研究结论相反，Zhu 和 Luo（2010）对中国湖北农村的调查研究显示，劳动力向非农转移并不会导致收入差距扩大，反而会缩小收入差距。笔者认为这是由以下三个原因造成的：①劳动力转移本身是一个自我选择的过程。农户会根据投入回报来考虑是否移民。②那些土地少的家庭转移劳动力的可能性大。③贫穷家庭可以从劳动力转移中获得更多的收益。

农产品价格对居民收入分配的影响研究。Mghenyi 等（2011）研究了玉米价格增长对肯尼亚农民福利的影响。研究表明：农民家庭在整体上受价格变化的影响不大；但是，具体到区域上则存在较大差异。玉米主产区的农民在玉米价格上涨中获益较多，而玉米净进口区在玉米价格上涨中福利受损。如果玉米净进口区的居民收入高于玉米主产区的居民收入，那么，玉米价格上涨会缩小收入差距。

非农产业发展和教育对农村居民收入分配的影响研究。Cherdchuchai 和 Otsuka（2006）基于住户调查数据研究了 1987～2004 年泰国农村居民收入和贫困的变化情况。研究表明：非农部门的增长与农民人力资本的提高，使得农民收入差距缩小，贫困率下降。

乡镇企业的发展对居民收入差距的影响研究。钟宁桦（2011）认为，乡镇企业的发展可以缩小城乡收入差距，但由于城乡分割的户籍制度等阻碍劳动力流动的因素仍然存在，使乡镇企业缩小城乡收入差距的年度作用递减。笔者认为，只有改革现有的户籍制度，加强劳动力在城乡间的流动，培育完善的要素市场，而不是继续鼓励农村工业化，才能进一步缩小城乡收入差距。

2.2.2 农业发展政策对居民收入分配影响的研究综述

国际农业经济学家协会前主席 Braun（2003）把各类农业发展政策分为四个方面，分别是自然资源管理和土地政策、农业技术和研究政策、农业市场和贸易政策、消费者导向政策，并回顾了这四个方面的研究。

基于生产者局部均衡模型研究农业政策对收入分配的影响研究。钟甫宁等（2008）基于江苏省的400多户农户调查数据，发现农业税减免和粮食直接补贴政策对不同类型要素的所有者影响不同，这些政策提高了土地所有者的收入，而对资本和劳动的价格影响不大。这些政策虽然在一定程度上能缩小农村收入差距，但是，收入较高的农民收益会高于收入低的农民收益。Heerink 等（2006）以中国农业大省江西的两个农村为对象，采用可计算一般均衡模型研究中农民收入补贴政策对农村收入分配的影响。研究发现，农民收入支持政策并不能直接促进粮食生产，因为随着收入的提高，农民会把更多的资源用于更有利可图的畜牧养殖业。同时，随着收入的提高，农民会有更多的时间用于休闲，从而减少了对需要大量劳动投入的稻米的生产。此外，农业税的废除则对农民收入和粮食生产都有更大的影响，但是，这也加剧了农村之间的收入差距。

新农村建设对居民收入分配的影响研究。王震（2010）基于2002年、2004年和2006年中国微观调查数据，评估了以税费减免、新农合参合补贴和种粮直接补贴的新农村建设收入再分配政策对城乡收入差距和农村居民收入分配的影响。研究表明，新农村建设再收入分配政策有助于缩小城乡收入差距，并改善了农村居民收入分配状况。

2.2.3 发展涉农产业对收入分配影响的研究综述

涉农产业发展对收入分配的影响研究目前存在以下两个观点：第一种观点认为，涉农产业发展可以缩小居民收入分配差距。支持这种观点的理由主要包括下面两个：一种理由认为，涉农产业（不包括农业生产部门）是介于传统农业与工业之间的一个过渡产业（Nalitra，2006），涉农产业属于劳动密集型产业，它的生产率比纯粹的农业生产部门要高，同时为非熟练劳动力提供了大量的就业机会，这样可以提供低收入群体的收入，进而缩小贫富差距。刘易斯二元经济理论认为在工业化进程中，由于工业部门的工资高于农业部门，一国的基尼系数会先增加后降低，直到工农业部门的工资对农业劳动力来说没有差异为止。但是，在这个过程中，由于工业部门的工资明显高于农业部门，但是工业部门吸纳就业能力有限，这样的工业化会导致收入差距扩大，这使得总体居民消费降低，进而使得宏观经济总需求不足。而涉农产业部门的工资介于工业部门和农业部门，且其吸纳就业能力强，因此，涉农产业的发展可以缩小在工业化过程中居民收入差距恶化程度。另一种理由认为，涉农产业（不包括农业生产部门）对农业生产部门有很强的带动作用，涉农产业发展水平的提高可以促进农业生产部门的发展，提高农民收入，进而缩小居民收入差距。Bautista 等（2001）采用 SAM 乘数研究了农业、食品加工业、轻工业的需求增加的影响，发现对农业需求的增加对经济的影响最大，即农业需求导向的工业化对真实 GDP 的促进作用最大。这个结论在 CGE 模型中也得到确认。在考虑非线性关系和供给约束的 CGE 模型中，如果无法阻止农业贸易条件的恶化，那么，基于食品加工业的工业化对农户家庭收入的增长更大。而轻工业导向的工业化虽然可以提高制造业增加值在 GDP 中的比重，但是，它对 GDP 增长的贡献是最小的，而且会恶化收入分配。Fatah（2007）认为，发展以农产品加工业为主的涉农产业是实现经济增长和收入平等的非常合适的引擎。Pieters（2010）采用扩展的社会核算矩阵模型对印度的实证研究证实了这一观点。

第二种观点认为，涉农产业的发展可能会由于涉农产业各个环节的制度安排不合理导致利益分配不均，反而扩大贫富差距。Amanor（2009）认为，涉农产业链中的大企业为了自身利益会牺牲农户的利益，结果会造成收入差距扩大。

2.3 相关 CGE 模型的研究综述

2.3.1 CGE 模型在农业和居民收入分配中应用的研究综述

CGE 模型在农业和居民收入分配中有广泛的应用。农业政策是各国政府非常关注的话题，CGE 模型作为一种有效力的政策分析，广为政策研究者所采用。居民收入分配问题也是政府关注的重要话题，政策研究者用 CGE 模型研究经济体的外部冲击、各种政策措施对居民收入分配的影响。这其中也包括研究农业政策

对居民收入分配的影响。本节下面部分会从 CGE 模型的技术角度谈到 CGE 模型在农业和居民收入分配中的应用。

2.3.2 随机 CGE 模型研究综述①

从 Johansen（1960）建立的第一个 CGE 模型开始，与实证研究密不可分，并对随机 CGE 模型研究同样如此。本书把与函数形式有关的自由参数称作一般自由参数，而把与所研究问题有关的自由参数称作特殊自由参数。下面将从两个方面来总结：

（1）对一般自由参数的随机性分析的实证研究。从理论上来说，所有的已有对 CGE 模型的实证研究都可以扩展到随机 CGE 模型。但是，由于随机 CGE 模型的研究理论相对不太成熟，再加上计算成本较大，所以已有文献对随机 CGE 模型的实证研究尚少见，且这些文献仅仅停留在模型结果对某些自由参数的稳健性分析层面。

Harrison 等（1993）采用无条件系统敏感性分析法和条件系统敏感性分析法，对 Whalley 和 Wigle（1983）、Whalley（1986）、Harris（1986）等的研究做了比较分析。发现采用无条件系统敏感性分析法得到结果的区间要大于采用条件系统敏感性分析法得到结果的区间，这与这些自由参数之间存在正相关关系。

Abler 等（1999）采用蒙特卡洛法，假设参数为均匀分布，以哥斯达黎加为例，研究了宏观经济和产业政策对环境的影响。研究发现，结论对参数的变化是稳健的。

Abdelkhalek 和 Dufour（1998）采用 1－2－3CGE 模型研究摩洛哥经济，用区间置信法模拟了自由参数的变化对主要经济变量的影响。文中的不确定自由参数选择了进口商品与国内商品的替代弹性，该参数通过历史数据计算得到。在 95% 的置信度下，研究给出了自由变量的置信区间，使模型的模拟结果更具有灵活性，为政策制定者提供了科学的建议。

Thomas 等（2007）采用计量方法计算了不同国家的进口替代弹性，并同时运用蒙特卡洛试验法和高斯积分法计算了模型中主要的内生变量对这一参数变化的置信区间。研究发现，模型的结果对替代弹性的变化是稳健的。

国内学者对这方面已开始尝试进行研究。王灿和陈吉宁（2006）采用蒙特卡洛方法研究了 CGE 模型参数不确定性传播问题，并开发了随机计算工具。该文通过拒绝法由正态分布的随机数获得 beta 分布随机数，并利用拉丁超立方体抽样方法对 TEDCGE 模型的 50 个自由参数进行随机采样，考察模型输出的不确定性。同时，该文还研究了自由参数的相关性对模型结果的影响，发现当参数之间是正

---

① 该小节的内容已发表在《中国管理科学》2009 年第 5 期。

的相关系数时，模型结果的不确定性将会进一步扩大。

（2）对特殊自由参数的随机性分析的实证研究。这一类的实证研究更具有针对性，它们从问题出发，关注于重点自由参数的随机性，也可以降低计算成本。但是它的不足之处是往往会忽略其他随机性，尤其是其他没有注意而实际上对结果有重要影响的自由参数的随机性对结果的影响。

Harris 和 Robinson（2001）研究了技术进步、农业品种改良和天气预测技术改进等因素对墨西哥农业抗厄尔尼诺等自然灾害能力，以及由此引起的对不同地区经济的影响。该文通过在生产函数中加入特定参数，反映不同自然状态下的生产率，并根据历史数据采用蒙特卡洛方法，模拟了这一参数的分布情况，进而得到对经济的影响结果。

崔丽丽等（2002）以 State – contingent 模型为基础，结合中国具体情况，采用气候变化参数的不确定性，对中国合理的 CO_2 减排率制定问题进行了模拟分析。该文中对气候变化参数的处理只是根据相关文献给出了几个备选值，并假定参数是均匀分布的。

Tuladhar（2003）基于一个关于美国经济的计量跨期一般均衡模型，采用置信区间方法，检验了双分红假说，该假说认为环境税对收入税的收入中性替代能提高福利，该研究为政策制定者给出了更为合理的预测结果。

许召元和李善同（2008）研究了中国区域劳动力迁移对经济增长的影响。该文中对资本区域流动性参数作了简单的敏感性分析，即仅仅涉及到一个参数的两个备选值（包括基准值），但得到的结论是模型结果对该参数是稳健的。

表 2 – 1 是上述研究的综合比较。总之，目前的研究表明模型的结论在大方向上对参数变化还是比较稳健的。但是，即便如此，考虑到不确定性的模拟结果显然更利于政策制定者科学地对待政策制定问题。

2.3.3 CGE 模型宏观闭合研究综述①

对于一般 CGE 模型的宏观闭合选择情况，Decaluwe 和 Martens（1988）作了比较详细的归纳和分析。Decaluwe 和 Martens 综述了 26 个国家和地区的 73 个 CGE 模型，从三方面对这些模型进行比较，首先是对生产、私人消费、对外贸易阻碍的处理；其次是宏观经济闭合类型和动态的源泉；最后是模拟的性质和结果。Decaluwe 和 Martens 认为在今后的 CGE 研究应用当中，确认选择相关的宏观闭合是非常重要的。但是，对于宏观闭合的选择，很多建模者都没能给出有说服力的理由。在这 73 个模型中，每个模型都有相应的闭合，有些模型甚至四种闭

① 该小节内容已发表在《统计研究》2009 年第 2 期。

表 2－1　代表性随机 CGE 模型实证研究比较

作者	研究对象	研究问题	不确定参数的选择	不确定参数的估计	采用的方法	对结论的影响
Abdelkhalek 和 Dufour（1998）	摩洛哥	模拟了自由参数的变化对主要经济变量的影响	进口商品与国内商品的替代弹性	通过历史数据采集计算得到	置信区间法	结论更具有说服力
Abler 等（1999）	哥斯达黎加	宏观经济与产业政策对环境的影响	生产函数中的替代弹性、基期消费者需求的价格弹性、基期消费者需求的收入弹性、进口弹性、出口弹性	假定参数是服从均匀分布的，上下限值来自计量估计、其他国家的数据和作者的个人判断	采用蒙特卡洛方法	结论是稳健的
Harris 和 Robinson（2001）	墨西哥	农业技术进步和天气预测技术改进等因素对墨西哥农业抗厄尔尼诺等自然灾害能力，以及由此引起的对不同地区经济的影响	生产函数中的技术参数	通过历史数据计算得到一定的分布情况	蒙特卡洛法	目的不是敏感性检验，参数的不确定本身已经包含了经济含义
Harrison 等（1993）	多个国家	降低关税对国内居民福利的影响	进口价格弹性、进口收入弹性、出口价格弹性	由相关文献得到，采用计量方法，设定参数是单变量正态分布的	包括条件敏感性和无条件敏感性分析	基本上支持原有结论，只有个别变量的结果呈反向关系
Harrison 等（1993）		贸易自由化和产业组织	出口弹性、进口弹性、规模经济弹性	通过计量，取 3 个等差备选值	单一参数变化和同时变化结合	结论稳健
Thomas 等（2003）	多个国家	自由贸易问题	进出口替代弹性	通过相关数据计算得到	置信区间法	结论稳健
崔丽丽等（2002）	中国	合理的 CO_2 减排率制定问题	生产函数中的气候变化参数	根据文献得到，假定参数是均匀分布的	只有一个不确定性参数	结论稳健
Tuladhar（2003）	美国	双分红假说	所有参数	根据历史数据计量得到	置信区间法	结论稳健
王灿和陈吉宁（2006）	中国	研究了 CGE 模型参数不确定性传播问题	生产函数和进出口函数中的替代弹性	由正态分布的随机数获得 beta 分布随机数	蒙特卡洛法	结果的不确定性与参数间的关系联系密切

合情况都考虑了。在这些模型中，采用凯恩斯闭合的模型有19个，采用卡尔多闭合的模型有8个，采用约翰森闭合的模型有15个，采用新古典闭合的模型有38个。总的来看，采用新古典闭合的最多，这也反映了闭合选择与同期主流经济理论的关系。

具体来说，宏观闭合的选择对研究财政政策冲击、城市化、经济增长、收入分配、区域经济和国际贸易等都有重要的意义。

在研究财政政策冲击的问题上，Rattso（1982）通过两个简单模型模拟财政政策影响来说明不同的宏观闭合的经济含义。这篇文章基于泰勒模型[①]和约翰森模型[②]，采用虚拟数据，分别比较了新古典闭合、凯恩斯闭合、约翰森闭合下政府财政政策的影响。

在研究城市化和经济增长的问题上，Shishido（1982）描述了从以1960年的数据为基础的日本CGE模型模拟的结果。在模型的两个宏观闭合中，假定资源没有完全利用的凯恩斯闭合的结果优于假定所有生产要素都完全利用的新古典闭合的结果。也就是说，对投资者来说，20世纪60年代的日本劳动力供给是无限的。如果社会资本需求在空间上存在差异，那么使人口空间上转移的城市化对经济增长潜力就有重要意义。

在研究收入分配的问题上，Adelman和Robinson（1988）通过改变一些变量和假定，建立了能够采用不同的宏观闭合方式，并且兼容了AR[③]、泰勒模型的特征的CGE模型，比较分析了不同宏观闭合对收入分配的影响。其中的闭合包括新古典闭合、凯恩斯闭合以及一些结构主义宏观闭合。这篇文章的主要结论是宏观闭合的选择不同对收入分配的研究结果也会有所不同。

在研究区域经济的问题上，Harrigan和McGregor（1989）构造了马来西亚的区域CGE模型，通过比较新古典闭合和凯恩斯闭合下需求和供给冲击对区域经济的影响，阐述了新古典视角和凯恩斯视角下区域经济的不同运行机制。新古典闭合在需求冲击下，区域需求政策在本地区具有真实效应，对周围区域则有通货紧缩效应；在供给冲击下，对所有区域的产出和就业都有积极效应。凯恩斯闭合在需求冲击下，需求政策的效果非常乐观，对其他区域也一样；在供给冲击下，政策作用效果是难以确定的。

在研究国际贸易的问题上，Kilkenny和Robinson（1990）使用了一个10部门CGE模型，在不同的要素流动性和宏观闭合假定下，分析单边和多边的农业

① 泰勒模型来自Taylor和Lysy（1979）。

② 与泰勒模型相比，约翰森模型增加了消费系统，这样就可以讨论居民对国内和进口商品的消费中的收入和替代效应。

③ AR模型是Adelman和Robinson（1978）研究韩国的一个模型。

贸易自由化对美国经济的影响。结果表明，采用不同的宏观闭合，农业贸易自由化下使非农部门就业发生变化，幅度在0.4%～4%。

与国外学者不同，国内学者更多的是根据研究需要确定对应的宏观闭合。不同的闭合选择反映了建模者不同的政策取向，而针对不同宏观闭合的实证比较的研究的案例很少，通过宏观闭合来实证检验宏观经济理论的研究更尚未见报道，而实际上这样的研究非常重要。

2.3.4 CGE 微观模拟研究综述

（1）CGE 微观模拟的方法研究。按照研究方法的差异可以把 CGE－MSA 分成以下三类：一是 CGE 模型多住户整合方法；二是 CGE 微观模拟序贯方法；三是 CGE 自上而下—自下而上方法。

第一，CGE 模型多住户整合方法（CGE Integrated Multi－household approach，CGE－IMH）。CGE 模型多住户整合方法是由 Decaluwé、Dumont 和 Savard（1999）在总结了 CGE 在研究政策对收入分配和贫困领域的应用时提出了一种既能体现政策的宏观影响又能反映不同家庭内部差异的分析框架，它把 CGE 模型中的家庭部分直接建立在由住户调查得到的统计信息之上，即把住户调查数据中的所有家庭直接全部引入到 CGE 模型之中，每个家庭都成为 CGE 模型住户的一种。这样住户调查数据所体现的家庭差异在 CGE 模型中也能完全保留。该方法认为传统的 CGE 模型中的代表性家庭并不能反映现实中家庭的差异，会导致在做政策影响分析的时候出现偏差。

第二，可计算一般均衡模型微观模拟序贯方法（CGE Micro－Simulation Sequential approach，CGE－MSS）。可计算一般均衡模型微观模拟序贯方法是由 Bourguignon 等（2003）提出的连接可计算一般均衡模型与微观家庭模型的一种方法。该方法的两个步骤包括：先从一个代表性住户 CGE 模型得到由政策变化引起的价格变化，然后将这些价格变化引入微观模拟家庭模型以分析其对家庭行为的影响。该方法既不改变 CGE 模型，也不改变微观家庭模型，只是通过价格在两者之间建立了一个桥梁。由于微观家庭模型可以分析居民的离散行为选择，因此，与第一种方法相比，它的优点是可以考察家庭在外部冲击下离散型的就业行为选择。但是，由于该方法假设微观家庭行为会受到宏观经济变化的影响，但是微观家庭行为的变化并不会对宏观经济产生影响，不需要考虑微观家庭行为对宏观经济的反馈作用。所以，在实际应用中，它存在两个不足：一是忽略了数量变化对均衡价格的反馈作用；二是微观模拟中的家庭数据与 CGE 模型中宏观数据是不一致的。Lay（2010）也指出该方法在处理微观行为上是灵活的以理论上的不一致性为代价的。图 2－1 是 CGE－MSS 的研究框架。

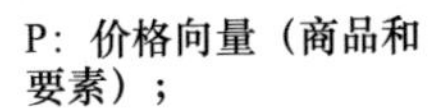
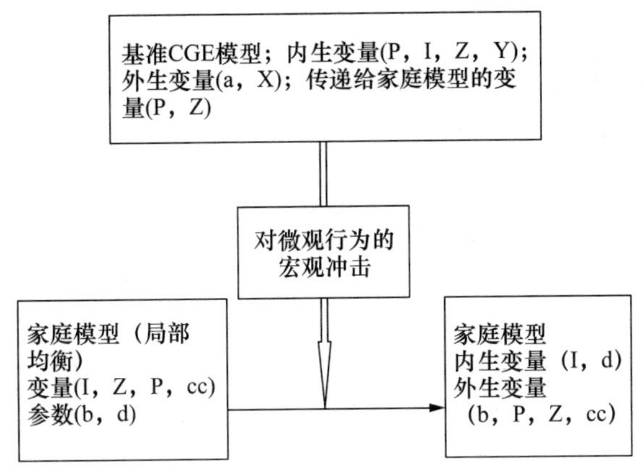

图2－1　CGE－MSS研究框架

第三，可计算一般均衡模型自上而下—自下而上方法（CGE Top－Down/Bottom－Up approach，CGE－TD/BU）。可计算一般均衡模型自上而下—自下而上方法是Savard（2010）提出的考虑家庭行为对宏观经济有反馈作用的连接CGE模型和微观家庭模型的一种方法。CGE－TD/BU的基本思想是：首先利用CGE模型生成一个价格向量，分析家庭微观模拟模型中家庭行为（消费和劳动力供给）对这个价格变化的反应。然后将这些反应后的家庭行为变量加总，再将此作为新的外部冲击引入CGE模型，又得到新的价格向量。反复迭代这个过程，直到两个模型中所有相同变量的差异等于零或者小于给定的临界值，实现CGE模型与微观家庭模型同时达到均衡。该方法假设微观行为变化对宏观经济会有较大的影响。因此，该方法中考虑了由宏观经济变化导致的微观行为改变对宏观经济自身的反馈效应。图2－2是CGE－TD/BU的研究框架。

CGE－TD/BU方法既为政策研究提供了有效的工具，也为存在异质性微观主体的CGE模型的求解提供了思路，如Rausch和Rutherford（2010）提出的“序贯再校准”（Sequential Recalibration，SR）算法。

（2）可计算一般均衡模型微观模拟技术的应用研究。本部分回顾了CGE微观模拟技术在贸易政策、财政政策、产业政策、要素市场改革政策、环境气候政策以及外部经济冲击影响五个领域的应用。

第一，在贸易政策效果评估方面的应用。CGE微观模拟技术在贸易政策效果评估领域的应用主要采用了CGE－IMH和CGE－MSS方法。采用CGE－IMH方法的研究有：Cororation（2003）采用CGE－IMH方法，将拥有24797个样本的住户调查数据引入菲律宾CGE模型中，研究菲律宾的关税改革对失业、收入分

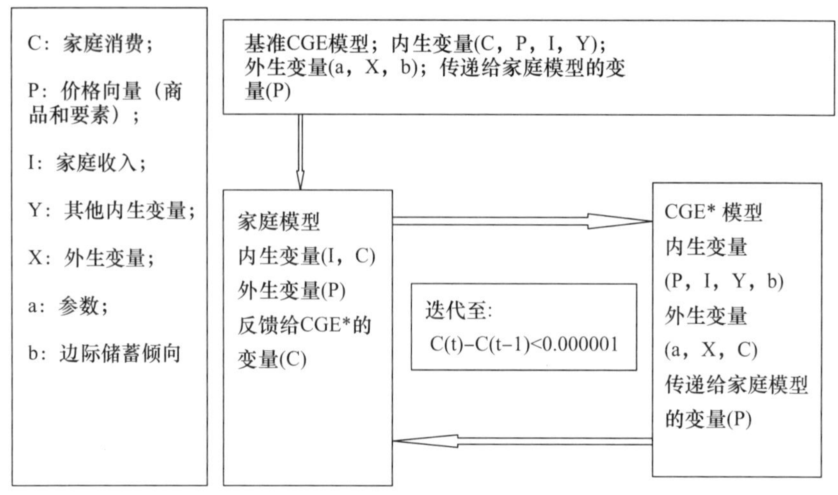

图 2-2 CGE-TD/BU 研究框架

布和贫困的影响。Annabi 等（2005）采用动态 CGE-IMH 研究了塞内加尔贸易自由化对增长和贫困的影响。Chitiga 等（2007）采用 CGE-IMH 方法，将 14006 户家庭引入 CGE 模型，分析贸易自由化对津巴布韦的影响。研究发现，去掉关税之后，出口部门受益最大，整个经济体中的贫困会减少，而收入分布基本保持不变，城乡内部的收入分布所受到的影响则存在差异。Rutherford 和 Tarr（2008）采用了 CGE-IMH 方法，将俄罗斯家庭预算调查中的 55098 户家庭引入 CGE 模型，研究俄罗斯加入 WTO 对其收入分布和贫困的影响。Chitiga 等（2010）采用 CGE-IMH 方法，将 4000 户南非家庭引入 CGE 模型，研究贸易自由化政策对收入分布以及不同性别家庭生产和休闲的影响。同时采用 CGE-MSS 方法的研究有：Chen 和 Ravallion（2003）采用 CGE-MSS 研究中国加入 WTO 对其收入分布和居民福利的影响。研究发现，总体上看，加入 WTO 对收入分布和贫困有负面影响，但是，对不同类型和地区的居民其影响是不同的。Vos 和 De Jong（2003）采用 CGE-MSS 方法研究厄瓜多尔贸易自由化对贫困的影响。研究发现，贸易自由化使得整体福利温和提高，但是由于高低技能工人的收入差异反而拉大，收入不平等状况并没有改观。Aredo 等（2007）采用 CGE-MSS 研究了埃塞俄比亚贸易自由化对贫困和收入不平等的影响。Colombo（2007）采用 CGE-MSS 方法研究了中美洲与美国的自由贸易协定对尼加拉瓜的影响，发现该协定对宏观经济指标、收入分布和贫困率的影响都不大。Herault（2010）采用 CGE-MSS 方法研究了南非贸易自由化的经济影响。与行为微观模型不同，该方法采用了再加权技术的非行为微观模型。Hendy 和 Zaki（2010）采用了 CGE-MSS 方法研究了埃及

贸易自由化政策和收入再分配的影响。研究发现，关税的降低使得男女之间、地区之间的收入差异在缩小，但是不同技能劳动之间的收入差异却在扩大。

第二，在财政政策效果评估方面的应用。CGE 微观模拟技术在贸易政策效果评估领域的应用同时采用三种方法。采用 CGE - IMH 方法的研究有：Cockburn（2001）采用 CGE - IMH 方法，研究了尼泊尔以增值税代替生产税的改革（增值税对资源配置的扭曲要小于生产税）对家庭收入和消费以及贫困的影响。研究发现，居民福利在改革后有所提高，贫困率受改革的影响不大，但是贫困的深度和严重性在提高。采用 CGE - MSS 方法的研究有：Ahmed 等（2008）采用CGE - MSS 研究巴基斯坦税收改革的经济影响。采用 CGE - TD/BU 方法的研究有：Peichl（2008）采用了 CGE - TD/BU 方法研究了德国所得税改革的经济效应。Savard（2010）采用 CGE - TD/BU 方法研究菲律宾提高基础设施投资的经济影响，比较了生产性的基础设施投资与非生产性基础设施投资的差别，并分析了不同的融资方式的效果差异。

第三，在产业政策效果评估方面的应用。CGE 微观模拟技术在产业政策效果评估领域的应用主要采用了 CGE - IMH 和 CGE - MSS 方法。采用 CGE - IMH 方法的研究有：Boccanfuso 和 Savard（2008）采用 CGE - IMH 方法，研究了塞内加尔的花生产业自由化对家庭收入分布的影响。研究表明，对花生油税率的减少可以降低贫困率，而国际花生价格的下跌，同时国内又没有固定价格保护的话，使贫困家庭的状况会变差。采用 CGE - MSS 方法的研究有：Arndt 等（2010）研究了莫桑比克生物能源的大规模投资对经济增长和收入分布的影响。研究发现，该项投资可以促进每年的平均经济增长率提高 0.6%，使贫困率在 12 年后下降了 6 个百分点。因为生物能源投资提高了非熟练劳动者的就业，提高了小农的土地收入。如果存在对其他农业的技术扩散，生物能源投资对促进经济增长、缩小贫富差距的作用更大。Labandeira 等（2009）采用 CGE - MSS 方法研究了西班牙大规模提高能源税这一能源政策对居民收入分配的影响，发现了由直觉无法得到的改革对经济效率和收入分布的重要影响。

第四，在要素市场改革政策评估方面的应用。CGE 微观模拟技术在要素市场改革政策效果评估领域的应用主要采用了 CGE - MSS 和 CGE - TD/BU 方法。采用 CGE - IMH 方法的研究有：Chitiga 和 Mabugu（2008）采用 CGE - IMH 方法，研究津巴布韦土地改革对收入分布和贫困的影响，发现土地改革可以减少农村贫困，降低农村的收入差距。采用 CGE - MSS 方法的研究有：Diaz（2009）采用 CGE - MSS 方法，研究了墨西哥由劳动力市场失业率、就业结构、部门工资、平均劳动收入等因素变化引起的工资变化对贫困和收入不平等的影响。采用 CGE - TD/BU 方法的研究有：Arntz 等（2008），Boeters 和 Feil（2009）都采用 CGE -

TD/BU 方法研究了德国以刺激低收入劳动者就业的劳动力市场改革对该市场及其他劳动力分割市场的影响。

第五，在环境气候政策评估方面的应用。CGE 微观模拟技术在环境气候政策评估方面的应用还较少，目前只有 CGE – MSS 一种方法。Buddelmeyer 等（2009）采用 CGE – MSS 方法研究澳大利亚气候变化缓解政策的中长期影响。

第六，在外部经济冲击效果评估方面的应用。CGE 微观模拟技术在外部经济冲击效果评估方面的应用所采用的方法也比较单一，目前只有 CGE – MSS 一种方法。Ahmed 和 Donoghue（2008）采用 CGE – MSS 方法研究了包括国外储蓄增加、进口品价格整体提高、进口石油价格提高、工业原材料进口价格提高、进口机器价格提高等在内的外部经济冲击对巴基斯坦居民福利的影响。Robilliard 等（2008）采用 CGE – MSS 方法研究了 1997 年亚洲金融危机对马来西亚的贫困和收入分布的影响。

2.4 涉农产业发展政策回顾

从 2003 年到 2013 年，中央一号文件连续 11 年以“三农”作为主要议题。2011 年的中央一号文件虽然以聚焦水利建设，其中的农田水利建设也是农业发展的基础设施。本书分别从涉农产业的四个组成部分来回顾 2003 年到 2013 年中央的涉农产业发展政策。

2003 年到 2013 年中央一号文件的标题分别为：2003 年的是《关于全面推进农村税费改革试点的意见》，2004 年的是《关于促进农民增加收入若干政策的意见》，2005 年的是《关于进一步加强农村工作提高农业综合生产能力若干意见》，2006 年的是《关于推进社会主义新农村建设的若干意见》，2007 年的是《关于积极发展现代农业扎实推进社会主义新农村建设的若干意见》，2008 年的是《关于切实加强农业基础建设，进一步促进农业发展农民增收的若干意见》，2009 年的是《关于 2009 年促进农业稳定发展农民持续增收的若干意见》，2010 年的是《关于加大统筹城乡发展力度，进一步夯实农业农村发展基础的若干意见》，2011 年的是《关于加快水利改革发展的决定》，2012 年的是《关于加快推进农业科技创新，持续增强农产品供给保障能力的若干意见》，2013 年的是《关于加快发展现代农业，进一步增强农村发展活力的若干意见》。表 2 – 2 是 2003 年到 2011 年中央一号文件中的涉农产业发展政策。

表2-2 2003~2013年中央一号文件涉农产业发展政策

年份	农业投入部门	农业生产部门	农产品加工制造部门	农产品流通服务部门
2003		逐步缩小农业特产税征收范围，降低税率，为最终取消这一税种创造条件。健全和完善农业税减免制度		
2004	加强主产区粮食生产能力建设	对农民个人、农场职工、农机专业户和直接从事农业生产的农机服务组织购置和更新大型农机具给予一定补贴	加快发展农业产业化经营。各级财政要安排支持农业产业化发展的专项资金，较大幅度地增加对龙头企业的投入。创造条件，完善农产品加工的增值税政策。鼓励和引导农产品出口加工企业进入出口加工贸易区	发挥市场机制作用，搞活农产品流通。培育农产品营销主体。深化粮食流通体制改革
2005	改革和完善农村投融资体制，健全农业投入机制	继续加大“两减免、三补贴”等政策实施力度。减免农业税、取消除烟叶以外的农业特产税，对种粮农村实行直接补贴，对部门地区农民实行良种补贴和农机具购置补贴	重点支持粮食主产区发展农产品加工业。发展农业产业化经营。尽快完善农产品加工业增值税政策。加快食品等农产品加工业增值税转型的步伐	加快农产品流通和检验检测设施建设。加强农业发展的综合配套体系建设
2006	大力提高农业科技创新和转化能力。大力加强农田水利、耕地质量和生态建设	积极推进农业结构调整。稳定、完善、强化对农业和农民的直接补贴政策	发展农业产业化经营	加强农村现代流通体系建设
2007	改善农业设施装备。大力抓好农田水利建设。切实提高耕地质量。发展新型农用工业。加强农业科技创新体系建设。大力推广资源节约型农业技术。积极发展农业机械化。加快农业信息化建设	大幅度增加对“三农”的投入。健全农业支持补贴制度。加大良种补贴力度，扩大补贴范围和品种。扩大农机具购置补贴规模、补贴机型和范围。加大农业生产资料综合补贴力度	通过贴息补助、投资参股和税收优惠政策，支持农产品加工业发展。完善农产品加工业增值税政策，减轻农产品加工企业税负。落实扶持农业产业化经营的各项政策，各级财政要逐步增加对农业产业化的资金投入	建设农产品流通设施和发展新型流通业态。采取优惠财税措施，支持农村流通基础设施建设和物流企业发展。积极发展多元化市场流通主体

续表

年份	农业投入部门	农业生产部门	农产品加工制造部门	农产品流通服务部门
2008	突出抓好农业基础设施建设。狠抓小型农田水利建设。大力发展节水灌溉。加强耕地保护和土壤改良。加快推进农业机械化。着力强化农业科技和服务体系基本支撑。完善农业机械化税费优惠政策，对农机作业服务实行减免税，对从事田间作业的拖拉机免征养路费，继续落实农机跨区作业免费通行政策	巩固、完善、强化强农惠农政策。坚持和完善农业补贴制度，不断强化对农业的支持保护。继续加大对农民的直接补贴力度，增加粮食直补、良种补贴、农机具购置补贴和农资综合直补。扩大良种补贴范围。增加农机具购置补贴种类，提高补贴标准，将农机具购置补贴覆盖到所有农业县	抓紧研究完善农产品加工税收政策，促进农产品精深加工健康发展	加强农村市场体系建设。建立健全适应现代农业发展要求的大市场、大流通。加强粮食现代物流体系建设，开展鲜活农产品冷链物流试点。完善农产品期货市场，积极稳妥发展农产品期货品种
2009	大规模增加农机具购置补贴，将先进适用、技术成熟、安全可靠、节能环保、服务到位的农机具纳入补贴目录，补贴范围覆盖全国所有农牧业县（场），带动农机普及应用和农机工业发展。抓紧出台对涉农贷款定向实行税收减免和费用补贴。加快发展政策性农业保险，扩大试点范围、增加险种，加大中央财政对中西部地区保费补贴力度，加快建立农业再保险体系和财政支持的巨灾风险分散机制	较大幅度增加农业补贴。增加对种粮农民直接补贴。加大良种补贴力度，提高补贴标准，实现水稻、小麦、玉米、棉花全覆盖，扩大油菜和大豆良种补贴范围。加大农资综合补贴力度，完善补贴动态调整机制，加强农业生产成本收益监测，根据农资价格上涨幅度和农作物实际播种面积，及时增加补贴。完善补贴方法。逐步加大对专业大户、家庭农场种粮补贴力度	扶持农业产业化经营，鼓励发展农产品加工，让农民更多分享加工流通增值收益	加强农产品市场体系建设

续表

年份	农业投入部门	农业生产部门	农产品加工制造部门	农产品流通服务部门
2010	进一步增加农机具购置补贴，扩大补贴种类，把牧业、林业和抗旱、节水机械设备纳入补贴范围。提高农村金融服务质量和水平。加强财税政策与农村金融政策的有效衔接。落实和完善涉农贷款税收优惠、定向费用补贴、增量奖励等政策。积极引导社会资源投向农业农村	坚持对种粮农民实行直接补贴。增加良种补贴，扩大马铃薯补贴范围，启动青稞良种补贴，实施花生良种补贴试点。落实和完善农资综合补贴动态调整机制	扶持发展农产品加工业。扶持农民专业合作社自办农产品加工企业。充分利用海关特殊监管区域及保税加工物流等措施，发展农产品加工贸易	健全农产品市场体系。落实农产品批发市场用地等扶持政策，发展农产品大市场大流通。发展农业会展经济，支持农产品营销。减少流通环节，降低流通成本
2011	大兴农田水利建设			
2012	明确农业科技创新方向，突出农业科技创新重点，完善农业科技创新机制，改善农业科技创新条件，着力抓好种业科技创新。强化基层公益性农机推广服务，引导科研教育机构积极开展农技服务，培育和支持新型农业社会化服务组织。坚持不懈加强农田水利建设，加强高标准农田建设，加快农业机械化。加大农业投入和补贴力度，提升农村金融服务水平，稳定和完善农村土地政策	稳住粮食生产，切实落实“米袋子”省长负责制，继续实施全国新增千亿斤粮食生产能力规划，深入推进粮棉油糖高产创建。狠抓“菜篮子”产品供给		加强农产品流通设施建设，创新农产品流动方式，完善农产品市场调控
2013	强化农业物质技术装备。改善农村金融服务，鼓励社会资本投向新农村建设，加强农村基础设施建设	稳定发展农业生产。加大农业补贴力度，努力提高农户集约经营水平，大力支持发展多种形式的新型农民合作组织，培育壮大龙头企业		提高农产品流通效率，完善农产品市场调控

2.5　小结

从上面的研究综述可以看出，目前对涉农产业对居民收入分配的研究虽然已有所涉及，但是主要有以下四个不足之处：

第一，已有的涉农产业核算研究，为本书提供了方法上的支持。但是，在国际层面和中国省级层面对涉农产业发展与居民收入分配之间的定量分析还未涉及，而这项研究对刻画涉农产业发展与居民收入分配很重要。国际层面的定量研究可以为考察涉农产业发展与居民收入分配提供国际经验，发达国家和主要发展中国家的经验显得更为重要，对中国更有参考价值。中国省级层面的定量研究对理解中国涉农产业发展与居民收入分配的关系提供了一个丰富的数据资源，也为所研究的问题提供了本土依据。

第二，已有的研究已经在局部均衡框架下分析了涉农产业发展对相关利益群体的影响，但是没有考虑对间接利益相关者或者所有居民的影响，也没有研究涉农产业发展在一国经济发展中的重要作用，而这一点直接关系到农业与经济发展之间的关系。本书的研究不是局限于部分居民而是所有居民。在国民经济发展的角度看待涉农产业发展对缩小居民收入差距的作用。因此，非常有必要同时考虑生产、消费、关联产业、国民经济的情况。

第三，在一般均衡框架下，已有的研究或者没有考虑模型的宏观闭合选择，或者没有考虑模型的随机性，或者没有考虑居民的异质性。作为一般均衡框架下的分析工具，可计算一般均衡模型有很广的应用领域。宏观闭合的合理选择、模型随机性的合理设定以及对居民的具体设定，对本书的研究有重要价值。

第四，中国政府虽然已出台了不少涉农产业发展政策，但是对涉农产业发展的税收支持水平仍然较低。税收是政府调控居民收入分配的重要工具。在现阶段，通过税收支持涉农产业的发展既可以促进中国现代农业的发展，也可以起到缩小收入差距的作用。本书将对这一效果进行政策模拟。

基于上面的分析，对涉农产业发展与居民收入分配的统计分析、理论分析和政策模拟分析就是非常有必要的。

第3章　涉农产业发展与居民收入分配的统计分析

3.1　引言

涉农产业发展不仅是指涉农产业增加值的增长，涉农产业绝对规模的扩大，更主要的是指涉农产业中产前部门、产后部门在农业产业链中的不断延伸。涉农产业增加值与农业生产部门增加值的比值可以作为反映涉农产业的发展程度的指标。选择这个指标是出于以下四点考虑：第一，不管是涉农产业总体，还是其构成部门的绝对值和相对值都无法反映涉农产业的发展程度。随着经济发展水平的提高，涉农产业总体、涉农产业的四个构成部门的总产值或者增加值都是会相应增长的，涉农产业总体占国民经济中的份额、涉农产业的四个构成部门占国民经济的份额则是不断下降的，因此，无法反映涉农产业的发展状况。第二，如果同时采用涉农产业四个构成部门占涉农产业份额来衡量，则由于指标较多而失去简便性，并可能失去重点。第三，在涉农产业四个构成中，农业生产部门地位比较特殊，因为这个环节提供的就业岗位多，尤其是中国这样的国家，因此突出农业生产部门是必要的。第四，从增加值角度、生产角度和分配角度看，这个指标都能较好地反映涉农产业发展。从生产角度看，可以反映涉农产业四个环节的附加值情况，如农业投入要素在生产过程中形成的附加值，在生产环节形成的附加值，在加工制造环节形成的附加值以及在流通服务环节形成的附加值；从消费角度看，可以反映最终消费中对不同农产品的支付份额，如对生产部分的支付，对加工部分的支付，对流通服务部分的支付；从收入分配角度看，可以反映涉农产业不同环节在最终收入分配中所占的份额。如果农业投入部门、农产品加工制造部门和农产品流通服务部门发展得越快，涉农产业的增值能力强，涉农产业的产业链发达，因此，涉农产业发展程度也就越高。

涉农产业发展程度与涉农产业发展规模并不完全相关。涉农产业发展规模，分为涉农产业的绝对发展规模和相对发展规模。涉农产业的绝对发展规模可以采用涉农产业增加值来衡量，涉农产业绝对发展规模的提高既可能是由产前、产后部门发展推动的，也有可能主要是由农业生产部门的发展推动的。涉农产业的相对发展规模可以采用涉农产业增加值占国内生产总值的份额来衡量，涉农产业相对发展规模的下降并不意味着涉农产业发展程度就不高，这可能是由于非涉农产业发展更快引起的。

涉农产业发展与居民收入分配之间是否存在关系？存在什么样的关系？本章从统计分析角度回答这一问题。下面分别介绍涉农产业增加值的核算、涉农产业发展指标的选择、居民收入分配指标的选择，分析国际和中国省级层面涉农产业发展与居民收入分配状况以及两者之间的关系。

3.2 涉农产业经济核算和数据说明

Furtuoso 等（1998），Furtuoso、Guilhoto（2001）和 Guilhoto（2004）提出的涉农产业核算方法在 Davis 和 Goldberg（1957）和 Schluter 等（1986）方法的基础上，放宽了产业关联固定系数假定，但是其在计算农产品流通服务部门增加值的时候并没有对其作为农业投入部门对农业生产部门的投入进行扣除。本书认为，农产品流通服务部门的一部分也是以农业投入部门的形态出现的，如种子、化肥的销售部门和运输部门，因此，需要在核算农产品流通服务部门增加值的过程中扣除它对农业生产的投入，这也是本书对 Guilhoto（2004）核算方法的一个修正。下文分别对涉农产业的四个组成部门进行单独核算。

3.2.1 涉农产业增加值核算方法

（1）农业投入部门增加值的核算。农业投入部门是指对农业生产有投入的所有部门的统称。在投入产出表中，每一个部门对农业生产部门都有一定的投入，所以，所有部门对农业生产部门的投入部分都属于农业投入部门。在 OECD 投入产出表中，农业生产部门只有一个，即对应的农林牧渔业。中国 1997 年省级投入产出表中，农业生产部门有 5 个行业，分别是种植业、林业、畜牧业、渔业和其他农业。中国 2002 年省级投入产出表中，农业生产部门有 1 个，即农林牧渔业。三类投入产出表中部门的划分，如表 3－1 所示。农业投入部门增加值为：

$$GDP_1 = \sum_{j}^{AB} \sum_{i}^{AS} x_{i,j} \times CVA_i \qquad (3-1)$$

其中，GDP_1 是农业投入部门的增加值，AS 是投入产出表中所有部门的集合（在 OECD 投入产出表中，共有 48 个元素；在 1997 年和 2002 年中国省级投入产出表中，分别有 102 个元素和 42 个元素），i 是 AS 中的元素。AB 是投入产出表中的农业生产部门集合（在 OECD 投入产出表中，只有 1 个元素；在 1997 年和 2002 年中国省级投入产出表中，分别有 5 个元素和 1 个元素），j 是 AB 中的元素。$x_{i,j}$ 是指部门 i 用于部门 j 的生产投入，CVA_i 是部门 j 的增加值与其产值的比值，或称增加值率。之所以在核算中采用增加值率，是因为投入都是以总产值来衡量的，这需要在计算增加值的过程中进行转换。比如，工业部门对农业生产部门的 1 单位投入，并不能说农业投入部门中的工业品增加值为 1，而需要把投入的工业品价值（即总产值）乘以工业部门的增加值率，这样才能得到工业品作为农业投入的增加值。

（2）农业生产部门增加值的核算。农业生产部门增加值是投入产出表中农业生产部门的增加值之和减去其作为农业生产投入部门的部分。因此，农业生产部门增加值为：

$$GDP_2 = \sum_{j'}^{AB} (VA_{j'} - \sum_{j}^{AB} x_{j',j} CVA_{j'}) \tag{3-2}$$

其中，j 是 AB 中的元素，VA_j 是部门 j 在投入产出表中的增加值。

（3）农产品加工制造业增加值的核算。农产品加工制造业增加值是投入产出表中农产品加工制造业的增加值之和减去这些行业作为农业生产投入部门的部分。因此，农产品加工制造部门增加值为：

$$GDP_3 = \sum_{l}^{AC} (VA_l - \sum_{j}^{AB} x_{l,j} CVA_l) \tag{3-3}$$

其中，AC 是投入产出表中的农产品加工制造业的集合，l 是 AC 中的元素。在 OECD 投入产出表中，农产品加工制造业包括食品饮料烟草业、纺织业纺织品皮革鞋业、木材和木制品业、造纸印刷出版业这四个行业。在中国 1997 年和 2002 年省级投入产出表中，分别有 24 个和 5 个农产品加工制造业细分行业，对应表 3－1 中的代码分别是 13～35 以及 46 共 24 个部门和 6～10 共 5 个部门。

（4）农产品流通服务业增加值的核算。农产品流通服务业增加值为：

$$GDP_4 = \sum_{k}^{AD} \left(VA_k - \sum_{j}^{AB} x_{k,j} \times CVA_k \right) + \sum_{p}^{AE} \left(VA_p - \sum_{j}^{AB} x_{p,j} \times CVA_p \right) \times s \tag{3-4}$$

其中，AD 是农产品流通服务业中的餐饮部门，k 是 AD 中的元素，AE 是交通运输和市场批发零售部门的集合，p 是 AE 中的元素，s 是用于农产品的运输和市场批发零售的份额，这里假定农产品与非农产品的流通服务费率是相同的。根据这个假定，s 是农产品的总产值除以所有产品的总产值。在 OECD 投入产出表中，运输与批发零售部门包括批发零售业、陆路运输管道运输业、水上运输业、航空运输业；在中国1997年省级投入产出表中，包括货物运输及仓储业、商业；在中国2002年省级投入产出表中，包括批发零售业、交通运输及仓储业。

由于涉农产业的内涵和外延本身是不断发展的，因此，对涉农产业增加值的核算也是一个不断改进的过程。随着对行业分类的细化，如对农产品批发零售业与非农产品批发零售业进行划分以及对农产品交通运输仓储业与非农产品交通运输仓储业进行划分，那么，就能更加准确地核算涉农产业增加值。本书则是在已有的行业细分数据上进行核算。

3.2.2 数据说明

采用投入产出表核算涉农产业增加值，有以下两个原因：第一，涉农产业的定义决定了涉农产业的核算必须考虑各产业之间的相互联系。与国民经济中的三次产业相比，涉农产业内部的各组成之间关系更为紧密。从农产品运销的环节看，从投入到生产，到加工制造，到流通服务直到消费者手中，这些环节之间的关系只有通过投入产出表才能反映出来。第二，投入产出表对具体产业的统计范围要比统计年鉴全面。在统计年鉴中，虽然也有农产品加工制造部门的增加值数据，但是它只统计了规模以上的企业，而投入产出表则是统计所有企业的数据。而投入产出表则是包括了所有规模的企业，因而是非常完整的。

目前，国际上很多国家都编制本国的投入产出表。这些国家既要国际上公认的行业分类，如国际标准行业分类（International Standard Industrial Classification，ISIC）标准，来进行投入产出表中的行业划分，也要考虑到各自的国情。本书选择采用OECD编制的世界主要经济体投入产出表（2010年版）是基于以下两点考虑：一是该数据库中各国的产业划分口径是一致的。该数据库是在世界主要经济体投入产出表的基础上，采用一定的标准对行业作了一致性调整。具体的行业分类和编制方法，见Yamano和Ahmad（2006）；二是该数据库涵盖了几乎所有的发达国家和主要的发展中国家。该数据库目前已包含42个国家，总共110张投入产出表①。

中国省级投入产出表的选择。目前，中国29个省份都编制本省的投入产出表，但是，以出版物公开的省级投入产出表并不多，目前只有1997年和2002年的数据。鉴于数据的可得性和完整性，本书以这两个年份29个省共58张投入产出表作为基础数据。中国1997年省级投入产出表的数据来源于许宪春和李善同（2008）的研究。中国2002年省级投入产出表来自国家统计局公布的《中国地区

① 具体的国家和相对应的年份，见http：//www.oecd.org/dataoecd/10/25/44484093.pdf。

投入产出表（2002年）》。

下文中用到的1997年和2002年中国省级人均GDP数据来自相应年份的《中国统计年鉴》，并按照全国的GDP平减指数，以2002年为基期作了相应的处理。世界主要国家的人均GDP来自联合国经济社会数据库，以1990年美元计价。

表3-1　三类投入产出表部门分类比较

OECD 48部门投入产出表		中国2002年42部门省级投入产出表		中国1997年102部门省级投入产出表			
代码	名称	代码	名称	代码	名称	代码	名称
1	农牧林渔业	1	农林牧渔业	1	种植业	14	粮油及饲料加工业
2	能源类采矿挖掘业	2	煤炭开采和洗选业	2	林业	15	制糖业
3	非能源类采矿挖掘业	3	石油和天然气开采业	3	畜牧业	16	屠宰及肉类蛋类加工业
4	食品饮料和烟草业	4	金属矿采选业	4	渔业	17	水产品加工业
5	纺织业纺织品皮革鞋业	5	非金属矿采选业	5	其他农业	18	其他食品加工制造业
6	木材和木制品业	6	食品制造及烟草加工业	6	煤炭采选业	19	酒精及饮料酒制造业
7	造纸印刷出版业	7	纺织业	7	石油开采业	20	其他饮料制造业
8	焦炭石油化工和核燃料业	8	服装皮革羽绒及其制品业	8	天然气开采业	21	烟草加工业
9	除医药之外的化学工业	9	木材加工及家具制造业	9	黑色金属矿采选业	22	棉纺织业
10	医药业	10	造纸印刷及文教用品制造业	10	有色金属矿采选业	23	毛纺织业
11	橡胶及塑料制品业	11	石油加工、炼焦及核燃料加工业	11	采盐业	24	麻纺织业
12	其他非金属矿业	12	化学工业	12	非金属矿及其他采选业	25	丝绢纺织业
13	铁和钢业	13	非金属矿物制品业	13	木材及竹材采运业	26	针织品业

续表

OECD 48 部门投入产出表		中国 2002 年 42 部门省级投入产出表		中国 1997 年 102 部门省级投入产出表			
代码	名称	代码	名称	代码	名称	代码	名称
14	非铁金属业	14	金属冶炼及压延加工业	27	其他纺织品	41	有机化学产品制造业
15	除机械设备的金属制品业	15	金属制品业	28	服装及其他纤维制品制造业	42	日用化学产品制造业
16	机械设备制造业	16	通用、专用设备制造业	29	皮革毛皮羽绒及其制品业	43	其他化学产品制造业
17	办公会计和计算机业	17	交通运输设备制造业	30	锯材加工及人造板制造业	44	医药制造业
18	电气机械及器材制造业	18	电气、机械及器材制造业	31	家具木制品及竹藤棕草制品制造业	45	化学纤维制造业
19	收音机电视机及通信设备业	19	通信设备、计算机及其他电子设备制造业	32	造纸及纸制品业	46	橡胶制品业
20	医疗精密仪器光学仪器制造业	20	仪器仪表及文化办公用机械制造业	33	印刷业记录媒介的复制业	47	塑料制品业
21	汽车拖车半拖车制造业	21	其他制造业	34	文化用品制造业	48	水泥制造业
22	建筑船舶及其维修业	22	废品废料	35	玩具体育娱乐用品制造业	49	水泥制品及石棉水泥制造业
23	飞机和航天器制造业	23	电力、热力的生产和供应业	36	石油加工业	50	砖瓦石灰和轻质建筑材料制造业
24	铁路运输设备制造业	24	燃气生产和供应业	37	炼焦业	51	玻璃及玻璃制品业
25	其他制造业	25	水的生产和供应业	38	基本化学原料制造业	52	陶瓷制品业
26	电力生产供应业	26	建筑业	39	化学肥料制造业	53	耐火材料制品业
27	燃气生产和供应业	27	交通运输及仓储业	40	化学农药制造业	54	其他非金属矿物制品业

续表

OECD 48 部门投入产出表		中国 2002 年 42 部门省级投入产出表		中国 1997 年 102 部门省级投入产出表			
代码	名称	代码	名称	代码	名称	代码	名称
28	热力和热水供应业	28	邮政业	55	炼铁业	70	自行车制造业
29	水的生产和供应业	29	信息传输、计算机服务和软件业	56	炼钢业	71	其他交通运输设备制造业
30	建筑业	30	批发和零售贸易业	57	钢压延加工业	72	电机制造业
31	批发零售业	31	住宿和餐饮业	58	铁合金冶炼业	73	日用电器制造业
32	住宿和餐饮业	32	金融保险业	59	有色金属冶炼业	74	其他电气机械及器材制造业
33	陆路运输管道运输业	33	房地产业	60	有色金属压延加工业	75	电子计算机制造业
34	水上运输业	34	租赁和商务服务业	61	金属制品业	76	日用电子器具制造业
35	航空运输业	35	旅游业	62	锅炉及原动机制造业	77	电子元器件制造业
36	交通旅游支持和辅助业	36	科学研究事业	63	金属加工机械制造业	78	其他电子及通信设备制造业
37	邮政电信业	37	综合技术服务业	64	其他普通机械制造业	79	仪器仪表制造业
38	金融保险业	38	其他社会服务业	65	农林牧渔水利机械制造业	80	文化办公用机械制造业
39	房地产业	39	教育事业	66	其他专用设备制造业	81	机械设备修理业
40	机器设备租赁业	40	卫生、社会保障和社会福利业	67	铁路运输设备制造业	82	工艺美术品制造业
41	计算机相关产业	41	文化、体育和娱乐业	68	汽车制造业	83	其他产品制造业
42	研究与发展业	42	公共管理和社会组织	69	船舶制造业	84	废品及废料

续表

OECD 48 部门投入产出表		中国 2002 年 42 部门省级投入产出表		中国 1997 年 102 部门省级投入产出表			
代码	名称	代码	名称	代码	名称	代码	名称
43	其他商业活动			85	电力生产和供应业	94	旅客运输业
44	公共管理国防和强制性社会保障业			86	蒸汽热水生产和供应业	95	金属保险业
45	教育			87	煤气生产和供应业	96	房地产业
46	健康与社会工作			88	自来水的生产和供应业	97	社会服务业
47	其他社区社会及个人服务业			89	建筑业	98	卫生体育和社会福利业
48	有雇用的私人家庭和境外组织			90	货物运输及仓储业	99	教育文化艺术及广播电影电视业
				91	邮电业	100	科学研究事业
				92	商业	101	综合技术服务业
				93	饮食业	102	行政机关及其他行业

3.3 居民收入分配测量指标选择和数据说明

3.3.1 指标选择

（1）基尼系数。作为一种衡量分布差异的指标，基尼系数被广泛地用于居民收入差距的测量上。目前有不少国际权威机构公布世界主要经济体的居民收入基尼系数。鉴于基尼系数本身在测算收入差距上的优势和数据的可能性，本书用这个指标来衡量世界主要经济体的居民收入差距。在第 6 章的政策模拟部分，还采用了相对平均偏差、变异系数、对数标准差、泰尔熵等指标来综合反映居民收入差距状况。

(2) 城乡人均居民收入比。城乡人均居民收入比等于城市居民人均可支配收入除以农村居民人均纯收入。鉴于中国城乡居民收入差距是中国居民收入差距的主要原因这一判断，本书以该指标反映中国省级居民收入差距。

3.3.2 数据说明

世界主要经济体的基尼系数来自世界收入不平等数据库、ALL THE GINIS 数据库和 OECD 收入分布数据库，中国的城乡居民收入比数据来自《中国统计年鉴》。

(1) 世界收入不平等数据库。该数据库由联合国世界发展经济研究院提供，目前已发布第一版和第二版。该数据库的第二版共包括 159 个国家和地区自 1950 ~ 2006 年的有关收入分配的各种指标数据，如基尼系数、收入分组居民收入份额等。

(2) ALL THE GINIS 数据库。该数据库是由世界银行在以下五个收入数据集的基础上编制得到的。这五个数据集分别是：①卢森堡收入研究数据集，包含以发达国家为主的 31 个国家 1967 ~ 2006 年的数据；②拉美和加勒比海社会经济数据集，包含 20 多个拉美和加勒比国家 1981 ~ 2006 年的数据；③世界收入分布数据集，包含 156 个国家 1980 ~ 2008 年的数据；④世界银行东中欧数据集，包含 28 个国家 1990 ~ 2006 年的数据；⑤联合国世界发展研究院数据集（第一版），包含 119 个国家 1950 ~ 1998 年的数据。

(3) OECD 收入分布数据库。OECD 对世界主要经济体居民收入分布有长期的研究。该数据库是通过世界主要经济体的专家智库按照一定的标准从世界主要经济体的经济数据中搜集计算得到的。该数据库的具体介绍，参见 OECD (2008)。本书的基尼系数以这一数据库为主，以前两个数据库为辅。

(4) 中国省级城乡居民收入比数据。该部分数据来自于《中国统计年鉴》(1998) 和《中国统计年鉴》(2003)。

3.4 国际涉农产业发展与居民收入分配关系

3.4.1 国际涉农产业发展状况

图 3-1、图 3-2、图 3-3 分别是 1995 年左右、2000 年左右和 2005 年左右①世界大部分发达国家和主要发展中国家涉农产业的相对发展规模。图 3-1 至

① 这里之所以选择 1995 年、2000 年和 2005 年左右，是由于考虑到各国的投入产出表编制周期存在差异。具体的年份，参见 http://www.oecd.org/dataoecd/10/25/44484093.pdf。

图 3－3 显示：第一，从时间上看，世界主要经济体涉农产业的相对发展规模是呈下降趋势的。1995 年左右，世界主要经济体涉农产业的相对发展规模介于卢森堡的 7.7% 和中国的 44.5%；2000 年左右，世界主要经济体涉农产业的相对发展规模介于卢森堡的 6.2% 和印度的 38.4%；2005 年左右，世界主要经济体涉农产业的相对发展规模介于卢森堡 5.4% 和印度 33.2%。第二，从世界主要经济体之间的比较来看，欧美发达国家涉农产业的相对发展规模较小，中国、印度、印度尼西亚等亚洲国家涉农产业的相对发展规模较大，东欧、拉美国家涉农产业的相对发展规模介于欧美和亚洲国家之间。

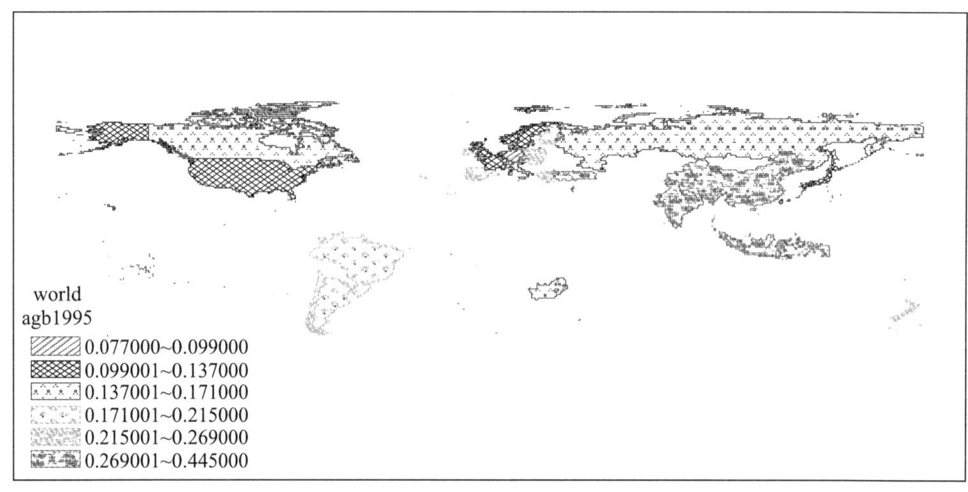

图 3－1　1995 年左右各国涉农产业的相对发展规模

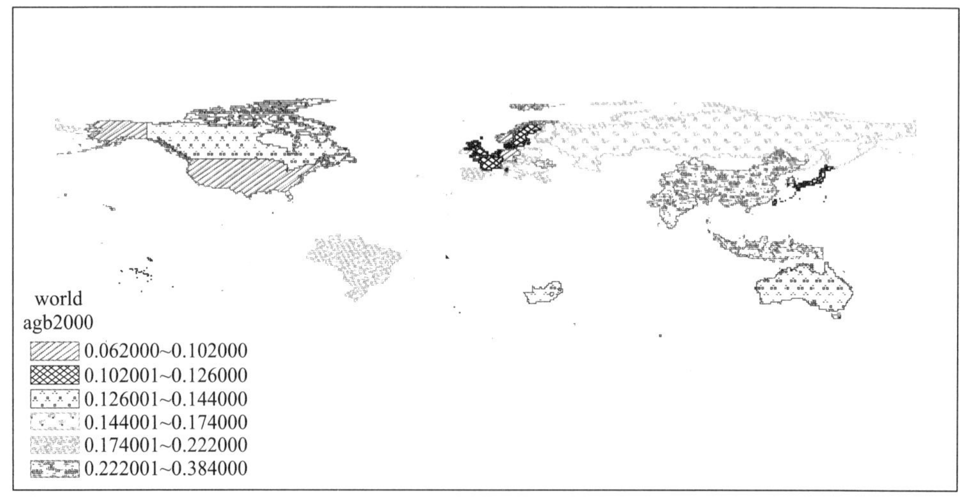

图 3－2　2000 年左右各国涉农产业的相对发展规模

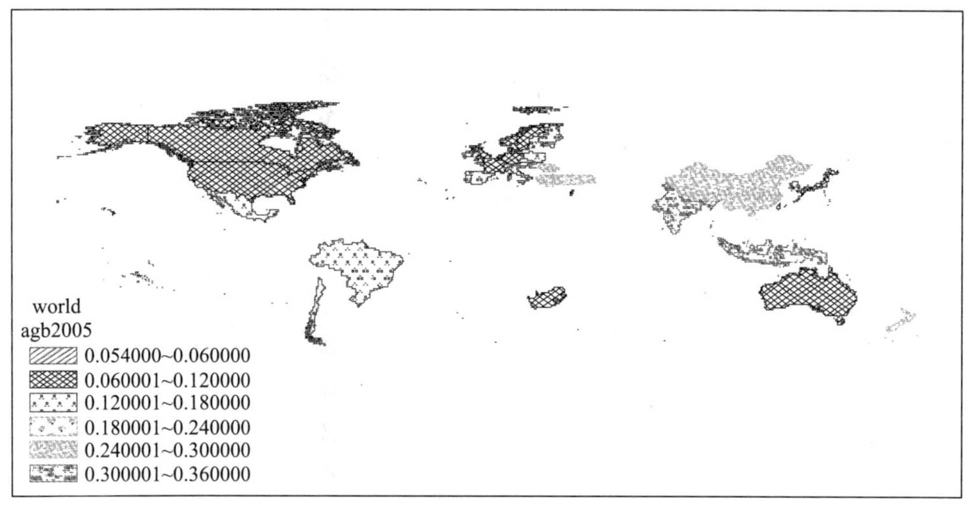

图3-3 2005年左右各国涉农产业的相对发展规模

为了进一步探究涉农产业的相对发展规模的变化特征，本书以世界主要经济体的可比价格的人均GDP作为横坐标，以世界主要经济体涉农产业的相对发展规模为纵坐标构建散点图（见图3-4）。图3-4显示，涉农产业的相对发展规模与经济发展水平存在较强的负相关性。随着经济发展水平的提高，涉农产业的相对发展规模会下降，这也证实了由图3-1至图3-3得出的两个判断。这说明，作为一个大部门的涉农产业体系，其增加值占GDP比重的发展趋势与农业部门是一致的，在国民经济中的增加值份额都会下降。这个发现是对配第—克拉克定理的一个拓展，即使把农业从农业生产部门拓展到包括农业投入部门、农产品加工制造部门和农产品流通服务部门在内的涉农产业体系，其对国民经济的增加值贡献仍然是呈下降趋势的。这个发现也部分否定了Scoville（1973）认为的“涉农产业增加值占GDP的份额相对稳定”观点。第4章将通过包含非位似效用函数的结构增长理论来解释这一现象。

图3-5、图3-6、图3-7分别是1995年左右、2000年左右和2005年左右世界大部分发达国家和主要发展中国家涉农产业的发展程度指数。从图3-5至图3-7可以看出：第一，从时间上看，世界主要经济体涉农产业的发展程度是提高的。1995年左右，世界主要经济体涉农产业的发展程度指数介于印度的1.57和美国的11.30；2000年左右，世界主要经济体涉农产业的发展程度指数介于印度的1.56和美国的12.79；2005年左右，世界主要经济体涉农产业的发展程度指数介于印度的1.81和英国的14.94。第二，从世界主要经济体的比较来看，欧美国家的涉农产业发展程度较高，而亚洲和拉美等国的涉农产业发展程度较低。

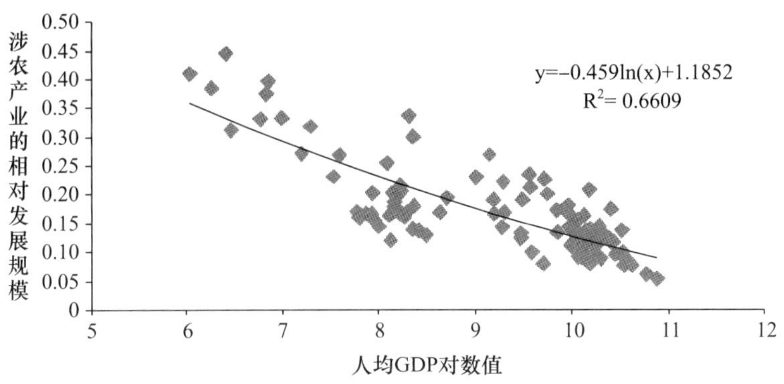

图 3－4　涉农产业的相对发展规模与经济发展水平

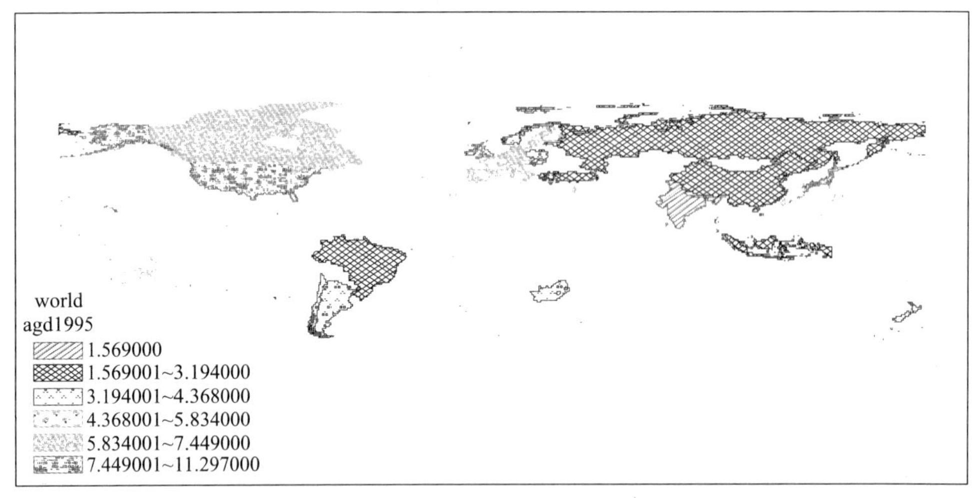

图 3－5　1995 年左右各国涉农产业的发展程度指数

为了进一步探究涉农产业的发展程度的变化特征，本书以世界主要经济体的可比价格的人均 GDP 作为横坐标，以世界主要经济体涉农产业的发展程度指数为纵坐标构建散点图，如图 3－8 所示。图 3－8 显示，涉农产业的发展程度与经济发展水平存在较强的正相关性。随着经济发展水平的提高，涉农产业的发展程度也会提高，这也证实了由图 3－5 至图 3－7 得出的两个判断。经济发展水平高的 OECD 国家，它们的涉农产业发展程度指数也较高；经济发展水平较低的非洲和拉美国家，其涉农产业发展程度指数也较低。这一发现是对传统农业发展观点的一个拓展。传统农业发展观点认为，一国的农业发展受其自身的资源禀赋影响较大。土地稀缺而劳动丰裕的日本，会偏向发展土地节约型的农业技术，通过种子、化肥的技术创新来促进农业发展。土地丰富而劳动稀缺的美国，会偏向于发展劳动节约型的农业技术，通过机械动力的技术创新来促进农业发展。这种资源禀赋对农业发展的影响，从涉农产业发展的情况看，已经让位于经济发展水平。当然，世界主要经济体的技术变革、制度变迁、农业政策等因素仍然会影响涉农产业发展程度。

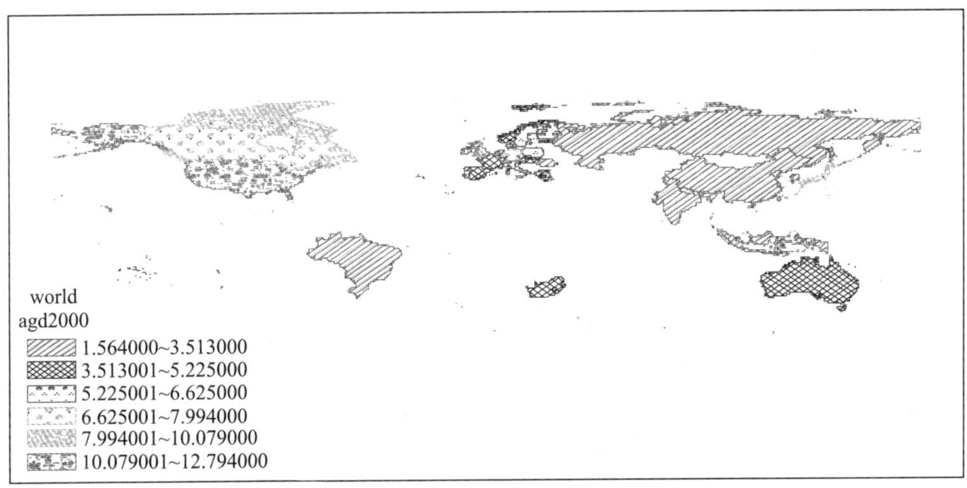

图 3－6　2000 年左右各国涉农产业的发展程度指数

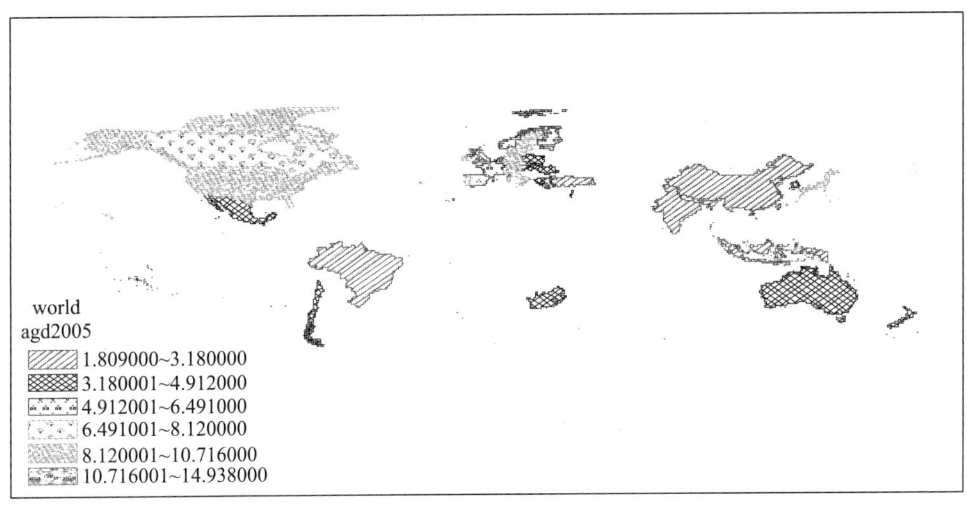

图 3－7　2005 年左右各国体涉农产业的发展程度指数

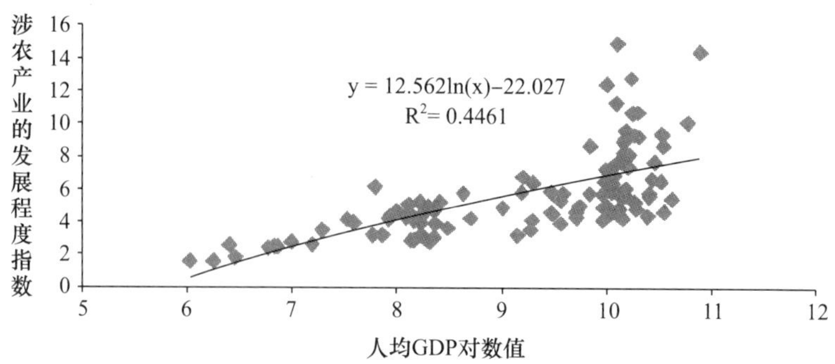

图 3-8 涉农产业的发展程度指数与经济发展水平

3.4.2 国际居民收入差距状况

图 3-9、图 3-10、图 3-11 分别是 1995 年、2000 年、2005 年左右世界主要经济体的基尼系数。从图 3-9 至图 3-11 中可以看出：第一，从时间上看，世界主要经济体的基尼系数差异呈现缩小趋势。世界主要经济体的基尼系数在 1995 年左右介于丹麦的 0.21 和南非的 0.596，在 2000 年左右介于丹麦的 0.23 和巴西的 0.588，在 2005 年左右则介于丹麦的 0.23 和南非的 0.578。第二，从世界主要经济体的比较看，基尼系数高的国家主要分布在拉美、东南亚国家和俄罗斯，而基尼系数低的国家主要分布在西欧和北美。

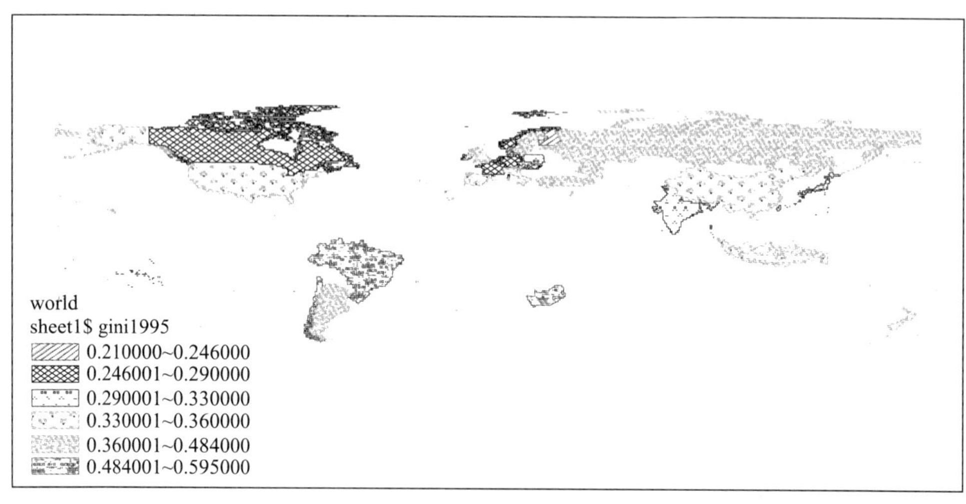

图 3-9 1995 年左右各国基尼系数

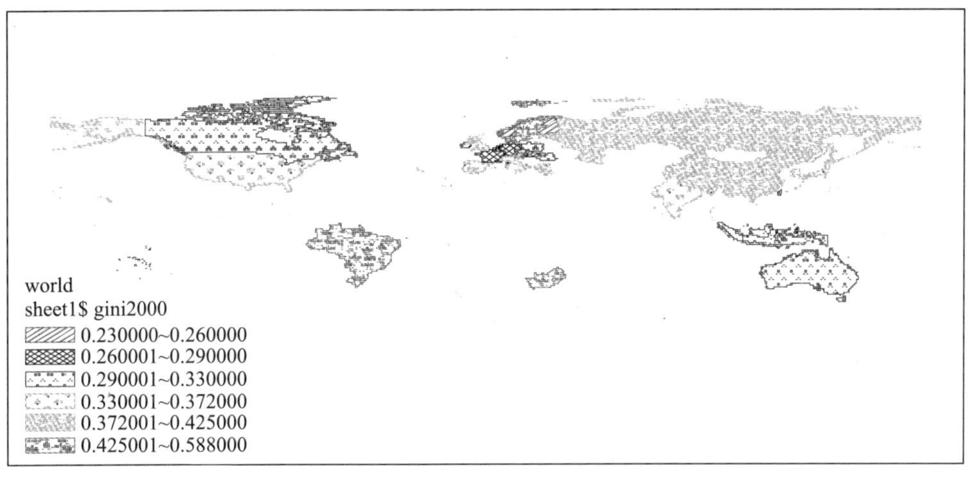

图 3－10　2000 年左右各国基尼系数

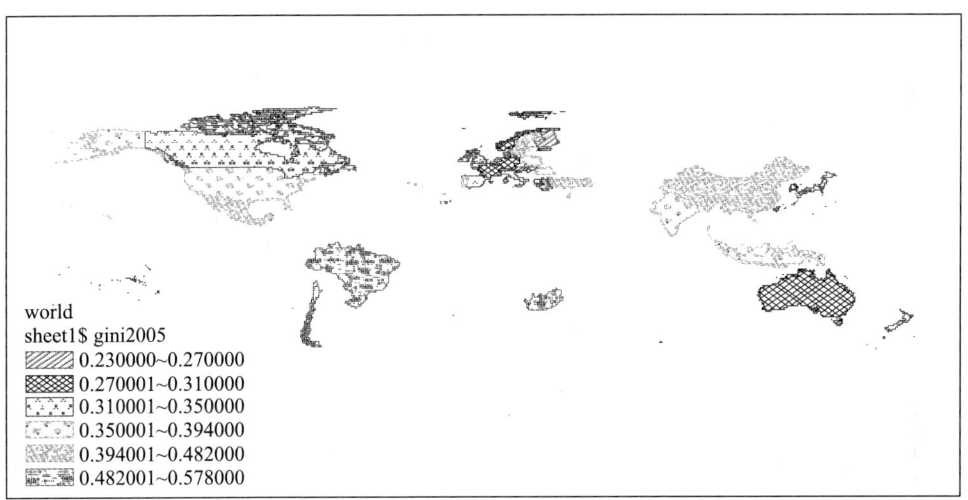

图 3－11　2005 年左右各国基尼系数

3.4.3　国际涉农产业发展与居民收入分配

图 3－12 和图 3－13 分别是世界主要经济体居民收入分配与涉农产业发展程度在不分时间和区分时间情况下的相关散点图。世界主要经济体涉农产业发展程度指数与代表收入分配差异的基尼系数之间存在一定的负相关性。这意味着涉农产业发展程度高的国家也伴随着较低的基尼系数，或者有较为公平的居民收入分配水平。

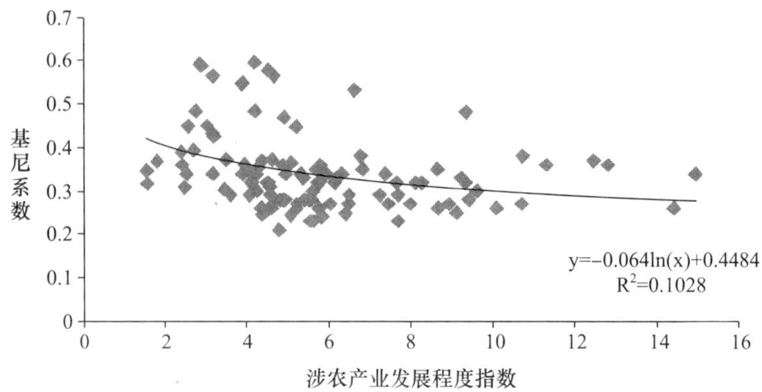

图3-12　世界主要经济体居民收入分配与涉农产业发展程度（不分时间）

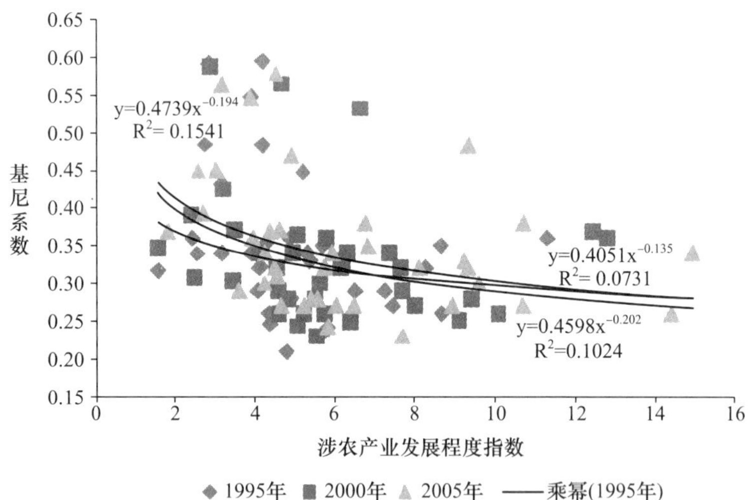

图3-13　世界主要经济体居民收入分配与涉农产业发展程度（区分时间）

为了进一步研究世界主要经济体涉农产业发展程度与居民收入分配之间的定量关系，本书建立了世界主要经济体的涉农产业发展程度指数与基尼系数之间的面板数据模型：

$$gini_{i,t} = \text{constant} + \alpha \times agd_{i,t} + \varepsilon_{i,t} \qquad (3-5)$$

其中，$gini_{i,t}$ 是第 t 期国家 i 的基尼系数，constant 是常数项，$agd_{i,t}$ 是第 t 期国家 i 的涉农产业发展程度指数，$\varepsilon_{i,t}$ 是随机误差项，$t=1995$，2000，2005，$i=1$，2，…，42。

表3-2是世界主要经济体涉农产业发展指数与基尼系数面板数据模型估计

结果。由表3-2可知，不管是混合面板数据模型以及考虑时间固定效应的面板数据模型，还是考虑时间随机效应的面板数据模型，涉农产业发展指数对基尼系数都有负的影响，即涉农产业发展指数每增加1个单位，对应的基尼系数就会减小0.009个单位，而且这个关系是在1%水平下显著的。$\bar{R}^2$ 较小，说明世界主要经济体基尼系数的差异还受到其他因素的影响，比如世界主要经济体的经济发展水平、社会结构、文化等因素，但这些不在本书的研究范围内，因此不作进一步分析。

表3-2　世界主要经济体涉农产业发展指数与基尼系数面板数据模型估计结果

项目	混合面板数据模型		考虑时间固定效应		考虑时间随机效应	
	系数	T统计量	系数	T统计量	系数	T统计量
constant	0.396***	19.977	0.398***	19.645	0.396***	19.887
agd	-0.009***	-2.963	-0.010***	-2.973	-0.009***	-2.949
y1995			-0.001		0	
y2000			-0.010		0	
y2005			0.010		0	
$\bar{R}^2$	0.066		0.058		0.067	
Prob（F statistic）	0.004		0.025		0.004	

注：***表示在1%水平下显著。

通过面板数据模型，本书认为，在国际层面，涉农产业发展是可以缩小居民收入差距的。这一发现也是对库兹涅茨收入分配与经济增长之间倒“U”形曲线的一个修正，即一国在经济增长中所带动的涉农产业发展可以起到缩小居民收入分配差距的作用，进而可以缓和由工业化、城镇化驱动下经济增长所带来的居民收入差距恶化。

3.5　中国省级涉农产业发展与居民收入分配关系

3.5.1　中国省级涉农产业发展状况

一方面，从时间上看，中国各省涉农产业的相对发展规模是呈下降趋势的。1997年，各省涉农产业的相对发展规模介于北京的16.9%和广西的55.7%；

2002 年，各省涉农产业的相对发展规模介于北京的 10.6% 和云南的 49.1%。另一方面，从中国各省之间的比较来看，东部沿海发达省份涉农产业的相对发展规模较小，西部省份涉农产业的相对发展规模较大，中部省份涉农产业的相对发展规模介于东部和西部省份。

为了进一步探究涉农产业的相对发展规模的变化特征，本书以各省的可比价格的人均 GDP 作为横坐标，以各省涉农产业的相对发展规模为纵坐标构建散点图（见图 3－14）。图 3－14 显示，涉农产业的相对发展规模与经济发展水平存在较强的负相关性。随着经济发展水平的提高，涉农产业的相对发展规模会下降。这与世界主要经济体得到的结论是一致的，说明不管是国家层面，还是一个国家的区域层面，涉农产业的相对发展规模与经济发展水平之间都存在这样一种负相关关系。

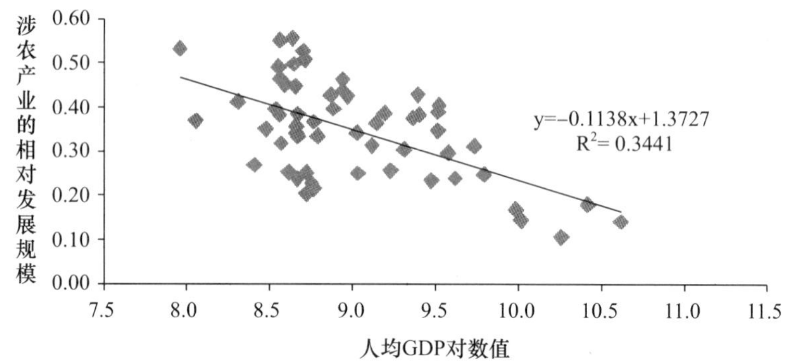

图 3－14　中国省级涉农产业的相对发展规模与经济发展水平（1997 年和 2002 年）

就 1997 年和 2002 年中国省级涉农产业的发展程度指数来看：第一，从时间上看，各省涉农产业的发展程度是提高的。1997 年，各省涉农产业的发展程度指数介于青海的 1.78 和上海的 10.19；2002 年，各省涉农产业的发展程度指数介于内蒙古的 1.60 和美国的 9.50。第二，从各省的比较来看，东部沿海省份涉农产业发展程度较高，中西部省份的涉农产业发展程度较低。

为了进一步探究涉农产业的发展程度的变化特征，本书以各省的可比价格的人均 GDP 作为横坐标，以各省涉农产业的发展程度指数为纵坐标构建散点图（见图 3－15）。由图 3－15 可知，涉农产业的发展程度与经济发展水平存在较强的正相关性。随着经济发展水平的提高，一省的涉农产业发展程度也会提高，这也证实了由图 3－5～图 3－7 得出的两个判断。这与世界主要经济体得到的结论是一致的，说明不管是国家层面，还是一个国家的区域层面，涉农产业发展程度与经济发展水平之间都存在这样一种正相关关系。

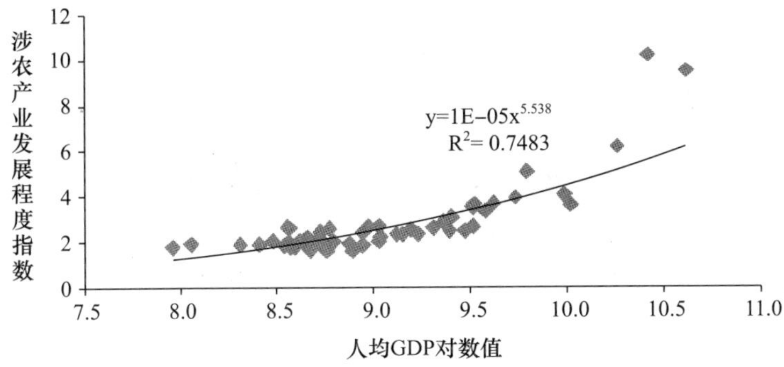

图3－15　中国省级涉农产业发展程度指数与经济发展水平

3.5.2　中国省级居民收入分配状况

就城乡居民的收入来看，一方面，各省的城乡居民收入比呈现缩小趋势。各省的城乡居民收入比在1997年介于上海的1.60和云南的4.04，在2002年介于江苏的2.05和云南的4.50。另一方面，从各省的比较看，城乡居民收入比高的省份主要分布在西部地区，而城乡居民收入比小的省份主要分布在东部沿海地区。

3.5.3　中国省级涉农产业发展与居民收入分配

中国省级涉农产业发展程度指数与代表收入分配差异的城乡居民收入比之间存在一定的负相关性。这意味着涉农产业发展程度高的省份也伴随着较低的基尼系数，或者有较为公平的居民收入分配水平。图3－16和图3－17分别是中国居民收入分配与涉农产业发展程度在不分时间和区分时间情况下的相关散点图。

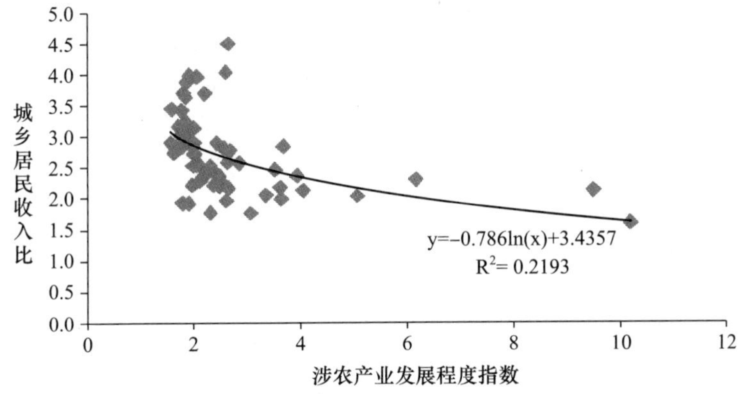

图3－16　中国省级居民收入分配与涉农产业发展程度（不分时间）

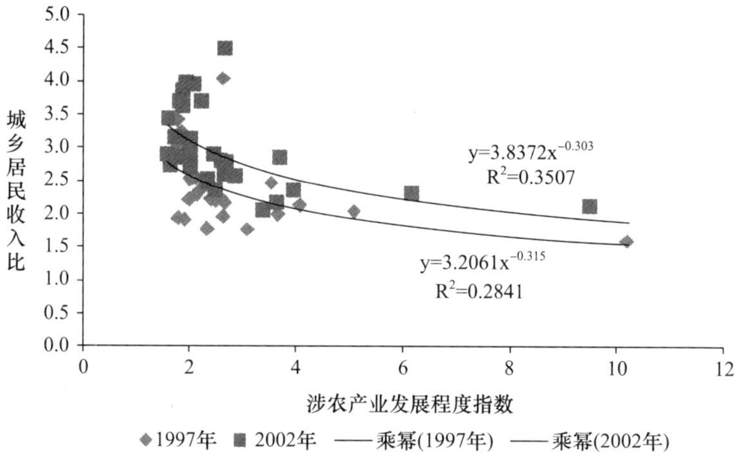

图 3-17　中国省级居民收入分配与涉农产业发展程度（区分时间）

为了进一步研究中国省级涉农产业发展程度与居民收入分配之间的定量关系，本书建立中国29个省（市、自治区）的涉农产业发展程度指数与城乡居民收入比之间的面板数据模型：

$$ingap_{i,t} = \text{constant} + \alpha \times agd_{i,t} + \varepsilon_{i,t} \qquad (3-6)$$

其中，$ingap_{i,t}$ 是第 t 期省份 i 的城乡居民收入比，constant 是常数项，$agd_{i,t}$ 是第 t 期省份 i 的涉农产业发展程度指数，$\varepsilon_{i,t}$ 是随机误差项，t = 1997，2002，i = 1，2，…，29。

表 3-3 是中国省级涉农产业发展指数与城乡居民收入比面板数据模型估计结果。表 3-3 显示，不管是混合面板数据模型以及考虑时间固定效应的面板数

表 3-3　中国省级涉农产业发展指数与城乡居民收入比面板数据模型估计结果

项目	混合面板数据模型		考虑时间固定效应		考虑时间随机效应	
	系数	T 统计量	系数	T 统计量	系数	T 统计量
constant	3.181***	20.409	3.185***	22.451	3.181***	22.422
agd	-0.168***	-3.414	-0.170***	-3.786	-0.168***	-3.751
y1997			-0.254		0	
y2002			0.254		0	
$\bar{R}^2$	0.158		0.302		0.158	
Prob（F statistic）	0.001		0		0.001	

注：*** 表示在 1% 水平下显著。

据模型，还是考虑时间随机效应的面板数据模型，涉农产业发展指数对城乡居民收入比都有负的影响，即涉农产业发展指数每增加 1 个单位，对应的城乡居民收入比会减小 0.168 个单位，而且这个关系是在 1% 水平下显著的。$\bar{R}^2$ 较小，说明中国省级城乡居民收入比的差异还受到其他因素的影响，比如各省的经济发展水平、产业结构、地理位置等因素，但是这些不在本书的研究范围内，因此不作进一步分析。

综合面板数据模型检验结果表明，中国省级涉农产业发展可以缩小城乡居民收入差距。

3.6 小结

理论层面对经验数据的重视以及实践层面大量数据的涌现，直接推动了统计学在经济学中的应用以及计量经济学的发展。数据的采集需要借助必要的经济学理论为依据。数据与方法的结合又进一步通过检验和创新来推动经济理论的发展。

本章在涉农产业理论和增加值核算方法的指导下，选取了涉农产业发展程度指标，基于 OECD 投入产出表和中国省级投入产出表，核算了世界主要经济体和中国省级的涉农产业核算。同时，根据经济学理论和现实状况，选择了反映收入分配差距的基尼系数指标和城乡人均居民收入比指标，从国际主要反映收入分配的数据库和中国统计数据收集得到世界主要经济体和中国省级居民收入分配数据。进一步地，采用面板数据模型对国际和中国省级涉农产业发展与居民收入分配之间进行统计分析，发现不管是国际层面还是中国省级层面，涉农产业发展对缩小居民收入分配具有一定的积极作用。第 4 章将从理论角度分析涉农产业发展对居民收入的影响机制。

第4章　涉农产业发展对居民收入分配的理论模型

4.1　引言[①]

第3章的统计研究表明，不管是国际层面还是中国省级层面，涉农产业发展对缩小居民收入差距都起到积极作用。本章将从理论上分析涉农产业发展有利于居民收入差距的机理。在分析这个问题时，需要考虑以下三个因素：一是产业结构变化。涉农产业发展是涉农产业中农业产前和产后环节增加值比重的提高，这是一个产业结构变化的过程。二是产业关联。涉农产业中的各个部门不是独立发展的，而是具有很高的相互关联性。三是居民异质性。居民异质性表现为居民要素禀赋差异以及不同要素之间的差异。居民收入差距实质上是居民所拥有的要素禀赋的差异。

本章将基于考虑非位似效用的结构增长理论和产业关联和居民异质性的社会核算矩阵理论，在分别考虑以上三种因素的情况下研究涉农产业发展对居民收入分配的影响。涉农产业发展本身是产业结构变化的过程，而这种产业结构变化的一种重要驱动力是消费。已有的结构增长模型从消费的角度研究了农业、工业和服务业在经济增长过程中的产业结构变化，但是并没有研究涉农产业及其结构在经济增长中的结果变化，同时也没有研究这个过程中居民收入分配状况。因此，本章第二部分将构建一个考虑非位似效用的结构增长模型，并研究了考虑劳动力同质但是劳动力市场在无流动成本、无法流动和有流动成本三种情况下涉农产业发展对居民收入分配的影响。涉农产业内部与非涉农产业之间是相互关联、互为

① 以本节内容为主的英文文章已被2011年6月13～17日在美国弗吉尼亚州亚历山大召开的国际投入产出学会年会所接受，将作分会场报告，并得到会议组织委员会的全额资助。论文题目为：“Study on the Relationship between Economic Growth and Structural Change of Agribusiness”，同时，该文也已投稿SSCI刊物。

投入和产出，尤其是涉农产业，它本身就被称为农业关联产业，可见涉农产业与国民经济其他部门、涉农产业内部各部门之间的产业关联是非常密切的。可见，以投入产出理论为基础的社会核算矩阵理论对产业关联问题具有很强的解释力。同时，居民之间所拥有的要素禀赋是有差别的，不同要素之间也是有差别的，以研究居民异质性见长的社会核算矩阵理论为这一因素提供了合适的研究思路。基于这个考虑，本章第三部分构建了一个考虑产业关联和居民异质性的社会核算矩阵模型，并在这个框架下研究涉农产业发展对居民收入分配的影响。本章第四部分是小结。

4.2　考虑非位似效用的结构增长理论

4.2.1　结构增长理论

结构增长理论是在研究经济发展过程中产业结构变迁而形成的一个经济学分支。库兹涅茨（1966）指出："我们发现一国经济以人均资本或劳动生产率稳步提高的方式增长，经常伴随着人口的增加和剧烈的结构变化。在现代社会，这种变化包括产业结构的变化和就业结构的变化，即生产要素和劳动力从农业部门流向非农部门的工业化；人口从农村流向城镇的城市化。"新古典增长理论和内生增长理论只是解释了经济增长过程中人均资本和劳动生产率的稳步增长，而没有去解释这一过程中产业结构的变化。结构增长理论的出现弥补了这一不足之处。

目前经济学家主要从需求和供给两个角度去理解经济发展过程中的产业结构变化。从需求角度的研究，认为产业结构在经济发展过程中的变化是由消费需求的恩格尔效应拉动的，即随着收入水平的提高居民对农产品的收入弹性会下降，而对服务品的收入弹性则会提高。这类研究的代表作有 Murphy 等（1989）、Echevarria（1997）、Laitner（2000）、Kongsamut 等（2001）、Caselli 和 Coleman（2001）、Gollin 等（2002）。也有研究当居民消费函数具有需求层次性情况下产业结构的变化问题（Stokey，1988；Matsuyama，2002；Buera and Kaboski，2006；Foellmi and Zweimuller，2008）。从供给角度的研究，认为产业结构在经济发展过程中的变化是由技术和投资在产业间的差异引起的。技术进步快的行业增长快，资本密集度高的行业增长快。这类研究的代表作有 Baumol（1967）、Ngai 和 Pissarides（2006）、Zuleta 和 Young（2006）、Acemoglu 和 Guerrieri（2008）。

涉农产业发展的实质也是产业结构变化，即生产要素和劳动力从农业生产部门流向农业投入部门、农产品加工制造部门和农产品流通服务部门的过程，而这个过程主要是由对农产品需求的恩格尔效应引起的。从国民经济的角度理解涉农产业的这一结构变化对理解涉农产业发展是有益的。

4.2.2 考虑非位似效用的涉农产业结构增长模型

本书在 Kongsamut、Rebelo 和 Xie（2001）从需求角度解释三次产业结构变化的模型的基础上，将三种农产品引入居民效用函数，以刻画涉农产业发展的结构性变化规律。

考虑一个无限期的经济体，其中人口每年的增长率是 n，第 t 期的总劳动供给为 $L(t) = \exp(nt)L(0)$。经济体中居民是同质的，劳动也是无弹性供给。居民的效用函数为：

$$\int_0^{\infty} \exp(-(\rho - n)t)\frac{c(t)^{1-\theta} - 1}{1 - \theta}\mathrm{d}t \tag{4-1}$$

其中，θ 是非负数，c（t）是第 t 期农产品 c^A（t）、工业品 c^M（t）和服务品 c^S（t）按照 Stone - Geary 加总得到的人均居民消费，农产品 c^A（t）则是第 t 期未加工农产品 c^{A1}（t）、加工农产品 c^{A2}（t）和包含服务的农产品 c^{A3}（t）按照 Stone - Geary 加总得到的人均居民农产品消费，即：

$$c(t) = (c^A(t) - \gamma^A)^{\eta^A} c^M(t)^{\eta^M} (c^S(t) + \gamma^S)^{\eta^S} \tag{4-2}$$

$$c^A(t) = (c^{A1}(t) - \gamma^{A1})^{\eta^{A1}} c^{A2}(t)^{\eta^{A2}} (c^{A3}(t) + \gamma^{A3})^{\eta^{A3}} \tag{4-3}$$

其中，γ^A 是居民对农产品的最低消费，γ^{A1} 是居民对未加工农产品的最低消费，γ^A、γ^S、γ^{A1}、γ^{A3}、η^A、η^M、η^S、η^{A1}、η^{A2} 和 η^{A3} 都是正常数，且 $\eta^A + \eta^M + \eta^S = 1$，$\eta^{A1} + \eta^{A2} + \eta^{A3} = 1$。采用这一函数形式，或者说效用函数中设定对农产品存在最低消费水平，是因为在该消费函数下，能够推导出在经济转型过程中，劳动力从农业部门转移到工业部门。这个相关研究有 Echevarria（1997），Laitner（2000），Caselli 和 Coleman（2001），Gollin、Parente 和 Rogerson（2002），Restuccia、Yang 和 Zhu（2008），Duarte 和 Restuccia（2010）。在农产品与非农产品之间，居民首先要满足维持生存的最低农产品消费 γ^A；在三类农产品之间，居民首先要满足维持生存的未加工农产品的最低消费 γ^{A1}，才会去消费加工的农产品。γ^{A3} 意味着只有当未加工农产品和加工农产品消费到一定水平后才会去消费包含服务的农产品。γ^S 意味着只有当农产品和工业品消费到一定水平后才会去消费服务品。

假设经济体是封闭的，那么，三类农产品、工业品和服务品的需求都必须由国内生产提供。按照 Kongsamut、Rebelo 和 Xie（2001）对生产函数的设定：

$$
\begin{aligned}
&Y^{A1}(t)=B^{A1}F(K^{A1}(t),\ X(t)L^{A1}(t))\\
&Y^{A2}(t)=B^{A2}F(K^{A2}(t),\ X(t)L^{A2}(t))\\
&Y^{A3}(t)=B^{A3}F(K^{A3}(t),\ X(t)L^{A3}(t))\\
&Y^{M}(t)=B^{M}F(K^{M}(t),\ X(t)L^{M}(t))\\
&Y^{S}(t)=B^{S}F(K^{S}(t),\ X(t)L^{S}(t))
\end{aligned}
\tag{4-4}
$$

其中，$Y^j(t)$ 分别是第 t 期三种农产品和一种非农产品的产出；$K^j(t)$ 和 $L^j(t)$ 分别是第 t 期各种产品生产部门的资本和劳动投入；B^j 分别是四个部门的希克斯中性生产率；$X(t)$ 是劳动增强型（哈罗德中性）生产率，它在四个部门是相同的。生产函数 F 满足通常的新古典假定：连续性、可微性、要素边际产出递减和规模报酬不变假定，稻田假定。假定期初的资本存量为 $K(0)$，期初的人口为 $L(0)$，并假定劳动增强型的技术进步增长率不变，即：

$$\frac{\dot{X}(t)}{X(t)}=g \tag{4-5}$$

其中，期初 $X(0)$ 大于0。同时，由代表性居民的横截性条件得出 $\rho-n>(1-\theta)g$。劳动力市场和资本市场的出清条件为：

$$K^{A1}(t)+K^{A2}(t)+K^{A3}(t)+K^{M}(t)+K^{S}(t)=K(t) \tag{4-6}$$

$$L^{A1}(t)+L^{A2}(t)+L^{A3}(t)+L^{M}(t)+L^{S}(t)=L(t) \tag{4-7}$$

其中，$K(t)$ 和 $L(t)$ 分别是第 t 期资本和劳动的总供给。

我们假定只有非农产品可以作为投资品，因此，非农产品的市场出清条件为：

$$K(t)+c^{M}(t)L(t)+\delta K(t)=Y^{M}(t) \tag{4-8}$$

其中，δ 为资本的折旧率。该方程表明非农产品被用于居民消费和投资，该投资又用于四个部门的生产。

三类农产品市场的出清条件为：

$$c^{A1}(t)L(t)=Y^{A1}(t)、c^{A2}(t)L(t)=Y^{A2}(t)、c^{A3}(t)L(t)=Y^{A3}(t)\text{和}\ c^{S}(t)L(t)=Y^{S}(t) \tag{4-9}$$

假设经济体可以满足居民的最低消费需求，即：

$$B^{A1}F(K^{A1}(0),\ X(0)L^{A1}(0))>\gamma^{A1}L(0) \tag{4-10}$$

由于要素市场是完全自由流动的，而且所有部门的生产函数是相同的，这意味着：

$$\frac{K^{A1}(t)}{X(t)L^{A1}(t)}=\frac{K^{A2}(t)}{X(t)L^{A2}(t)}=\frac{K^{A3}(t)}{X(t)L^{A3}(t)}=\frac{K^{M}(t)}{X(t)L^{M}(t)}=\frac{K^{S}(t)}{X(t)L^{S}(t)} \tag{4-11}$$

因为不同部门的生产函数是成比例的，所以三类农产品和服务品的价格可以有如下关系：

$$p^{A1}(t)=\frac{B^M}{B^{A1}},\ p^{A2}(t)=\frac{B^M}{B^{A2}},\ p^{A3}(t)=\frac{B^M}{B^{A3}}\text{和}\ p^{S}(t)=\frac{B^M}{B^{S}} \tag{4-12}$$

因此，该经济体的资源约束条件可以写成：

$$\dot{K}(t)+\delta K(t)+c^{M}(t)L(t)+c^{A1}(t)L(t)+c^{A2}(t)L(t)+c^{A3}(t)L(t)+c^{s}(t)L(t)=B^{M}F(K(t),X(t)L(t)) \tag{4-13}$$

假定所有市场都是竞争的。我们以非农产品的价格为计价物，相应地，农产品的虚拟价格为 $p^{A}(t)$，三类农产品的价格分别为 $p^{A1}(t)$、$p^{A2}(t)$ 和 $p^{A3}(t)$，服务品价格为 $p^{S}(t)$，资本价格为 $r(t)$，劳动价格为 $w(t)$。从消费加总方程中，可以得到不同产品之间的价格关系满足以下条件：

$$\frac{p^{A}(t)(c^{A}(t)-\gamma^{A})}{\eta^{A}}=\frac{c^{M}(t)}{\eta^{M}}=\frac{p^{S}(t)(c^{S}(t)+\gamma^{S})}{\eta^{S}} \tag{4-14}$$

$$\frac{p^{A1}(t)(c^{A1}(t)-\gamma^{A1})}{\eta^{A1}}=\frac{p^{A2}c^{A2}(t)}{\eta^{A2}}=\frac{p^{A3}(t)(c^{A3}(t)-\gamma^{A3})}{\eta^{A3}} \tag{4-15}$$

由要素市场的完全竞争性得到：

$$w(t)=\frac{\partial B^{M}F(K^{M}(t),X(t)L^{M}(t))}{\partial L^{M}} \tag{4-16}$$

$$r(t)=\frac{\partial B^{M}F(K^{M}(t),X(t)L^{M}(t))}{\partial K^{M}}-\delta \tag{4-17}$$

最优路径下工业品的增长率为：

$$\frac{\dot{c}^{M}(t)}{c^{M}(t)}=\frac{r(t)-\rho}{\theta} \tag{4-18}$$

假设 $\gamma^{A}=\gamma^{S}=\gamma^{A1}=\gamma^{A3}=0$，存在一个平衡增长路径。从均衡条件可以看出，四种产品的年增长率都为 g。当 γ^{A}、γ^{S}、γ^{A1}、γ^{A3} 都为正数时，平衡增长路径不存在。由方程(4－14)和方程(4－15)可知，五种产品不会按照相同的增长率增长。

4.2.3 涉农产业结构变化及其对居民收入分配影响的相关命题

命题1：假如 γ^{A} 和 γ^{S} 都大于0，那么，农产品和非农产品的年增长率不可能相等，且工业品和服务品的年增长率要大于农产品。即随着经济增长，对农产品需求份额会下降，而工业品和服务品会上升。

证明：借鉴 Kongsamut、Rebelo 和 Xie（2001）的概念及其推导，当 $\gamma^{A}B^{S}=\gamma^{S}B^{A}$ 时，B^{A} 指综合农产品的希克斯生产率，综合农产品、工业品和服务品处于广义平衡增长路径，此时：

$$\frac{\dot{c}^{A}(t)}{c^{A}(t)}=g\frac{c^{A}(t)-\gamma^{A}}{c^{A}(t)}<g=\frac{\dot{c}^{M}(t)}{c^{M}(t)}<g\frac{c^{S}(t)+\gamma^{S}}{c^{S}(t)}=\frac{\dot{c}^{S}(t)}{c^{S}(t)} \tag{4-19}$$

命题2：假如 γ^{A1} 和 γ^{A3} 都大于0，那么，涉农产业内部的三类农产品的年增长率也不可能相等，年增长率从大到小依次是包含服务的农产品、加工农产品和

非加工农产品。即随着经济增长，在农产品内部，对非加工农产品需求的份额会下降，而对加工农产品和包含服务的农产品需求份额会上升。

证明：当综合农产品、工业品和服务品处于广义平衡增长路径，且 $\gamma^{A1}B^{A3} = \gamma^{A3}B^{A1}$ 时，三类农产品处于广义平衡增长路径，此时：

$$\frac{\dot{c}^{A1}(t)}{c^{A1}(t)} = \frac{\dot{c}^{A}(t)}{c^{A}(t)}\frac{c^{A1}(t)-\gamma^{A1}}{c^{A1}(t)} < \frac{\dot{c}^{A}(t)}{c^{A}(t)} = \frac{\dot{c}^{A2}(t)}{c^{A2}(t)} < \frac{\dot{c}^{A}(t)}{c^{A}(t)}\frac{c^{A3}(t)+\gamma^{A3}}{c^{A3}(t)} = \frac{\dot{c}^{A3}(t)}{c^{A3}(t)} \tag{4-20}$$

命题 3：假设劳动力是同质的，劳动力可以在部门间自由流动，资本也可以跨部门自由流动，那么，劳动者收入差距不会随着经济增长而出现变化。

证明：劳动力同质意味着劳动力在某一行业内的工资水平是相等的；劳动力可以在部门间自由流动，意味着工资水平在部门间也是相等的。因此，劳动者来自劳动力的收入差距是不变的。又因为资本可以跨部门自由流动，意味着单位资本收益也是相等的。因此，劳动者来自资本的收入差距也是不变的。综上所述，在劳动力是同质的情况下，劳动力可以在部门间自由流动，资本也可以跨部门自由流动，劳动者收入差距不会随着经济增长而出现变化。

假设劳动力同质，资本市场完全竞争，劳动力在行业间无法流动。令各行业的期初劳动力供给分别为 $L^{A1}(0)$、$L^{A2}(0)$、$L^{A3}(0)$、$L^{M}(0)$ 和 $L^{S}(0)$，且从农业生产部门到服务业，期初劳动力供给是不断下降的。假设各行业劳动力的增长速度相同，那么，在方程（4－7）的基础上，可以得到第 t 期各个行业的劳动力供给方程。

$$L^{A1}(t) = \exp(nt)L^{A1}(0),\ L^{A2}(t) = \exp(nt)L^{A2}(0),\ L^{A3}(t) = \exp(nt)L^{A3}(0),$$
$$L^{M}(t) = \exp(nt)L^{M}(0),\ L^{S}(t) = \exp(nt)L^{S}(0) \tag{4-21}$$

上文中由要素市场完全竞争性得到的方程（4－16）和方程（4－17）中，方程（4－17）仍然成立，由于产业的收入是完全用于补偿劳动和资本的，因此，方程（4－16）可以转变成下面形式。

$$\begin{aligned}
w^{A1}(t) &= \frac{p^{A1}(t)Y^{A1}(t) - r(t)K^{A1}(t)}{L^{A1}(t)} \\
w^{A2}(t) &= \frac{p^{A2}(t)Y^{A2}(t) - r(t)K^{A2}(t)}{L^{A2}(t)} \\
w^{A3}(t) &= \frac{p^{A3}(t)Y^{A3}(t) - r(t)K^{A3}(t)}{L^{A3}(t)} \\
w^{M}(t) &= \frac{p^{M}(t)Y^{M}(t) - r(t)K^{M}(t)}{L^{M}(t)} \\
w^{S}(t) &= \frac{p^{S}(t)Y^{S}(t) - r(t)K^{S}(t)}{L^{S}(t)}
\end{aligned} \tag{4-22}$$

命题4：随着经济发展水平的提高，工资从农业生产部门到服务部门会不断提高，居民间收入差距开始扩大。

证明：当各部门产出增长率相同的时候，即使劳动力不可以在行业间流动，各部门的工资水平仍然是以相同的速度增长的。根据方程（4－14）和方程（4－15），从农业生产部门到服务业，行业产值增长率是不断提高的。由于资本市场是完全竞争的，资本会流向产值增长快的部门，如流向服务业的资本会超过流向农业生产部门的资本。因为部门间的劳动力相对固定，而资本可以自由流动，因此，劳动力的报酬份额与资本的报酬份额会上升。相应地，产值增长快的部门，其工资水平也增长较快。由于行业间的工资水平随着经济增长不断扩大，因此，居民收入差距也随着开始扩大。

假设劳动力同质，资本市场完全竞争，劳动力在行业间存在有成本的流动。事实上，劳动力不是完全流动的，且劳动力在行业间的转移成本是不相同的。劳动力从农业部门转移到工业部门的成本要高于从农业部门转移到涉农产业（不包括农业生产部门）的成本。为什么呢？一是农业部门对劳动者素质的要求与涉农产业对劳动者素质的要求比较接近，而劳动者素质的转型是需要成本的。农业劳动力对农业生产资料、农业生产规律、农产品特征以及农产品的市场情况都有较强的意识，因此，他们从农业生产部门转移到农业投入部门、农产品加工制造部门和农产品流通部门具有一定的优势。二是劳动力从农业部门流向工业部门（或者非涉农产业部门）的成本高，并不意味着流向这些行业的劳动力就少，相反，由于非涉农部门的快速发展，流向这些行业的劳动力人数远高于流向涉农产业（不包括农业生产部门）的劳动力人数。三是涉农产业在空间上主要处于农村和城镇之间，居民从事涉农产业的成本要低于去城镇从事非涉农产业的成本，这与费孝通提出的“离土不离乡”的理由是一致的。张培刚（2009）对这个问题也有相同的看法。

在行业间劳动力存在有成本的流动的情况下，随着经济发展水平的提高，居民收入差距会小于劳动力不能流动下的居民收入差距水平。

命题5：加工农产品部门、包含服务的农产品部门的发展可以缩小居民间收入差距。

证明：由于劳动力从农业生产部门流向其他两个农业部门的转移成本要大于流向工业和服务业的转移成本，因此，促进涉农产业（不包括农业生产部门）的发展，可以使更多的劳动力从农业生产部门流向涉农产业（不包括农业生产部门）部门，这样就缩小了整个社会的居民收入差距水平。

基于上述分析，本书解释了第3章的两个实证判断：第一，随着经济发展水平的提高，涉农产业增加值占GDP的份额会下降；第二，随着经济发展水平的

提高，涉农产业内部的农业生产部门增加值所占份额会下降和农产品流通服务部门所占份额会上升。同时，也对第3章中有关涉农产业发展与居民收入差距之间的经验关系做了理论解释。

4.3　考虑产业关联和居民异质性的社会核算矩阵理论

4.3.1　社会核算矩阵理论

本章第二节从居民消费需求的角度分析了涉农产业结构变化与经济增长的关系，并认为在劳动力同质但是在部门间流动存在成本的情况下，涉农产业的发展通过提高涉农产业部门（不包括农业生产部门）内部的劳动者收入来缩小整个经济体的居民收入差距。但是，上述的分析并没有考虑到不同产业之间的生产过程是相互关联的，涉农产业（不包括农业生产部门）在发展的同时也会带动农业生产部门的发展，进而提高农业生产部门劳动力的收入水平。同时，劳动力之间并不是同质的，居民对不同劳动力的禀赋也是不同的。因此，需要考察存在产业关联和居民异质性条件下涉农产业发展对居民收入分配的影响。

社会核算矩阵是社会核算矩阵理论的数据库。社会核算矩阵是"以矩阵形式表示的SNA账户，刻画了供给表、使用表与部门账户之间的关系；它反映了一定时期内社会经济主体间的各种联系"（UNSO，1993），"SAM是一个单式记账的核算体系，矩阵中的每一行和其相应的列代表一个宏观账户，行记录收入，列记录支出"（Round，1985）。在SAM的基础上，将SAM中的元素看作是变量，并分别设定内生变量和外生变量，就可以进一步建立模型用于探求各个社会经济子系统的变量之间的关系（Pyatt and Thorbecke，1976）。SAM乘数模型是社会核算矩阵理论的重要模型，它揭示了一个社会经济体系中所蕴含的基本作用关系，在此基础上还可以演化出价格乘数模型，以及结构化路径分析等扩展性的研究方法（王其文和李善同，2008）。

4.3.2　涉农产业社会核算矩阵模型

假设经济体只有四个部门，分别是活动部门、商品部门、要素部门和居民部门。其中，活动部门包括农业生产部门、涉农产业部门（不包括农业生产部门）、非涉农产业部门，相应地，商品部门包括未加工农产品、加工农产品、非涉农产品。居民部门有两类居民，分别是城镇居民和农村居民。要素部门存在三种生产要素，分别是熟练劳动、非熟练劳动和资本。这四个部门之间的关系可以从表4-1中反映出来。

表4-1 考虑产业关联和居民异质性的社会核算矩阵

账户	活动	商品	要素	居民
活动		商品的产出		
商品	中间生产投入			居民消费
要素	要素的生产投入			
居民			居民收入	

表4-1中显示经济体中存在四部门间的五种关系，分别是商品与活动之间的中间生产投入关系、要素与活动之间的生产投入关系、活动与商品之间的产出关系、居民与要素之间的收入关系、商品与居民之间的居民消费关系。再加上每个部门自身的约束条件，一共存在九种关系。

在该经济体中，居民通过向活动部门提供生产要素，如熟练劳动、非熟练劳动和资本，获得要素的报酬，并将这些收入全面用于商品消费。活动部门则利用居民提供的要素，并购买生产所需要的中间投入品，生产出商品，并将商品以最终产品的形式出售给居民，同时以中间产品的形式出售给活动部门。该经济体是静态的，不存在投资储蓄以及政府税收和财政支出以及进出口。而现实中，经济体是动态、开放的，既有用于未来投资的储蓄，也有用于调整市场失灵的政府税收和支出，还有用于与外国的贸易，因此，表4-1需求增加投资储蓄、政府和国外等部门，才能较为真实地反映现实经济。

表4-2是一个包含投资储蓄、政府和国外部门的（在表中以其他账户表示）简化的SAM表。在对SAM建模的时候，需要先区分内生账户和外生账户。在这里，内生账户包括产业、生产要素、居民和企业，外生账户则包括政府、资本、国外部门等其他账户。从外生账户到内生账户的资金构成了注入向量x，从内生账户到外生账户的资金构成了漏出向量l’。

在内生账户中，T_{11}记录产业生产对中间投入的需求，即标准的投入产出表。T_{21}包括产业增加值的构成要素，即资本收入和劳动收入。T_{32}是居民组的要素收入，反映居民的要素禀赋。T_{13}是居民消费支出，T_{33}是居民与企业之间的直接转移支付。Chander等（1980）指出，SAM通过要素账户直接建立了产业和居民之间的关系。SAM反映了居民收入分布的两个阶段：不同生产要素的收入分布和生产要素在不同居民间的收入分布。总之，功能性收入①分布与要素所有者的收入分布组成了居民收入分布。

表4－2　标准SAM结构

账户	内生账户			外生账户	加总
	产业	要素	居民和企业	其他	
产业	T_{11}	0	T_{13}	注入x	y_1
要素	T_{21}	0	0		y_2
居民和企业	0	T_{32}	T_{33}		y_3
其他	漏出l'			t	y_x
加总	y'_1	y'_2	y'_3	y'_x	

利用SAM可以计算对任何内生账户的注入（向量x的变化）以及对所有内生账户收入的影响。外生注入主要表现在政府消费、投资、出口。乘数矩阵来自支出倾向A_n矩阵，后者通过对每个内生账户除以对应列的加总得到。内生账户的总收入向量y_n（包括表4－2中的y_1，y_2和y_3）可以写成：

$$y_n = A_n y_n + x \tag{4-23}$$

其中，y_n是一个由n个内生账户的总收入组成的（n×1）列向量。A_n是一个由平均支出倾向组成的（n×n）矩阵，x是一个由注入组成的（n×1）列向量。

从上式可以得到：

$$y_n = (I - A_n)^{-1} x = M_A x \tag{4-24}$$

其中，（n×n）矩阵M_A也称为账户乘数。矩阵中元素m_{ij}对账户j的一个注入对账户i产出或收入的总影响。比如，它可以给出制造业出口增加对城市居民收入的影响。这种效应包括直接效应和间接效应。直接效应是制造业增加了对中间投入的需求，进而增加了这些产业增加值中的要素收入。尽管如此，总效应反映的是：那些为制造业提供中间投入品的产业的自身增长也同样会需求更多的中间投入，进而提高增加值。而且，增加的要素收入会提高居民收入，这样由通过居民消费支出的增加而提高对产业产出的需求，然后进行新一轮的影响。

乘数分析基于如下假设：支出倾向不变，价格固定，生产能力有剩余，消费品之间无法替代，国际贸易商品之间也无法替代，并对产出的增长没有限制。这

① 功能性收入是指生产要素所有者凭借其生产要素所取得的收入。功能性收入可以分为劳动所得的工资、土地所得的地租和资本所得的利润等（龚刚、杨光，2010）。

些限制会导致对注入效应的高估，因为现实中的价格变化和生产能力约束会抵消这种效应。另外，因为必要把一些部门作为外生，也并不是所有的直接或者反馈效应都包括在里面，这会使得乘数效应低估。这两种影响互相对立，但是它们的总效应无法确定。尽管有这些不足的存在，SAM 作为一种能够反映经济体不同部门相互关系的透明框架而吸引研究者，并被经常用于收入分配的研究中。

在标准的 SAM 联系中，产业与居民通过要素收入联系起来。产业给劳动支付工资，给资本支付租金，由于每组居民的劳动和资本要素是不变的，因此每组居民的劳动收入是劳动总收入的一个固定比例，每组居民的资本收入也是资本总收入的一个固定比例。对工资收入可以写成：

$$W = \sum_i W_i \tag{4-25}$$

$$W_h = \gamma_h W \tag{4-26}$$

其中，$i=1, 2, \cdots, m$，$h=1, 2, \cdots, n$，W 是经济体的劳动总收入，W_i 是产业 i 所支付的劳动报酬，W_h 是居民组 h 的劳动收入，γ_h 则是居民组 h 的劳动收入占劳动总收入的份额。γ_h 是系数矩阵 C_n 的一部分（见表 4－2，γ_h 是 T_{32} 中每组居民的劳动收入除以 y_2 中的劳动总收入），并假定是固定不变的。因此，伴随着经济增长，每组居民间的劳动收入分布与产业结构变化是独立的。

在考虑 SAM 中，把劳动要素分为熟练劳动和非熟练劳动，这样就可以更好地体现劳动收入在不同产业、不同劳动类型中的变化。因为，不同产业对不同劳动类型的需求是有差异的，不同居民所拥有的劳动禀赋也是有差异的。居民组 h 的劳动收入是多种要素收入的加权和，其公式如下：

$$w_h = \sum_i \sum_j \gamma_{hij} w_{ij} \tag{4-27}$$

其中，$h=1, 2, \cdots, n$；$i=1, 2, \cdots, m$；$j=1, 2, k$，w_{ij}是产业 i 对劳动类型 j 的劳动报酬，γ_{hij}是居民 h 的劳动类型 j 和自由产业 i 的劳动收入占 w_{ij}的份额，且 $\sum_h \gamma_{hij}=1$。

这意味着居民组的劳动收入已经不是经济体中劳动收入的一个固定比例，而是产业 i 对劳动类型 j 的一个固定比例。由于 SAM 中的内生账户增加了很多，拓展的系数矩阵 A_n 就包括了 γ_{hij}。

这个拓展非常重要，因为不同居民组的劳动类型差异很大，而且不同产业所需的劳动类型差别也很大。在拓展的 SAM 中，农业对非熟练劳动的需求要大于对熟练劳动的需求，而非熟练劳动主要属于低收入居民组。相反，一些高技术行业的劳动报酬中，熟练劳动的份额很大，而后者主要属于高收入居民组。此外，我们可以刻画这样一个事实，即劳动要素在产业间的收入差异以及产业本身的差异是工资不平等的重要来源。比如，即使控制了由劳动类型带来的差异，金融服务部门的工资比农业部门高很多。总之，通过拓展的SAM可以更好地研究经济增长中产业结构变化带来的居民收入分布的变化。

4.3.3　考虑产业关联和居民异质性下涉农产业发展对居民收入影响的相关命题

命题6：在一个封闭的经济体中，当劳动类型存在差异，比如把劳动类型划分为高教育水平、中等教育水平、低教育水平三类，不同行业对不同类型劳动的需求存在差异，比如农业生产部门对教育水平的相对需求高，涉农产业（不包括农业生产部门）对中等教育水平的相对需求高，非涉农产业对教育水平的相对需求高，不同类型劳动的报酬存在差异，比如工资从高教育水平、中等教育水平、低教育水平依次下降，那么，涉农产业（不包括农业生产部门）涉农产业的发展可以缩小居民收入差距。

证明：假设活动部门的生产技术固定，或者说采用里昂惕夫生产函数。涉农产业的发展意味着涉农产业（不包括农业生产部门）生产规模的扩大。一方面，涉农产业部门的要素投入需求会随着涉农产业的发展而增加，中等教育水平劳动收入水平会提高，中等收入居民的收入会相应提高，这样可以起到缩小居民收入分配的作用。另一方面，由于涉农产业的中间投入中农业生产部门所占份额大于非涉农部门，因此，涉农产业的发展可以带动农业生产部门生产规模的扩大，进而提高农业生产部门中初始投入要素需求的提高。由于农业生产部门的初始投入主要以低教育水平劳动为主，因此，又可以提高非熟练劳动的要素收入，进而提高低收入居民的收入，整个社会的居民收入居民差距会缩小。

命题7：当居民异质性程度较高，涉农产业发展虽然能够缩小整个经济体中的居民收入差距，但是可能会拉大某些群体内的居民收入差距。

证明：假设存在城镇和农村两类居民，75%的农村居民拥有低教育水平的劳动，25%的农村居民拥有中等教育水平的劳动，25%的城镇居民拥有中等教育水平的劳动，75%的城镇居民拥有高教育水平的劳动。农业生产部门只需要低教育水平的劳动，涉农产业（不包括农业生产部门）只需要中等教育水平的劳动，非涉农产业只需要高教育水平的劳动。涉农产业（不包括农业生产部门）的发展一方面提高了中等教育水平的劳动收入，另一方面通过拉动农业生产部门的发展，进而提高低教育水平的劳动收入。严格地讲，涉农产业（不包括农业生产部门）的发展还能提高非涉农部门的发展，进而提高高教育水平的劳动收入。从影响程度看，中等教育水平的劳动收入提高的程度最大，低教育水平的劳动收入提高的程度次之，高教育水平的劳动收入提高的程度最小。从整个经济体看，居民收入差距有所下降，城乡居民收入差距也在缩小。但是，单独从城镇或者从农村看，居民收入差距的影响是不同的。农村居民的收入差距会扩大，因为中等教育水平的劳动收入比低教育水平的劳动收入提高得更多。城镇居民的收入差距会缩小，因为中等教育水平的劳动收入比高教育水平的劳动收入提高得更多。

4.4 小结

本章分别从考虑非位似效用的结构增长模型和考虑产业关联与居民异质性的社会核算矩阵模型研究了涉农产业发展对居民收入分配的影响机理。考虑非位似效用的结构增长模型的优点是可以分析长期的广义平衡增长，并且把消费作为产业结构变化的主要驱动力，并从劳动力跨行业间的转移成本来研究居民收入分配所受的影响。它的缺点是没有考虑产业关联和居民异质性。考虑产业关联与居民异质性的社会核算矩阵模型的优点是可以分析产业关联和居民异质性对本书问题的影响。它的缺点是没有考虑消费的影响。同时，这两个模型中都没有考虑政府政策的影响。第 5 章，本书将构建一个包含非位似效用函数和产业关联的多部门随机可计算一般均衡微观模拟模型，可以同时将代表消费的非位似效用、产业关联和居民异质性放入一个模型来研究。此外，该模型中还包含政府部门，可以用于研究政策的影响。

第5章　涉农产业发展政策与居民收入分配的模拟分析：模型与数据

5.1　引言

第4章分别从包含非位似效用函数的结构增长模型和考虑产业关联和居民异质性的社会核算矩阵模型解释了涉农产业发展对居民收入分配的影响，本章则在一般均衡的框架内，结合非位似效用函数、产业关联和居民异质性，构建可计算一般均衡微观模拟模型来研究涉农产业发展政策对居民收入分配的影响。这一章是模型的构建和数据说明，第6章则是政策模拟分析。

5.2　可计算一般均衡微观模拟模型选择与设定

可计算一般均衡模型微观模拟技术（Computable General Equilibrium Micro - Simulation Approach，CGE - MSA），是一种将以宏观分析为主的可计算一般均衡模型与以微观分析为主的微观模拟技术采用一定的方式结合起来的一种宏观、微观综合分析方法。目前，该方法已在贸易自由化冲击分析、财政政策效果评估、产业政策效果评估、扶贫政策效果评估、环境政策效果评估、要素市场改革效果评估等一系列政策评估领域有所应用。CGE - MSA 方法的出现和推广，一方面是受国际社会对相关问题关注的拉动，另一方面则是受到 CGE 模型研究和微观模拟技术研究的共同推动。

国际社会对宏观政策对微观主体影响的关注为 CGE - MSA 的发展起了重要拉动作用。20世纪80年代，国际发展研究中心实施了“宏观经济和调整政策的微观影响”项目，以提高发展中国家的学者和政策制定者的能力，去更好地评估宏观政策变化对居民的微观影响，并形成让人称赞的政策（Vyas and Carr，1999）。为了更加深入了解经济政策对世界各国贫困以及各国家庭和个人福利的影响，世界银行开发了全球收入分布动态工具。该工具是第一个全球 CGE 微观模拟模型，包含了 121 个国家，涵盖全球 90% 的人口，目前已应用于全球收入分布前景预测、农业政策、气候变化、食品价格和贫困等领域。德国等欧洲国家为了关注劳动力市场改革对不同家庭的就业、收入的影响，也对宏观政策对不同微观主体影响的研究非常重视，并实施一系列项目以支持该领域的研究。为了充分利用网络资源，发挥世界各领域专家才智以帮助发展中国家制定更为有效的扶贫政策，贫困和经济政策研究网络应运而生[①]。

CGE 模型与微观模拟技术的研究为 CGE - MSA 的发展提供了强大的理论和技术支撑。从 20 世纪 60 年代 Johansen（1960）建立第一个 CGE 模型以来，CGE 模型在理论和应用方面都取得了重大的成就，理论方面体现在模型的变量选择、函数形式设定、参数估计和选择、均衡条件设定、求解算法等环节技术的不断提高，应用方面体现在 CGE 模型在收入分配、贸易、财政税收、资源环境等领域应用的不断扩大。这为 CGE - MSA 的发展提供了宏观层面的理论经验和技术经验。自 Orcutt（1957）提出微观模拟技术以来，其在理念和应用方面也取得较大突破，为 CGE - MSA 的发展提供了微观层面的理论和技术经验。

5.2.1 可计算一般均衡微观模拟模型的选择

鉴于 CGE 微观模拟模型存在的三种流行方法，本书将通过以下三个方面选择适合本书研究的模型。下面分别从数据的一致性、市场均衡性和模型的可操作性三个方面进行比较。

（1）数据的一致性。CGE 微观模拟技术的不同方法，对宏观经济数据与微观家庭数据的一致性要求并不相同。CGE - IMH 方法把所有来自微观家庭数据的居民引入宏观社会核算矩阵之中，因此需要使宏观经济数据与微观家庭数据完全一致，即由宏观经济数据编制的与居民相关的账户值和微观家庭数据的加总数据相等。CGE - MSS 方法和 CGE - TD/BU 方法的微观家庭模型与宏观经济模型是相对独立的，因此不需要对宏观经济数据与微观家庭数据进行一致性调整。

目前存在两种调整的方法：一种是假设宏观经济数据是准确的，即 SAM 中的住户账户加总数据是准确的，将住户调查数据按照 SAM 中的数据采用交叉熵（Cross Entropy，CE）方法进行调整；另一种是假设住户调查数据是准确的，将 SAM 中的住户账户按照住户调查数据调整，然后采用（RAS）对 SAM 进行平衡

① http：//www. pep - net. org/.

处理。相比之下，第一种调整方法采用得更多（Robilliard and Robinson，2003）。

数据的一致性调整既可以看作是优点，也可以看作是缺点。作为优点，是因为它可以使宏微观数据相统一；作为缺点，是因为它需要花费成本去做一致性调整。因此，一些学者如 Davis（2009）把不需要做数据一致性调整作为 CGE－MSS 和 CGE－TD/BU 的优点。但也有学者，如 Colombo（2010）指出，正是因为由于没有对数据进行一致性调整，CGE－MSS 和 CGE－TD/BU 得到的结果会存在较大误差。

基于以上分析，本书认为不管是采用哪一种 CGE 微观模拟技术，都采用先对宏微观数据做一致性调整。随着统计调查技术的改进和数据调整技术的提升，宏微观数据之间的差异和数据调整所带来的数据变化将越来越小。

（2）市场均衡性。宏观经济模型与微观家庭模型的连接主要体现在两个市场上的连接方式：要素市场和商品市场。要素市场的连接包括劳动力市场的劳动力供给的连接和家庭资本市场的资本供给和资本收入的连接。商品市场的连接是指宏观与微观模型中居民对商品的消费需求之间的关系。

CGE 微观模拟技术的不同方法之间的差异也体现在它们在要素和商品市场上连接的差异。在 CGE－IMH 方法中，宏观模型中的要素市场需求等于微观家庭在要素市场上需求的加总，宏观模型中的商品市场需求等于微观家庭对商品需求的加总。在 CGE－MSS 方法中，微观家庭模型与宏观经济模型的连接主要通过劳动力市场。宏观经济模型中的劳动力市场上需求的变化对微观家庭模型中劳动力需求变化的影响是 CGE－MSS 的主要特征。在 CGE－TD/BU 方法中，微观家庭模型与宏观经济模型的连接既存在于劳动力市场，也存在于商品市场。宏观经济模型中的劳动力需求变化影响微观家庭模型中劳动力的需求，进而影响了家庭的商品消费，家庭的商品市场消费需求变化又进一步影响宏观经济模型中商品市场的需求。

在 CGE－MSS 方法中，根据微观主体对宏观冲击的应对方式差异，目前存在两种基于劳动力市场的连接关系（Herault，2010）：一种是行为方法，即认为微观主体自身的特征会影响到宏观冲击对微观行为的影响。比如，认为熟练劳动力在面对宏观负面冲击时失业的概率要小于非熟练劳动力。由于微观主体特征差异的影响参数是通过微观计量模型来估计，因此该方法也称为参数方法。该方法的优点是具有较强的经济理论支撑，不足是比较复杂，而且运算量大。另一种是权重调整方法，即认为微观主体面临宏观冲击所做的选择与其自身特征没有关系。比如，面对宏观负面冲击，熟练劳动力失业的概率与非熟练劳动力失业的概率是一样的。由于这种方法不需要通过微观计量模型来估计影响参数，因此，该方法也称为非参数方法。该方法的优点是计算简单，缺点是可能会忽视一些重要的经济特征。这两种方法的选择取决于研究问题的复杂程度和研究者所拥有的时间长度。如果研究的问题对微观行为的设定不复杂或者研究者拥有较多的时间，那么，可以选择第一种方法。如果研究的问题对微观行为的设定很复杂或者研究者需要在很短的时间内完成任务，那么，第二种方法是比较好的选择。

通过以上分析，CGE 模型与微观模型的连接方式种类较多，主要取决于研究的目的和研究的成本。

（3）模型的可操作性。模型的可操作性包括模型数据的可得性和模型的求解速度。CGE 微观模拟技术的不同方法之间的可操作性有差异。CGE－IMH 对数据和求解的要求都很高。CGE－IMH 需要宏观数据与微观数据相一致，同时，CGE－IMH 将所有的微观家庭行为方程引入 CGE 模型，因此模型的方程数会增加很多，求解速度较慢，效率也会降低（Chen and Ravallion，2004）。CGE－MSS 方法对数据和求解的要求较低。一方面，CGE－MSS 不需要对宏观微观数据进行一致性处理；另一方面，CGE－MSS 的 CGE 模型中采用的是代表性家庭，因此求解较为简单。CGE－TD/BU 对数据的要求较低，但对求解要求较高。一种是 CGE－TD/BU 不需要对宏观微观数据做一致性处理；另一种是 CGE－TD/BU 需要在 CGE 模型与微观模型之间进行迭代求解。

基于上述的比较和本书的研究目的，本书采用 CGE－IMH 模型来研究涉农产业发展政策对居民收入分配的影响。

5.2.2 可计算一般均衡微观模拟模型模块方程

本书的可计算一般均衡模型是在 Lofgren 等（2002）模型基础上构建得到的。第 4 章的理论分析为本模型的构建提供了理论基础和指导。在本模型中，基于 Stone－Geary 效用函数（非位似效用函数的一种形式）得到的线性支出系统可以满足在理论分析中得到的非位似效用函数下的恩格尔效应对产业结构变化的影响。产业关联体现在本模型生产模块的中间投入需求函数之中，一个部门的产出同时也是其他部门的投入，这些部门之间的投入产出关系通过固定系数矩阵建立联系。居民异质性体现在模型的机构模块，并通过对大类居民自由参数设定的差异以及所有居民之间校准参数设定的差异来反映居民的异质性。下面分别介绍本模型的四大模块。

（1）价格模块。价格是可计算一般均衡模型的核心，市场的均衡点是通过价格调整得到的。本书的模型中主要有商品的进口价格、商品的出口价格、国内非贸易品的需求价格、总吸收、产出的市场价格、活动价格、总中间投入价格、活动收入和成本、消费者价格指数、市场非贸易品的生产价格指数。与 Lofgren 等（2002）考虑运输成本不同，本书并不考虑运输成本的影响，因此，在方程中

去掉与运输成本相关的变量和方程。

商品的进口价格 $PM_c = pwm_c \cdot (1 + tm_c) \cdot EXR$　(5-1)

其中，$c \in C$ 表示商品集，$c \in CM$（$\subset C$）表示进口的商品集，$c \in CT$（$\subset C$）表示国内商品集，PM_c 包括交易成本的用本币计价的进口价格，pwm_c 表示以外币计价的 CIF（成本＋保险＋运费）到岸进口价格，tm_c 表示进口关税率，EXR 表示汇率（每单位外币对应的本币量）。

出口价格 $PE_c = pwe_c \cdot (1 - te_c) \cdot EXR$　(5-2)

其中，$c \in CE$（$\subset C$）表示国内生产的出口商品集，PE_c 表示以本币计价的出口价格，pwe_c 表示以外币计价的 FOB 离岸出口价格，te_c 表示出口关税率。

国内非国际贸易品的需求价格 $PDD_c = PDS_c$　(5-3)

其中，$c \in CD$（$\subset C$）表示国内生产并且在国内销售的商品集，PDD_c 表示国内生产且国内销售的商品的需求价格，PDS_c 表示国内生产且国内销售的商品的供给价格。

总吸收 $PQ_c \cdot (1 - tq_c) \cdot QQ_c = PDD_c \cdot QD_c + PM_c \cdot QM_c$　(5-4)

其中，QQ_c 表示国内市场上商品供给的数量（复合供给，即国内生产的商品和进口商品的复合），QD_c 表示国内生产且在国内销售的商品数量，QM_c 表示进口商品的数量，tq_c 表示销售税率。

产出的市场价格 $PX_c \cdot QX_c = PDS_c \cdot QD_c + PE_c \cdot QE_c$　(5-5)

其中，$c \in CX$（$\subset C$）表示国内生产的商品集，PX_c 表示商品的总生产价格，QX_c 表示国内生产的商品的总市场数量（包括在国内销售的商品数量和出口的商品数量），QE_c 表示出口的商品数量。

活动价格 $PA_a = \sum_{c \in C} PXAC_{ac} \cdot \theta_{ac}$　(5-6)

其中，$a \in A$ 表示活动集，PA_a 表示活动价格（每单位活动的毛收入），$PXAC_{ac}$ 表示对活动 a 生产商品 c 的生产者价格，θ_{ac}表示每单位活动 a 对商品 c 的产出量。

总中间投入价格 $PINTA_a = \sum_{c \in C} PQ_c \cdot ica_{ca}$　(5-7)

其中，$PINTA_a$ 表示活动 a 的总中间投入价格，ica_{ca}表示每单位中间投入活动 a 需要的商品 c 的数量。

活动收入和成本 $PA_a \cdot (1 - ta_a) \cdot QA_a = PVA_a \cdot QVA_a + PINTA_a \cdot QINTA_a$

(5-8)

其中，ta_a 表示活动的税率，QA_a 表示活动的数量，QVA_a 表示增加值的数量，$QINTA_a$ 表示中间投入的数量，PVA_a 表示增加值的价格。

消费者价格指数 $\overline{CPI} = \sum_{c \in C} PQ_c \cdot cwts_c$　(5-9)

其中，$\overline{CPI}$表示消费者价格指数（外生变量），$cwts_c$ 表示商品 c 在消费者价格指数中的权重。

市场非国际贸易品的生产价格指数 $DPI = \sum_{c \in C} PDS_c \cdot dwts_c$ （5－10）

其中，DPI 表示国内产出商品的生产者价格指数，$dwts_c$ 表示商品 c 在生产者价格指数中的权重。

（2）生产与贸易模块。生产和贸易模块涵盖四类内容：国内生产和中间使用；国内产出对家庭消费、国内市场、出口的配置；国内市场的总供给（来自进口和国内产出且在国内销售的部分）；对因分配过程产生的对贸易投入的需求的定义。它包括 CES 技术的活动生产函数、CES 技术的增加值与中间投入的比率、里昂惕夫技术的总增加值需求、里昂惕夫技术的总中间投入的需求、增加值和要素需求、要素需求、分解的中间投入需求、商品生产和配置、总产出函数、总产出函数的一阶条件、总产出转换函数、出口与国内供给的比率、不包括出口的国内产出销售和不包括国内销售的出口的产出转换、复合供给函数、进口与国内需求的比率、非进口产出和非生产进口的合成供给、交易服务需求。

CES 技术的活动生产函数 $QA_a = \alpha_a^a \cdot (\delta_a^a \cdot QVA_a^{-\rho_a^a} + (1 - \delta_a^a) \cdot QINTA_a^{-\rho_a^a})^{-\frac{1}{\rho_a^a}}$ （5－11）

CES 技术的增加值与中间投入的比率 $\frac{QVA_a}{QINTA_a} = \left(\frac{PINTA_a}{PVA_a} \cdot \frac{\delta_a^a}{1 - \delta_a^a}\right)^{\frac{1}{1+\rho_a^a}}$ （5－12）

其中，$a \in ACES$（$\subset A$）表示在技术顶层采用 CES 函数的活动集，α_a^a 表示 CES 活动函数中的效率参数，δ_a^a 表示 CES 活动函数的份额参数，ρ_a^a 表示 CES 活动函数的指数。

里昂惕夫技术的总增加值需求 $QVA_a = iva_a \cdot QA_a$ （5－13）

里昂惕夫技术的总中间投入的需求 $QINTA_a = \mathrm{inta}_a \cdot QA_a$ （5－14）

其中，$a \in ALEO$（$\subset A$）表示在技术顶层采用里昂惕夫函数的活动集，iva_a 表示每单位活动的增加值量，inta_a 表示每单位活动的总中间投入量。本模型采用的是里昂惕夫技术的总增加值需求。

增加值和要素需求 $QVA_a = \alpha_a^{va} \cdot (\sum_{f \in F} \delta_{fa}^{va} \cdot QF_{fa}^{-\rho_a^{va}})^{-\frac{1}{\rho_a^{va}}}$ （5－15）

要素需求 $WF_f \cdot \overline{WFDIST_{fa}} = PVA_a(1 - tva_a) \cdot QVA_a \cdot (\sum_{f \in F} \delta_{fa}^{va} \cdot QF_{fa}^{-\rho_a^{va}})^{-1} \cdot \delta_{fa}^{va} \cdot QF_{fa}^{-\rho_a^{va}-1}$ （5－16）

其中，$f \in F$ 表示要素集，tva_a 表示活动 a 的增加值税率，α_a^{va} 表示 CES 增加值函数中的效率参数，δ_{fa}^{va} 表示活动 a 中要素 f 在 CES 增加值函数中的份额参数，QF 表示活动 a 对要素 f 的需求数量，ρ_a^{va} 表示 CES 增加值函数的指数，WF_f 表示要素平均工资，$\overline{WFDIST_{fa}}$ 表示活动 a 中要素 f 的工资扭曲程度（外生变量）。

分解的中间投入需求 $QINT_{ca}=ica_{ca}\cdot QINTA_{a}$ （5-17）

其中，$QINT_{ca}$表示活动 a 中商品 c 作为中间投入的数量。

商品生产和配置 $QXAC_{ac}=\theta_{ac}\cdot QA_{a}$ （5-18）

其中，$QXAC_{ac}$表示从活动 a 中产出的商品 c 的数量。

总产出函数 $QX_{c}=\alpha_{c}^{ac}\cdot(\sum_{a\in A}\delta_{ac}^{ac}\cdot QXAC_{ac}^{-\rho_{c}^{ac}})^{-\frac{1}{\rho_{c}^{ac}-1}}$ （5-19）

其中，α_{c}^{ac} 表示国内商品总函数的转换参数，δ_{ac}^{ac}表示国内商品总函数的份额参数，ρ_{c}^{ac} 表示国内商品总函数指数。

总产出函数的一阶条件 $PXAC_{ac}=PX_{c}\cdot QX_{c}(\sum_{a\in A}\delta_{ac}^{ac}\cdot QXAC_{ac}^{-\rho_{c}^{ac}})^{-1}\cdot\delta_{ac}^{ac}\cdot QXAC_{ac}^{-\rho_{c}^{ac}-1}$ （5-20）

总产出转换函数 $QX_{c}=\alpha_{c}^{t}\cdot(\delta_{c}^{t}\cdot QE_{c}^{\rho_{c}^{t}}+(1-\delta_{c}^{t})\cdot QD_{c}^{\rho_{c}^{t}})^{\frac{1}{\rho_{c}^{t}}}$ （5-21）

其中，α_{c}^{t} 表示 CET 函数的转换参数，δ_{c}^{t} 表示 CET 函数的份额参数，ρ_{c}^{t} 表示 CET 函数的指数。

出口与国内供给的比率$\frac{QE_{c}}{QD_{c}}=\left(\frac{PE_{c}}{PDS_{c}}\cdot\frac{1-\delta_{c}^{t}}{\delta_{c}^{t}}\right)^{\frac{1}{\rho_{c}^{t}-1}}$ （5-22）

不包括出口的国内产出销售和不包括国内销售的出口的产出转换 $QX_{c}=QD_{c}+QE_{c}$ （5-23）

其中，$c\in CEN$（$\subset C$）表示非出口商品集，$c\in CDN$（$\subset C$）表示国内生产但不在国内市场销售的商品集。

复合供给函数 $QQ=\alpha_{c}^{q}\cdot(\delta_{c}^{q}\cdot QM_{c}^{-\rho_{c}^{q}}+(1-\delta_{c}^{q})\cdot QD_{c}^{-\rho_{c}^{q}})^{-\frac{1}{\rho_{c}^{q}}}$ （5-24）

其中，α_{c}^{q} 表示阿明顿函数转换参数，δ_{c}^{q} 表示阿明顿函数的份额参数，ρ_{c}^{q} 表示阿明顿函数指数。

进口与国内需求的比率$\frac{QM_{c}}{QD_{c}}=\left(\frac{PDD_{c}}{PM_{c}}\cdot\frac{\delta_{c}^{q}}{1-\delta_{c}^{q}}\right)^{\frac{1}{\rho_{c}^{q}+1}}$ （5-25）

非进口产出和非生产进口的合成供给 $QQ_{c}=QD_{c}+QM_{c}$ （5-26）

其中，$c\in CMN$（$\subset C$）表示非进口商品集。

（3）机构模块。机构模块包括要素收入、机构要素收入、国内非政府机构收入、机构间转移支付、居民消费支出、居民在市场商品上的消费支出、居民对家庭商品中的消费支出、投资需求、政府消费支出、政府收入、政府支出这些方程。

要素收入 $YF_{f}=\sum_{a\in A}WF_{f}\cdot\overline{WFDIST_{fa}}\cdot QF_{fa}$ （5-27）

其中，YF_{f} 表示要素 f 的收入。

机构要素收入 $YIF_{if}=shif_{if}\cdot[(1-tf_f)\cdot YF_f-trnsfr_{rowf}\cdot EXR]$ (5-28)

其中，$i\in INS$ 表示机构（国内和国外）集，$i\in INSD$（$\subset INS$）表示国内机构集，YIF_{if}表示国内机构 i 从要素 f 获得的收入，$shif_{if}$表示要素 f 收入中国内机构 i 所占的份额，tf_f 表示对要素 f 的直接税率，$trnsfr_{rowf}$表示国外机构从要素 f 中获得的收入。

国内非政府机构收入 $YI_i=\sum_{f\in F}YIF_{if}+\sum_{i'\in INSDNG'}TRII_{ii'}+trnsfr_{igov}\cdot\overline{CPI}+trnsfr_{irow}\cdot EXR$ (5-29)

其中，$i\in INSDNG$（$=INSDNG'\subset INSD$）表示国内非政府机构集，YI_i 表示机构 i 的收入，$TRII_{ii'}$表示从机构 I’ 到机构 i 的转移支付。

机构间转移支付 $TRII_{ii'}=shii_{ii'}\cdot(1-MPS_{i'})\cdot(1-TINS_{i'})\cdot YI_{i'}$ (5-30)

其中，$shii_{ii'}$表示从机构 I’ 到机构 i 的净收入份额，$MPS_{i'}$表示国内非政府机构的边际储蓄倾向（外生变量），$TINS_{i'}$表示机构 i 的直接税率。

居民消费支出 $EH_h=(1-\sum_{i\in INSDNG}shii_{ih})\cdot(1-MPS_h)\cdot(1-TINS_h)\cdot YI_h$ (5-31)

其中，$i\in H$（$\subset INSDNG$）表示居民集，EH_h 表示居民消费支出。

居民在商品上的消费支出 $PQ_c\cdot QH_{ch}=PQ_c\cdot\gamma_{ch}^m+\beta_{ch}^m\cdot(EH_h-\sum_{c'\in C}PQ_{c'}\cdot\gamma_{c'h}^m)$ (5-32)

其中，QH_{ch}表示居民 h 对市场商品 c 的消费数量，γ_{ch}^m表示居民 h 对市场商品 c 的生存性消费，β_{ch}^m表示居民 h 对市场商品 c 的消费支出的边际份额。

投资需求 $QINV_c=\overline{IADJ}\cdot\overline{qinv_c}$ (5-33)

其中，$QINV_c$ 表示商品的固定投资需求数量，$\overline{IADJ}$表示投资调整因子（外生变量），$\overline{qinv_c}$表示基期固定投资需求数量。

政府消费支出 $QG_c=\overline{GADJ}\cdot\overline{qg_c}$ (5-34)

其中，QG_c 表示政府在商品的消费需求，$\overline{GADJ}$表示政府消费的调整因子（外生变量），$\overline{qg_c}$ 表示基期的政府需求数量。

政府收入

$$\begin{aligned}YG=&\sum_{i\in INSDNG}TINS_i\cdot YI_i+\sum_{f\in F}tf_f\cdot YF_f+\sum_{a\in A}tva_a\cdot PVA_a\cdot QVA_a\\&+\sum_{a\in A}ta_a\cdot PA_a\cdot QA_a+\sum_{c\in CM}tm_c\cdot pwm_c\cdot QM_c\cdot EXR\\&+\sum_{c\in CE}te_c\cdot pwe_c\cdot QE_c\cdot EXR+\sum_{c\in C}tq_c\cdot PQ_c\cdot QQ_c\\&+\sum_{f\in F}YIF_{govf}+trnsfr_{govrow}\cdot EXR\end{aligned}\quad(5-35)$$

其中，YG 表示政府收入。

政府支出 $EG = \sum_{c \in C} PQ_c \cdot QG_c + \sum_{i \in INSDNG} trnsfr_{igov} \cdot \overline{CPI}$ (5-36)

其中，EG表示政府支出。

（4）系统约束模块。系统约束模块主要包括要素市场、复合商品市场、国外外汇的经常项目平衡、政府平衡、机构直接税率、机构储蓄率、投资储蓄平衡、总吸收、投资占总吸收比率、政府消费占总吸收比率这些方程。

要素市场 $\sum_{a \in A} QF_{fa} = \overline{QFS_f}$ (5-37)

其中，$\overline{QFS_f}$ 表示要素的供给数量（外生变量），该变量也可以通过宏观闭合中要素市场的设定使其内生。

复合商品市场 $QQ_c = \sum_{a \in A} QINT_{ca} + \sum_{h \in H} QH_{ch} + QG_c + QINV_c + qdst_c + QT_c$

(5-38)

其中，$qdst_c$ 表示库存的变化量。

国外外汇的经常项目平衡 $\sum_{c \in CM} pwm_c \cdot QM_c + \sum_{f \in F} trnsfr_{rowf} = \sum_{c \in CE} pwe_c \cdot QE_c + \sum_{i \in INSD} trnsfr_{irow} + \overline{FSAV}$ (5-39)

其中，$\overline{FSAV}$表示国外储蓄（以外币计价）（外生变量）。

政府平衡 $YG = EG + GSAV$ (5-40)

其中，$GSAV$ 表示政府储蓄。

机构直接税率 $TINS = \overline{tins_i} \cdot (1 + \overline{TINSADJ} \cdot tins01_i) + \overline{DTINS} \cdot t$ (5-41)

其中，$TINS$ 表示国内机构 i 的直接税率，$\overline{tins_i}$ 表示国内机构 i 的外生直接税率，$\overline{TINSADJ}$表示直接税的规模因子（基期为0，外生变量），$tins01_i$ 表示机构潜在可变直接税率的0~1参数，$\overline{DTINS}$表示国内机构税收份额的变化（基期为0，外生变量）。

机构储蓄率 $MPS_i = \overline{mps_i} \cdot (1 + \overline{MPSADJ} \cdot mps01_i) + DMPS \cdot mps01_i$ (5-42)

其中，$\overline{mps_i}$ 表示国内机构 i 的基期储蓄率，$\overline{MPSADJ}$表示储蓄率的规模因子（基期为0），$mps01_i$ 表示机构潜在可变直接税率的0~1参数，$DMPS$ 表示国内机构储蓄率的变化（基期为0，外生变量）。

投资储蓄平衡 $\sum_{i \in INSDNG} MPS_i \cdot (1 - TINS_i) \cdot YI_i + GSAV + EXR \cdot \overline{FSAV} = \sum_{c \in C} PQ_c \cdot QINV_c + \sum_{c \in C} PQ_c \cdot qdst_c$ (5-43)

总吸收 $TABS = \sum_{h \in H} \sum_{c \in C} PQ_c \cdot QH_{ch} + \sum_{a \in A} \sum_{c \in C} \sum_{h \in H} PXAC_{ac} \cdot QHA_{ach} + \sum_{c \in C} PQ_c \cdot QG_c + \sum_{c \in C} PQ_c \cdot QINV_c + \sum_{c \in C} PQ_c \cdot qdst_c$ (5-44)

其中，$TABS$ 表示名义总吸收。

投资占总吸收比率 $INVSHR \cdot TABS = \sum_{c \in C} PQ_c \cdot QINV_c + \sum_{c \in C} PQ_c \cdot qdst_c$ (5-45)

其中，$INVSHR$ 表示名义吸收中的投资份额。

政府消费占总吸收比率 $GOVSHR \cdot TABS = \sum_{c \in C} PQ_c \cdot QG_c$ (5-46)

其中，$GOVSHR$ 表示名义吸收中政府消费的份额。

5.2.3 可计算一般均衡微观模拟模型宏观闭合设定[①]

（1）宏观闭合理论。Sen（1963）最先提出宏观闭合问题，同时也最先给出宏观闭合的选择方法。他认为在一个封闭的经济中，如果要同时满足以下因素：①劳动力完全就业；②要素回报等于其边际产出；③居民消费仅仅由其收入水平决定；④投资水平外生固定。那么，就不能保证投资等于储蓄。

Sen 的模型中假定只有一种物品，生产规模报酬不变，作为生产要素的劳动力和资本是固定的，不考虑折旧和资本积累，且利润收入和劳动收入的储蓄率是不同的。模型由以下 7 个方程组成：

$$X = F(N, K) \tag{5-47}$$

$$F_N = W/P \tag{5-48}$$

$$X = (r/P)K + (W/P)N \tag{5-49}$$

$$I = s_z(r/P)K + s_w(W/P)N \tag{5-50}$$

$$I = \bar{I} \tag{5-51}$$

$$N = \bar{N} \tag{5-52}$$

$$K = \bar{K} \tag{5-53}$$

其中，式（5-47）是生产函数；式（5-48）是劳动力需求函数；式（5-49）是分配函数；式（5-50）是投资储蓄函数，其中劳动收入和资本收入的储蓄率是给定的；式（5-51）是投资函数，表示投资是外生给定的；式（5-52）是劳动力供给函数，表示劳动力供给是外生给定的；式（5-53）是资本的供给函数，表示资本供给是外生给定的。7 个独立的方程只有 6 个变量：X，总产出；N，投入生产的劳动力；K，投入生产的资本；I，净投资；W/P，真实工资；r/P，真实资本收益。所以系统存在过度识别问题。

① 该小节内容已发表在《统计研究》2009 年第 2 期。最初稿获得“第七届中国投入产出学会优秀青年论文奖”。

Sen根据不同宏观经济流派的思想给出了四类宏观闭合。第一类是把宏观模型中的投资方程（5-51）去掉，这样投资最后由储蓄来决定，这叫新古典闭合。第二类是把储蓄方程（5-50）去掉，这样储蓄最后由投资来决定，这叫约翰森闭合。第三类是把劳动力供给方程（5-52）去掉，这样劳动力市场就不一定均衡，这叫通论（General Theory）闭合，也即凯恩斯闭合。第四类是把劳动力需求方程（5-48）去掉，这样工资就不一定等于劳动边际产出，这叫卡尔多闭合，也称新凯恩斯闭合。虽然这是最早的关于宏观闭合的讨论，但其引出的宏观闭合问题，即在建模时如何进行内外生变量的选择，以及如何判断经济中的相关运行机制，是理论经济和应用经济共同关注的问题。可以说，每一种宏观经济流派都有自己的宏观闭合方法，不同的宏观闭合方法直接决定了其宏观经济理论以及宏观经济政策。

之后，有很多学者对宏观闭合问题进行了进一步的研究。Dewatripont和Michel（1987）认为宏观闭合是由于我们对模型作了一些特殊的假设之后才出现的，而通过引入货币及动态因素就可以消除宏观闭合问题。Dewatripont和Michel的研究既说明了将金融部门和宏观经济因素引入CGE的重要性，也反映了这一项工作的难度。在这项工作上，Robinson（2003）显得更为理性和务实。Robinson（2006）把宏观闭合问题放在了SAM框架中分析，认为宏观闭合的选择和SAM中要素、政府、国外、投资和储蓄账户的内外生选择是一致的。他总结了目前对待金融部门、宏观经济因素和CGE模型的三种流派[①]，分析了宏观闭合在连接宏观经济模型和CGE模型方面的应用，并给出了封闭经济和开放经济中的八类不同的宏观闭合。因为Robinson是本书标准CGE模型的建模者之一，所以本书的宏观闭合是在此基础上的一个扩展。

（2）CGE模型中宏观闭合的选择。宏观闭合是一系列账户中内外生变量选择的组合。在中国CGE模型中，宏观闭合是要素市场、政府账户、投资储蓄账户、国外账户这四个方面内外生变量不同选择的搭配组合。

要素市场的闭合按要素供给、整体平均工资、具体活动的相对工资和具体活动的要素需求这四个变量的内外生选择分成三种。表5-1给出了这三种闭合的内外生变量选择。

要素包括两类：资本和劳动。资本和劳动可投入于所有五部门。每种要素都可按表5-1中的闭合进行设定。每种要素都有三种选择：完全就业并且可在部门间流动、完全就业但不可在部门间流动和不完全就业可在部门间流动。

① 正统学派认为三者应该独立；巴哈学派认为应该统一；普通学派认为应该互相能够交流。

表 5-1 要素市场的三种闭合比较

变量	闭合 M-1		闭合 M-2		闭合 M-3	
	外生	内生	外生	内生	外生	内生
要素供给	是			是		是
整体平均工资		是	是		是	
具体活动的相对工资	是		是			是
具体活动的要素需求		是		是	是	

政府账户的闭合按政府储蓄、税率的内外生选择以及税率的变化方式分为三种，具体如表 5-2 所示。

表 5-2 政府账户的三种闭合比较

变量	闭合 G-1		闭合 G-2		闭合 G-3	
	外生	内生	外生	内生	外生	内生
政府储蓄		是	是		是	
税率	是			是①		是②

投资储蓄账户的闭合按资本形成、机构的边际储蓄倾向的内外生选择以及不同的不变和变化关系分为五种，具体如表 5-3 所示。

表 5-3 投资储蓄账户的五种闭合比较

变量		闭合 S-1		闭合 S-2		闭合 S-3		闭合 S-4		闭合 S-5	
		外生	内生	外生	内生	外生	内生	外生	内生	外生	内生
资本形成	A③	是		是			是				
	B④							是		是	
机构的边际储蓄倾向	C⑤		是			是			是		
	D⑥				是						是

① 不同机构的税率的变化绝对值相等。
② 不同机构的税率的变化相对值相等。
③ 投资的绝对数额。
④ 投资占总吸收的份额。
⑤ 不同机构的边际储蓄倾向变化的绝对值相等。
⑥ 不同机构的边际储蓄倾向变化的相对值相等。

国外账户的闭合按国外储蓄、真实汇率的内外生选择可分为两种，具体如表 5 -4 所示。

表 5 -4　国外账户的两种闭合比较

变量	闭合 R -1		闭合 R -2	
	外生	内生	外生	内生
国外储蓄	是			是
真实汇率		是	是	

表 5 -5 是几种经典闭合的内外生变量选择情况。事实上，我们可以有更多的内外生变量的搭配组合。

表 5 -5　几个经典闭合的对应情况

账户	约翰森闭合	新古典闭合	平衡闭合	凯恩斯闭合
要素市场	M -1	M -1	M -1	M -2，M -3
政府账户	G -1，G -2，G -3	G -1，G -2，G -3	G -1，G -2，G -3	G -1，G -2，G -3
国外账户	R -1	R -1	R -1	R -1
投资储蓄账户	S -1，S -2	S -3	S -4，S -5	S -1，S -2

宏观闭合的选择与研究的背景有关，约翰森闭合比较适合分析由不同政策冲击下的均衡福利的变化。因为该闭合可以避免考虑由国外储蓄、真实投资变化对福利的影响。在单期模型中，国外储蓄的增加和投资的减少会增加家庭福利，而这两者对福利的影响是很难分解的。

与投资驱动的约翰森闭合相对，储蓄驱动的新古典闭合假定机构储蓄固定，投资由储蓄内生决定。从一国对宏观冲击所作调整的历史经验来看，这两种闭合是两种极端情况。如果分析的目标是为了理解给定情景在外生冲击或政策变化的影响下可能产生的效应，那么采用能贴近现实的闭合更有必要。平衡闭合就应运而生，它由政府消费、投资和家庭消费同时调整。

以上三个闭合是以完全就业为前提假设的，而在现实世界中，失业是不可避免的。凯恩斯闭合考虑到要素市场这一特征，同时具体活动的相对工资可以调整。在该闭合中，当外生真实投资的增加，为增加相应的储蓄，家庭需要做更多的劳动以增加收入，这样就业增加，而使工资下降。

除这四种闭合以外，我们还可以有很多其他不同的内外生变量组合。在进行闭合选择时，先确定要素市场的内外生变量，之后确定投资储蓄、政府和国外部门账户的内外生变量。

5.2.4 可计算一般均衡微观模拟模型随机性设定[①]

(1) CGE 模型参数不确定性。目前对随机 CGE 模型的研究主要集中于对自由参数随机性的分析上，而 CGE 模型的自由参数选择依赖于模型所采用的函数形式和所研究的问题。首先，CGE 模型的自由参数选择与模型所采用的函数形式有关。若采用 C—D（柯布—道格拉斯）型函数形式，则不需要自由参数。我们给出 C—D 型效用函数下的消费者最优化模型：

$$\begin{aligned} &\max U = \prod C_i^{\alpha_i} \\ &\text{s.t.} \sum p_i C_i = R, \sum a_i = 1 \end{aligned} \qquad (5-54)$$

其中，R 表示总收入；每个商品 i 的消费量 $C_i = \dfrac{a_i R}{p_i}$。

在这种函数下，唯一一个未知参数是 a_i，也就是商品 i 的消费支出占总预算的份额。它是通过基期数据的校准得到的，即 $a_i = \dfrac{p_i C_i}{R}$。C—D 型生产函数与此类似。所以，采用 C—D 型函数形式是没有自由参数的。

若采用 CES（不变替代弹性）型函数形式，则需要给出替代弹性。我们给出 CES 型效用函数下的消费者最优化模型：

$$\begin{aligned} &\max U = \sum \left[a_i C_i^{(\varepsilon-1)/\varepsilon} \right]^{\varepsilon/(\varepsilon-1)} \\ &\text{s.t.} \sum p_i C_i = R, \sum a_i = 1 \end{aligned} \qquad (5-55)$$

其中，R 表示总收入，C_i 为每个商品 i 的消费量。参数 a_i 为未知的校准参数，它可以通过一阶最优条件计算公式并使用基期数据校准得到。参数 ε 为未知的自由参数，它需要通过 CGE 模型和基期数据库之外的数据计算得到，具体下文分析。

若采用 CET、LES、ELES 型等函数形式，则需要给出更多的自由参数。对于这些函数形式的自由参数，以及自由参数选择和函数形式的关系，Annabi (2006) 做了比较详细的讨论。结果显示，函数形式越复杂，需要的自由参数就越多。

其次，CGE 模型的自由参数选择也与所研究的问题有关。如要研究和生产相关的问题，可以在生产函数中加入某一参数。Harris 和 Robinson (2001) 为研究技术进步等因素以及农业抗灾害能力引起的经济影响，在生产函数中增加了一个

① 该小节的内容已发表在《中国管理科学》2009 年第 5 期。

随机因素。加入随机因素后的生产函数如下：

$$QVA = (x \cdot \alpha) \cdot (\sum_f \delta_f \cdot QF_f^{-\rho})^{\frac{1}{\rho}} \tag{5-56}$$

其中，QVA 表示增加值；δ_f 表示要素 f 的份额参数；QF_f 表示要素 f 的生产投入；α 表示效率参数；x 表示随机冲击。

这样，$x \cdot \alpha$ 就可以看成是一个随机的自由参数。这样就可以研究自由参数随机性对 CGE 模型结果的影响。要研究和消费有关的问题，可在消费函数中加入某一参数；要研究贸易问题，可在贸易方程中加入某一参数，如阿明顿贸易替代弹性，Christine 和 Edward（2003）估算了这一弹性以及对模型结果的影响等；形式和上述的生产函数中加参数是一致的。

选择自由参数后，下一步就是如何确定自由参数。自由参数可以由计量方法、熵方法和主观判断得到（Annabi，2006）。

计量方法是根据历史数据，采用计量工具获得自由参数。主要包括最小二乘法、非线性方法和泰勒近似法。这一方法的优点是比较精确，缺点是数据采集的成本比较高，有些数据很难获得甚至根本得不到。Sadoulet 和 Roland - Holst（1989）、Abdelkhalek（1996）、Abdelkhalek 和 Dufour（1998，2000）、Kapuscinski 和 Warr（1999）等都是采用计量方法获得自由参数值的。

个人判断一般是在相关数据难以获得的时候采用的，通常选择与所研究对象比较相似的国家或地区的数据作为参考，或者直接借用过来，或者按照研究人员达成的一致意见确定。Dervis 等（1982）、Devarajan 等（1993）、Roland - Holst 等（1994）以及 Löfgren（1994）等采用了这一方法。

最大熵方法也是在相关数据不足的情况下采用。Arndt 等（2002）采用最大熵方法计算估计 CGE 模型中的自由参数。他认为该技术具有以下优点：一是利用所有的一般均衡约束条件；二是允许结合参数值的先验信息；三是允许一些数据的缺失；四是可以生成历史数据和显著性参数。基于这些判断，最大熵方法可以视为计量方法和个人判断方法的一个折中。

（2）不随时间变化的自由参数的随机性研究。基于 Abdelkhalek 和 Dufour（1998）和 Abler 等（1999）的研究，本书将不随时间变化的参数随机性问题分成以下八种情况：

第一种是条件系统敏感性分析（Conditional Systematic Sensitivity Analysis）（Harrison et al.，1993；Harrison，1986；Harrison and Kimbell，1985）。对模型中的每一个参数设定一定数量的备选值，其中一组参数的值作为基期组。在做模拟时，设其他参数为基期值，某一参数选择其他所有备选值。依次类推，对每个参数都进行模拟。如果模型中有 k 个参数，并且每个参数有 m 个备选值（包括基期值），那么，模型就需要模拟 $1+k(m-1)$ 次［所有参数为基期值，需模拟一次；m 个参数，每个参数还有 $m-1$ 个选择，需模拟 $k(m-1)$ 次]。CSSA 的优点是计算上可行，模拟的次数和参数个数呈线性关系。即使是大型的 CGE 模型，计算起来也比较快。它的缺点是一次只能变化一个参数，这样就忽略了两个或以上变量同时变化对模型结果产生意想不到的结果。

第二种是无条件系统敏感性分析（Unconditional Systematic Sensitivity Analysis）（Harrison et al.，1993；Bernheim et al.，1991；Harrison and Vinod，1992）。它允许很多或者所有参数同时变化，如果有 k 个参数，每个参数的备选值分别为 m_i 个，那么模型就需要模拟 $\prod_{i=1}^{k} m_i$ 次。如果模型中的参数超过两个备选值，这将是一个很大的计算量。如果有 100 个参数，每个参数有 2 个备选值，那么就需要模拟 2 的 100 次方；如果有 3 个备选值，那就得模拟 3 的 100 次方。显然，这种方法在计算上是不可行的，除非模型很小。

第三种是贝叶斯方法（Bayesian Approach）（Harrison and Vinod，1992）。通过对所有参数组合的一个随机样本的分析来代替对所有参数组合的分析。首先对每个参数都会给出一个先验分析，而每个参数的备选值基于这一分布得到。具体来说，如果第 i 个参数有 m_i 个备选值，那么把它的分布划分为 m_i 个区间，每个区间根据概率密度函数得到同样的大小，然后计算每个区间参数的平均值，用这样的均值作为备选值。这一方法的优点是在样本并不大的情况下是容易计算的。不过它有两个不足：一个是每个参数分布的偶矩会被普遍低估，随着样本的增加，低估的概率接近 1。而参数分布的奇矩可能被低估或高估。另一个是这一方法并没有给出选择合适样本量的方法。一定量的样本可能适用于某些模型，但对另一些模型则未必适用。

第四种是高斯积分法（Gaussian Quadrature Approach）（Miller and Rice，1983；Preckel and de Vuyst，1992；Arndt et al.，1996）。首先对每一个参数设定一个先验分布，然后在这一分布上选择可以使模型求解的点。和贝叶斯方法中对分布的处理不同，这一方法可以保留参数中分布中的二阶和高阶矩。设 m 为每个参数的备选值数目，高斯积分可以在相对一般的条件下再生产目标变量的 $2m-1$ 矩。尽管如此，计算的精确性同样是以高额的计算成本为代价的。

第五种是蒙特卡洛实验法（Monte Carlo Experiment Approach）（Abler et al.，1999）。对每个参数设定一个先验分布，参数集是从这样的分布中随机得到的。这样具体的分布可以是一种或多种常用的分布（如均匀分布、正态分布、对数正态分布等），每个参数分布的总体参数可以基于所研究国家或类似国家和地区的实证研究得到。这个分布可以是单变量的或者是多变量的，多变量分布要求对参数间的协方差估计，虽然后者通常是难以得到的。该方法的优点是可以根据目标变量的置信度来确定所需要的模拟次数。

第六种是有限灵敏性分析方法（Limited Sensitivity Analysis）（Bernheim et al.，1991；Wigle，1991）。这种方法不需要给出参数的先验分布，只需要给出相关参数的几个有代表性的值，模型只需要给出某些关键参数的代表性数值模拟。这一方法的优点是计算上很简单，缺点是参数的选择以及参数备选值的确定相对比较随意。

第七种是极值方法（External Approach）（Pagan and Shannon，1985）。这种方法是事先确定参数的选择区间，然后将极值代入模型，这样得到的模拟结果（相关的经济变量）也是一个区间。

第八种是置信区间方法（Confidence Intervals Approach）（Tuladhar，2003；Abdelkhalek and Dufour，1998，2000）。它充分考虑到了参数的统计性质和模拟结果的可信程度，运用自由参数的协方差矩阵来求解内生变量的置信区间，同时，它还能考虑到方程的误差项对内生变量冲击的置信区间。与灵敏性分析方法（包括条件灵敏性分析方法、无条件灵敏性分析方法、有限灵敏性分析方法）相比，它能在相对低成本的情况下考虑到了所有自由参数的变化。

比较上面的分析，可以把上述的八种方法从下面的四个方面来归纳分析：

第一，参数的选择问题。是考虑模型中的所有参数的不确定性还是只选择部分参数的不确定性？这需要有一个选择的标准。如置信区间法考虑所有的参数，而其余方法则是有选择的。

第二，参数的分布问题。上述方法都涉及参数的分布，只是有的以一个统计分布表示，另一些则没有明确指出参数分布。参数的分布的确定，可以通过历史数据获得，也可以考虑预期因素的影响。

第三，参数的相关性问题。不同参数之间是互相独立的，还是存在一定的相关性？这也是需要通过对具体参数的分析才能得到的。

第四，模拟的次数和模拟结果的可信度问题。上面有些方法给出了达到一个置信度所需要的模拟次数，有些并没有给出，有些则是给出了置信区间。

（3）考虑到时间变化的自由参数随机性研究。上述方法虽然都是对CGE模型的敏感性分析，但这些方法都忽略了自由参数与时间的关系，即学习效应对模型中自由参数随机性的影响（Kim，2004）。也有可能模型本身是静态的，所以不需要考虑时间效应。Kim（2004）结合了优化控制模型和动态CGE模型，把动态CGE模型引入了优化控制模型的框架下，建立了一个有19个约束方程的优化控制模型。以CGE模型的一阶最优条件为约束条件，确定相应的目标函数，这样就得到基于动态CGE的优化控制模型：

$$x_{t+1}=A(\theta_t)x_t+B(\theta_t)u_t+C(\theta_t)z_t+\xi_t,\ t=0,\ 1,\ \cdots,\ T-1 \tag{5-57}$$

其中，t 为所处的阶段；x 为状态变量，也就是CGE模型中的内生变量；u

为控制变量，也就是 CGE 模型中的政策变量；z 为外生变量；θ 为模型的自由参数，ξ 为模型的随机误差项，通常设定这两个量为正态分布的。

为了表示参数随时间的变化而变化，可建立如下方程：

$$\theta_{t+1} = D\theta_t + \zeta_t,\ t = 0,\ 1,\ \cdots,\ T-1 \qquad (5-58)$$

其中，ζ_t 为随机误差项。

一般来说，很难确定参数之间的相对不确定性，因为目前还没有统一的标准来判别矩阵 A、B、C 到底哪个应该按不确定性处理。即使这样，我们还是可以将系统方程中的非零参数按不确定性处理。从式（5－58）可以看出，参数的变化依赖于上一期的参数值。换言之，预期因素并没有在模型中表现出来。如何将预期因素在随机 CGE 模型中体现出来，是一个研究热点。考虑不确定性下预期变量的随机控制方法在带随机项的模型和参数不确定的模型中均有应用。前者见 Curie 和 Levine（1993）、Amman 和 Kendrick（1999）、Fair（2003），后者见 Amman 和 Kendrick（2000）。

5.3 可计算一般均衡微观模拟模型的基础数据

5.3.1 可计算一般均衡微观模拟模型的宏观数据

表 5－6 是中国宏观社会核算（SAM）矩阵框架。该 SAM 包含商品、活动、要素、居民、企业、政府、投资与储蓄、国外八个部门。表格中有数据的方格的含义如下：（12）是商品作为投入品对活动的投入，对应投入产出表中的中间投入，它表示收入从活动部门流向商品部门；（14）是居民消费，它表示收入从居民流向商品部门；（16）是政府消费，或者也叫政府购买，它表示收入从政府流向商品部门；（17）是投资，它表示收入从投资与储蓄部门流向商品部门；（18）是商品出口，它表示收入从国外部门流向商品部门；（19）是其他部门对商品的总需求，即收入从其他部门流向商品部门的加总；（21）是活动的产出，它表示收入从商品部门流向活动部门；（26）是政府给活动部门的补贴，它表示收入从政府流向活动部门；（29）是活动部门的总收入，它表示收入从其他部门流向活动部门的加总；（32）是活动部门对要素投入的报酬，它表示收入从活动部门流向要素；（38）是要素来自国外的报酬，它表示收入从国外部门流向要素；（39）是要素总收入，它表示收入从其他部门流向要素的加总；（43）是居民来自要素的收入，它表示收入从要素流向居民；（45）是居民来自企业的转移

性收入，它表示收入从企业流向居民；（46）是居民来自政府的转移性收入，它表示收入从政府部门流向居民；（48）是居民来自国外的收入，它表示收入从国外流向居民；（49）是居民的总收入，它表示收入从其他部门流向居民的加总；（53）是企业来自要素的收入，它表示收入从要素流向企业；（59）是企业的总收入，它表示收入从其他部门流向企业的加总；（61）是政府对商品的间接税，它表示收入从商品流向政府；（62）是政府对活动的间接税，它表示收入从活动部门流向政府；（64）是政府对居民的直接税，它表示收入从居民流向政府；（65）是政府对企业的直接税，它表示收入从企业流向政府；（68）是政府来自国外的收入，它表示收入从国外流向政府；（69）是政府的总收入，它表示收入从其他部门流向政府的加总；（74）是居民储蓄，它表示收入从居民流向投资与储蓄部门；（75）是企业的投资储蓄，它表示收入从企业流向投资与储蓄部门；（76）是政府储蓄，它表示收入从政府流向投资与储蓄部门；（78）是国外储蓄，它表示收入从国外流向投资与储蓄部门；（79）是总储蓄，它表示收入从其他部门流向投资与储蓄部门的加总；（81）是商品的进口，它表示收入从商品流向国外；（83）是国外来自要素的收入，它表示收入从要素流向国外；（86）是国外来自中国政府的收入，它表示收入从中国政府流向国外；（89）是国外总收入，它表示收入从其他部门流向国外部门的加总；（91）是商品的总支出，它表示收入从商品流向所有其他部门的加总；（92）是活动的总投入，它表示收入从活动部门流向所有其他部门的加总；（93）是要素的总支出，它表示收入从要素流向所有其他部门的加总；（94）是居民的总支出，它表示收入从居民流向所有其他部门的加总；（95）是企业的总支出，它表示收入从企业流向所有其他部门的加总；（96）是政府的总支出，它表示收入从政府流向所有其他部门的加总；（97）是投资和储蓄部门的总支出，它表示收入从投资与储蓄流向所有其他部门的加总；（98）是国外部门的总支出，它表示收入从国外部门流向所有其他部门的加总。

由于微观调查数据是2002年的，因此，本书的宏观社会核算矩阵数据也以2002年为基期编制。编制中国2002年社会核算矩阵的数据主要来自中国2002年的投入产出表、2002年的《中国财政年鉴》、2002年的《中国税务年鉴》以及2002年的中国现金流量表。表5－6中的元素（12）、（14）、（16）、（18）、（32）、（62）、（81）是来自于2002年的中国122部门投入产出表；元素（26）、（63）、（64）是来自2002年的《中国财政年鉴》；元素（38）、（83）、（53）、（45）、（46）、（68）是来自2002年的中国现金流量表；元素（61）是来自2002年的《中国税务年鉴》；元素（17）、（21）、（43）、（74）、（75）、（76）、（78）是作为平衡项处理的。表5－7是2002年中国宏观社会核算矩阵。社会核算编制的方法可以参考范金等（2010）。

表 5-6　中国宏观社会核算矩阵框架

账户	商品	活动	要素	居民	企业	政府	投资与储蓄	国外	合计
商品		(12)		(14)		(16)	(17)	(18)	(19)
活动	(21)					(26)			(29)
要素		(32)						(38)	(39)
居民			(43)		(45)	(46)		(48)	(49)
企业			(53)						(59)
政府	(61)	(62)		(64)	(65)			(68)	(69)
投资与储蓄				(74)	(75)	(76)		(78)	(79)
国外	(81)		(83)			(86)			(89)
合计	(91)	(92)	(93)	(94)	(95)	(96)	(97)	(98)	

表 5-7　2002 年中国宏观社会核算矩阵　　单位：10 亿元

账户	商品	活动	要素	居民	企业	政府	投资与储蓄	国外	合计
商品		19157		5257		1912	4907	3033	34266
活动	31341					194			31535
要素		10437						69	10507
居民			6268		1735	110		108	8221
企业			4047						4047
政府	202	1941		121	381			1	2646
投资与储蓄				2843	1932	428		-296	4907
国外	2723		193			1			2917
合计	34266	31535	10509	8221	4047	2646	4907	2915	

根据研究目的，需要对宏观 SAM 表中的各部门进行细化。本书将活动部门划分为五个行业，分别是：农业投入部门、农业生产部门、农产品加工制造部门、农产品流通服务部门、非涉农部门。由于活动部门的原始数据来自 122 部门的投入产出表，需要借助一定的行业分类标准进行归类。本书借助国际标准行业分类（International Standard Industry Classification，ISIC3.1），将 122 部门归类为 5 部门。具体的归类方式，见附录。本书将商品划分为七大类，分别是：只用于中间投入的商品、主食、副食、烟酒、衣着、居民消费的其他商品、只有政府消费的商品。由于商品的原始数据来自 122 部门投入产出表，其商品是按照 ISIC 标准分类的，而七大类商品是按照根据目的的个人消费分类（Classification of Individual Consumption According to Purpose，COICOP）。这两个分类标准没有直接的一一对

应关系，需要借助中间产品分类（Central Product Classification，CPC）建立两者之间的联系。具体的归类方式，如表5-8所示。本书将要素分为三类，分别是：熟练劳动力、非熟练劳动力、资本。

表5-8　活动部门与商品分类标准

122部门序号	122部门名称	五部门	七类商品	122部门序号	122部门名称	五部门	七类商品
1	农业	2	2	23	棉、化纤纺织及印染精加工业	3	5
2	林业	2	3	24	毛纺织和染整精加工业	3	5
3	木材及竹材采运业	2	1	25	麻纺织、丝绢纺织及精加工业	3	5
4	畜牧业	2	3	26	纺织制成品制造业	3	5
5	渔业	2	3	27	针织品、编织品及其制品制造业	3	5
6	农、林、牧、渔服务业	1	7	28	纺织服装、鞋、帽制造业	3	5
7	煤炭开采和洗选业	5	6	29	皮革、毛皮、羽毛（绒）及其制品业	3	5
8	石油和天然气开采业	5	6	30	木材加工及木、竹、藤、棕、草制品业	3	6
9	黑色金属矿采选业	5	1	31	家具制造业	3	6
10	有色金属矿采选业	5	1	32	造纸及纸制品业	3	6
11	采盐业	5	1	33	印刷业和记录媒介的复制业	3	6
12	其他非金属矿采选业	5	6	34	文化用品制造业	3	6
13	谷物磨制业	3	2	35	玩具体育娱乐用品制造业	3	6
14	饲料加工业	3	2	36	石油及核燃料加工业	5	6
15	植物油加工业	3	2	37	炼焦业	5	1
16	制糖业	3	3	38	基础化学原料制造业	5	6
17	屠宰及肉类加工业	3	3	39	肥料制造业	1	1
18	水产品加工业	3	3	40	农药制造业	1	1
19	其他食品加工和食品制造业	3	3	41	涂料、颜料、油墨及类似产品制造业	5	6
20	酒精及饮料酒制造业	3	4	42	合成材料制造业	5	1
21	其他饮料制造业	3	4	43	专用化学产品制造业	5	6
22	烟草制品业	3	4	44	日用化学产品制造业	5	6

续表

122 部门序号	122 部门名称	五部门	七类商品	122 部门序号	122 部门名称	五部门	七类商品
45	医药制造业	5	6	67	汽车制造业	5	6
46	化学纤维制造业	5	1	68	汽车零部件及配件制造业	5	6
47	橡胶制品业	5	6	69	船舶及浮动装置制造业	5	1
48	塑料制品业	5	6	70	其他交通运输设备制造业	5	6
49	水泥、石灰和石膏制造业	5	6	71	电机制造业	5	1
50	玻璃及玻璃制品制造业	5	6	72	家用器具制造业	5	6
51	陶瓷制品制造业	5	6	73	其他电气机械及器材制造业	5	6
52	耐火材料制品制造业	5	6	74	通信设备制造业	5	6
53	其他非金属矿物制品制造业	5	6	75	电子计算机整机制造业	5	6
54	炼铁业	5	1	76	其他电子计算机设备制造业	5	6
55	炼钢业	5	1	77	电子元器件制造业	5	1
56	钢压延加工业	5	6	78	家用视听设备制造业	5	6
57	铁合金冶炼业	5	1	79	其他通信、电子设备制造业	5	1
58	有色金属冶炼业	5	1	80	仪器仪表制造业	5	6
59	有色金属压延加工业	5	1	81	文化、办公用机械制造业	5	6
60	金属制品业	5	6	82	工艺美术品制造业	5	6
61	锅炉及原动机制造业	5	1	83	其他工业	5	6
62	金属加工机械制造业	5	1	84	废品废料	5	1
63	其他通用设备制造业	5	1	85	电力、热力的生产和供应业	5	6
64	农林牧渔专用机械制造业	1	1	86	燃气生产和供应业	5	6
65	其他专用设备制造业	5	6	87	水的生产和供应业	5	6
66	铁路运输设备制造业	5	1	88	建筑业	5	1

续表

122部门序号	122部门名称	五部门	七类商品	122部门序号	122部门名称	五部门	七类商品
89	铁路旅客运输业	5	6	106	房地产业	5	6
90	铁路货运业	5	6	107	租赁业	5	6
91	道路运输业	5	6	108	商务服务业	5	6
92	城市公共交通运输业	5	6	109	旅游业	5	6
93	水上运输业	5	6	110	科学研究事业	5	7
94	航空旅客运输业	5	6	111	专业技术及其他科技服务业	5	7
95	航空货运业	5	6	112	地质勘查业	5	7
96	管道运输业	5	6	113	水利管理业	5	7
97	仓储业	5	1	114	环境资源与公共设施管理业	5	6
98	邮政业	5	6	115	居民服务和其他服务业	5	6
99	信息传输服务业	5	6	116	教育事业	5	6
100	计算机服务和软件业	5	6	117	卫生事业	5	6
101	批发和零售贸易业	5	6	118	社会保障和社会福利业	5	6
102	住宿业	5	6	119	文化艺术和广播电影电视业	5	6
103	餐饮业	4	2	120	体育事业	5	6
104	金融业	5	6	121	娱乐业	5	6
105	保险业	5	6	122	公共管理和社会组织	5	7

注：五部门中，1为农业投入部门，2为农业生产部门，3为农产品加工制造部门，4为农产品流通服务部门，5为非涉农部门；七类商品中，1为只用于中间投入的商品，2为主食，3为副食，4为烟酒，5为衣着，6为居民消费的其他商品，7为只有政府消费的商品。

5.3.2 可计算一般均衡微观模拟模型的微观数据

本书的微观数据来自中国住户收入项目调查（Chinese Household Income Project Survey，CHIP）。该项目是由国家统计局农调总队和中国社会科学院经济研究所共同开展的专门调查。调查内容主要包括：收入、消费、就业、生产等有关方面的情况。现在做了四轮调查，分别是在1988年、1995年、2002年、2007年。这个数据覆盖中国全部省份的城镇和农村。城镇每年家庭的数据大约有6800户，人数大约为20000人。农村每年家庭的数据大约有9200户，人数大约有38000人。

该数据库种包含以下变量：①个人层次上的变量。与户主关系，性别、年龄、受教育年限、行业、所有制、职业、就业状况、工资、总收入、工作小时数、参加工作年份、是否中共党员、是否当过兵、是否当过干部、吸烟花多少钱、喝酒花多少钱、是否残疾、医药支出额多少、生病的时间、从事家务劳动的时间、照顾家里其他病人的时间、工资收入总额、退休金、股票红利、工作天数、工作小时数、找工作的渠道、居住条件、开始非农就业的年份。②家庭层次上的变量。家庭总收入、家庭人口数、居住面积、房屋所有权、贷款的数量、借钱的途径、自己及配偶父母的家庭成分、家庭收入、老人补助金、现金支出、家庭消费、家庭财产。

本书将借助该数据库中的居民收入和支出数据，以得到中国居民收入支出的差异性。本书按照调查中户主的户籍类型，以家庭人数作为权重。

城镇家庭收入包括：①工资及补贴收入；②其他劳动收入；③经营净收入；④财产性收入；⑤转移性收入。城镇家庭的支出包括：消费性支出，它包括：①食品；②衣着；③家庭设备用品及服务；④医疗保健；⑤交通和通信；⑥教育文化娱乐服务；⑦居住；⑧杂项商品和服务支出；⑨购房与建房支出；⑩转移性支出；⑪财产性支出；⑫借贷支出。

农村家庭收入包括：家庭经营收入、家庭其他收入。家庭其他收入包括：①从集体公益金得到的收入；②从各级政府和集体得到的其他货币收入；③由外出非常住人口汇回或带回的收入；④亲友赠送的收入；⑤出租或转包土地的收入；⑥出租其他资产的租金收入；⑦利息（家庭购买的股票的股息、红利）收入；⑧其他各种收入。农村家庭的支出包括：①主食支出；②副食支出；③其他食品支出；④衣着支出；⑤交通和通信支出；⑥日用消费品支出；⑦购买耐用消费品支出；⑧医疗费开支总额；⑨教育费用总支出；⑩居住支出；⑪购置生产用固定资产支出；⑫生产性固定资产折旧；⑬贷（借）款利息支出；⑭缴纳各种税费、杂费（包括罚款）支出；⑮其他支出。

城乡移民家庭收入包括：①个人打工收入；②家庭经营收入；③家庭财产收入；④礼金收入；⑤其他收入。城乡移民家庭支出包括：①主食支出；②副食支出；③酒类支出；④香烟支出；⑤衣着支出；⑥家庭设备、用品及服务支出；⑦医疗保健支出；⑧交通和通信支出；⑨在本地娱乐、教育、文化服务支出；⑩居住支出；⑪礼品和礼金支出的货币价值额；⑫各种证件费；⑬其他杂项商品

和服务支出；⑭给老家的汇款。

为了使上述的变量与宏观社会核算矩阵的居民收入类型相一致，本书将家庭收入分为五类，分别是：劳动收入、资本收入、来自企业的转移性收入、来自政府的转移性收入和来自国外的转移性收入；家庭支出则分为居民对商品的消费、对政府的纳税以及储蓄。在 CHIP 数据库中，家庭的收入并不完全等于支出。考虑到调查户往往会隐瞒自己的储蓄，且居民支出数据更易得到，因此，本书认为居民支出数据相对可信，把储蓄作为平衡项，使得居民收入等于居民支出。

5.3.3　可计算一般均衡微观模拟模型的宏微观数据一致性调整

得到宏观数据和微观数据之后，我们会发现居民收入支出账户中微观数据的加总与宏观数据并不相等，且份额结构也有差异。因此，需要对宏观数据和微观数据进行平衡处理。从已有的文献看，目前存在两种平衡思路：一种认为，宏观数据更为准确，把微观数据进行调整使其等于宏观数据；另一种认为，微观数据更为可靠，而将宏观数据进行调整使其等于微观数据。由于 CHIP 并不是一个普查数据，而是抽样调查数据，因此，令宏观数据保持不变而将微观数据进行调整的思路更为合理。本书参考 Robilliard 和 Robinson（2003），采用交叉熵来完成这种调整。

交叉熵的估计步骤如下：

$$\min \sum_{n=1}^{N} \sum_{i=1}^{I} p_{n,i} \ln\left(\frac{p_{n,i}}{q_{n,i}}\right) \tag{5-59}$$

约束条件为：

$$\sum_{n=1}^{N} p_{n,i} = 1 \tag{5-60}$$

$$\sum_{i=1}^{I} p_{n,i} x_i = y_n \tag{5-61}$$

其中，y_n 表示微观数据中家庭 n 的总收入或总支出占所有家庭总收入或总支出的份额，x_i 表示宏观数据中收入类型（或支出类型）i 占总收入（或总支出）中的份额，$p_{n,i}$表示需要估计的目标值。

本书采用 GAMS23.5 对 18035 个家庭的收入和支出指标以宏观数据为参照分别进行调整，使得微观数据的加总与宏观数据相等。GAMS 程序见附录一，最后编制而成的细化 SAM 见附录二。

5.4 小结

本章介绍了基于 Lofgren 等（2002）标准可计算一般均衡模型基础上的考虑非位似效用函数、产业关联性和居民异质性的可计算一般均衡微观模拟模型，并介绍了可计算一般均衡模型宏观闭合和随机性研究，为第 6 章的政策模拟分析提供宏观闭合和随机性研究的理论支撑和实践指导。

第6章　涉农产业发展政策与居民收入分配的模拟分析：政策模拟

6.1　引言

本书第3、第4、第5章分别研究了涉农产业发展与居民收入分配之间统计特征、理论关系、政策分析模型。本章将首先指出促进涉农产业发展的政策选择，然后通过对涉农产业发展的不同政策设定进行情景分析。

本书的第1章已经指出了中国涉农产业发展的不足，因此，需要在分析中国涉农产业发展不足的原因的基础上提出有助于涉农产业发展的政策。对于涉农产业发展不足的原因，目前已有不少研究。这其中既有制度性的原因，也有经济性的原因。本书认为，涉农产业相关部门的高税负是涉农产业发展不足的一个重要原因。

与世界主要经济体相比，中国涉农产业相关部门，如农产品加工制造部门的税负很重。农产品加工制造部门是涉农产业的重要组成部分，很多国家通过对该部门的减税甚至财政补贴来扶持农业发展。表6－1是基于OECD投入产出表中的初始投入部门数据计算得到的世界主要国家生产税净额占农产品加工制造业增加值份额状况。

表6－1显示：第一，对农产品加工制造部门实施财政补贴的国家主要集中在欧洲国家，如丹麦、西班牙、芬兰、匈牙利、爱尔兰、卢森堡、挪威、葡萄牙和土耳其。第二，对农产品加工制造部门征收较高生产税的国家主要集中在发展中国家和地区，如巴西、中国、印度尼西亚。第三，一些发达国家和地区也出现较高的生产税净额，如日本、中国台湾、美国。由于农产品加工制造部门中包括烟酒行业，而一些国家对这些行业征收较高的税收，因此，会使得一些发达国家和地区对农产品加工制造部门的生产税也较高。

表 6－1 各国生产税净额占农产品加工制造部门增加值的份额

欧洲发达国家				东欧国家				发展中国家				非欧洲发达国家			
国家	1995 年	2000 年	2005 年	国家	1995 年	2000 年	2005 年	国家	1995 年	2000 年	2005 年	国家	1995 年	2000 年	2005 年
AUT	0.026	0.017	0.01	CZE		－2.96E－04	0.003	ARG				AUS		0.034	0.03
BEL	0.004	0.014	0.01	EST	0.007	0.001	0.002	BRA	0.118	0.16	0.031	CAN	0.026	0.022	0.022
CHE				HUN	－0.011	－0.01	－0.026	CHL	0.006		0.014	JPN	－0.011	0.18	0.174
DEU	0.019	0.014	0.015	POL	0.021	0.024	0.014	CHN	0.233	0.207	0.237	KOR		9.66E－05	0.266
DNK	－0.009	－0.006	－0.004	ROU		0.053	0.004	IDN	0.079	0.103	0.106	NZL	0.015		0.135
ESP	4.90E－04	－0.006	－0.004	RUS	0.051	0.084		IND				USA	0.048	0.049	0.058
FIN	－0.009	－0.004	－0.003	SVK	0.016	0.011	0.004	MEX			0.006				
FRA	0.039	0.046	0.058	SVN		0.019	0.024	TWN	0.15	0.088	0.13				
GBR	0.014	0.016	0.015	TUR	0.097	－0.082	－0.002	ZAF	0.004	0.014	0.015				
GRC	0.007	0.002	0.002												
IRL	0.021	0.018	0.014												
ISR	－0.002														
ITA	0.001	0.032	0.038												
LUX	－0.006	－0.013	－0.014												
NLD	0.009	0.004	0.005												
NOR	－0.06	－0.025	－0.016												
PRT	－0.004	－0.007	－0.015												
SWE	0.006	0.012	7.43E－04												

图6-1显示，农产品加工制造部门的生产税净额占增加值份额与经济发展水平之间呈现一定的负相关性。通过国际比较，本书认为中国的农产品加工制造部门有着较高的税负。

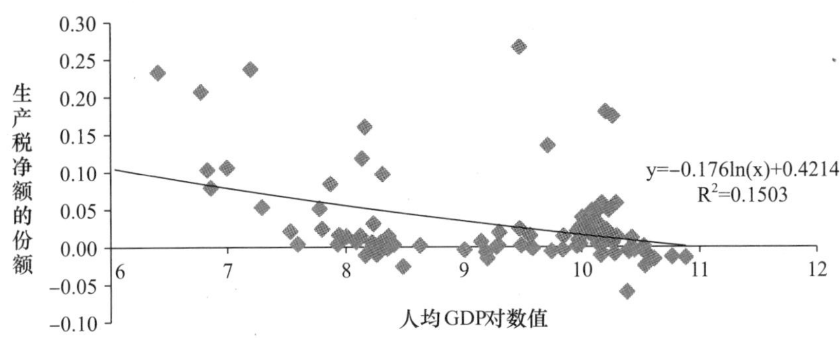

图6-1 各国生产税净额占农产品加工制造部门增加值的份额与经济发展水平

因此，本书将主要通过涉农产业部门的生产税减免政策来对涉农产业发展政策进行情景分析。

6.2 情景设定

本书以生产税作为政策工具来设定情景研究涉农产业发展政策对中国居民收入分配的影响。本书的政策设定分为两个：一个是分别对五个部门减税，另一个是同时对涉农产业部门减税。在考虑了政策设定之后，先考虑特定宏观闭合设定下的政策影响，然后再考虑不同宏观闭合与不同随机性设定下对结论的影响。

（1）政策设定1：分别对五个部门减50%的生产税。

宏观闭合选择。本书选择新古典闭合，即要素市场选择M-1，政府账户选择G-1，投资储蓄账户选择S-3，国外账户选择R-1。

随机性设定。本书选择生产函数中不同要素的替代弹性 ρ_a^{va} 作为有随机的参数是基于理论的判断。本书认为居民收入的变化主要是由于要素收入的变化引起的，而不同要素的收入又受到产业发展的影响，因此，生产函数中不同要素的替代弹性变化对政策情景分析可能会有影响。本书采用有限灵敏性分析（Limited Sensitivity Analysis），设 ρ_a^{va} 是分布在当前参数值的0.9倍和1.1倍区间内，因此，需要分别考察 ρ_a^{va} 在这两个极值下的政策模拟结果。

（2）政策设定2：同时对涉农产业部门（不包括农业生产部门）减免50%的生产税。这一政策可以提高涉农产业发展程度。

宏观闭合选择。本书选择新古典闭合，即要素市场选择 M－1，政府账户选择 G－1，投资储蓄账户选择 S－3，国外账户选择 R－1。

6.3 政策模拟分析

在政策模拟结果分析之前，先介绍九个衡量不平等的指标。在此基础上，分别分析两组政策模拟结果。

6.3.1 不平等指标选择

收入不平等的衡量并不是一项容易的事情。目前已有的反映不平等的指标都只能反映样本分布的某一个区域的特征，而不存在一个能准确反映不平等的指标。因此，为了使本书的收入不平等的衡量准确合理，本书同时采用多个指标。鉴于指标的多样性以及计算的方便性，本书采用 Stata 11 软件提供的收入不平等的核算指标。具体如下：

（1）相对平均偏差（Relative Mean Deviation），即平均偏差除以平均数。它的计算公式为：

$$\text{rmd} = \frac{\sum_{i=1}^{n}(x_i - \bar{x})}{n\bar{x}} \tag{6-1}$$

其中，n 表示观察个数，x_i 表示 i 的指标观察值，$i=1$，…，n，$\bar{x}$表示平均值。

（2）变异系数（Coefficient of Variation），即标准差除以平均值。它的计算公式为：

$$\text{cv} = \sqrt{\frac{1}{n}\sum_{i=1}^{n}(x_i - \bar{x})^2 / \bar{x}} \tag{6-2}$$

其中，n 表示观察个数，x_i 表示 i 的指标观察值，$i=1$，…，n，$\bar{x}$是平均值。

（3）对数标准差（Standard Deviation of Logs），即变量对数值的标准差。它的计算公式为：

$$\text{sdl} = \sqrt{\frac{1}{n}\sum_{i=1}^{n}(\log x_i - \log\bar{x})^2} \tag{6-3}$$

其中，n 表示观察个数，x_i 表示 i 的指标观察值，$i=1$，…，n，$\log \bar{x}$ 表示 x_i 对数值的平均值。

（4）基尼系数（Gini Coefficient）。它的计算公式为：

$$G = \frac{2}{n}\sum_{i=1}^{n-1}(p_i - \phi_i), 0 \leqslant G \leqslant 1 - \frac{1}{n} \qquad (6-4)$$

其中，$p_i = \frac{i}{n}$，i 为各居民收入从小到大排序的序号，n 为居民数。$\phi_i = \frac{1}{n\mu}\sum_{j=1}^{i} y_i$，$y_i$ 是居民 i 的收入，μ 是所有居民的平均收入。迈赫兰测量、皮斯社测量计算公式中的符号含义与此相同。

（5）迈赫兰测量（Mehran Measure）。它的计算公式为：

$$M = \frac{6}{n}\sum_{i=1}^{n-1}(1-p_i)(p_i - \phi_i), 0 \leqslant M \leqslant 1 - \frac{1}{n^2} \qquad (6-5)$$

（6）皮斯社测量（Piesch Measure）。它的计算公式为：

$$P = \frac{3}{n}\sum_{i=1}^{n-1}p_i(p_i - \phi_i) \qquad (6-6)$$

（7）卡瓦尼测量（Kakwani Measure）。它的计算公式为：

$$K = \frac{\bar{l} - \sqrt{2}}{2 - \sqrt{2}} \qquad (6-7)$$

其中，$\bar{l} = \sum_{k=1}^{n} \bar{l}_k, \bar{l}_k = \sqrt{q_k^2 + \frac{1}{n^2}}$，$q_k$ 为居民 k 的收入占总居民收入的份额。泰尔熵测量计算公式中的符号含义与此相同。

（8）泰尔熵测量（Theil Entropy Measure）。它的计算公式为：

$$T = 1 + \frac{1}{\ln n}\left[\sum_{k=1}^{n} q_k \ln q_k\right] \qquad (6-8)$$

（9）泰尔平均对数偏差测量（Theil Mean Log Deviation Measure）。它的计算公式为：

$$tmldm = \sum_{i=1}^{m} n_i \log \frac{n_i}{w_i} \qquad (6-9)$$

其中，n_i 是家庭 i 人口占总人口的比重，w_i 是家庭 i 收入占总收入的比重。

对以上九个指标的优缺点比较，参见 Cowell（1995）。

6.3.2　不同政策下的情景分析

6.3.2.1　政策1在新古典闭合下的情景分析

情景说明：ps00 是基准情景，yu01 是只对农业投入部门减 50% 的生产税，yu02 是只对农业生产部门减 50% 的生产税，yu03 是只对农产品加工制造部门减

50%的生产税，yu04 是只对农产品流通服务部门减 50%的生产税，yu05 是只对非涉农产业部门减 50%的生产税。a1. 1 和 a0. 9 分别是生产要素替代弹性处于最大值和最小值的情形。

表 6 –2　政策前后的全国居民收入不平等指标水平

指标	ps00	yu01	yu02	yu03	yu04	yu05
Relative Mean Deviation	0. 3921	0. 3914	0. 3916	0. 3895	0. 3925	0. 3895
Coefficient of Variation	1. 2605	1. 2499	1. 2507	1. 2503	1. 2547	1. 2495
Standard Deviation of Logs	1. 0796	1. 0821	1. 0815	1. 0758	1. 0797	1. 0758
Gini Coefficient	0. 5319	0. 5306	0. 5308	0. 5282	0. 5317	0. 5281
Mehran Measure	0. 6751	0. 6751	0. 6752	0. 6728	0. 6757	0. 6727
Piesch Measure	0. 4603	0. 4584	0. 4587	0. 4559	0. 4597	0. 4558
Kakwani Measure	0. 2353	0. 2344	0. 2345	0. 2324	0. 2352	0. 2324
Theil Entropy Measure	0. 5110	0. 5063	0. 5069	0. 5026	0. 5090	0. 5022
Theil Mean Log Deviation Measure	0. 5423	0. 5391	0. 5391	0. 5333	0. 5396	0. 5331

从表 6 –3 中可以看出，农产品加工制造部门的生产税减免对全国居民收入分配的影响较大，以 Theil Entropy Measure 指标看，达 –1. 655%，以 Gini Coefficient 指标看，也有 –0. 690%。虽然对非涉农产业部门的生产税减免对缩小全国居民收入分配的影响较大，但是考虑到这一税收减免额度远大于对农产品加工制造部门的减免额度，因此，其政策的综合效果不如对农产品加工制造部门的减税。从数据看，2002 年非涉农产业部门的生产税净额为 13624. 5 亿元，农产品加工制造部门的生产税净额为 121. 5 亿元，可见对农产品加工制造部门的生产税减少 50%所带来的税收减少远低于对非涉农产业减少 50%的生产税。农产品流通服务部门的生产税减免对全国居民收入分配的影响较小，这与农产品流通服务部门的规模较小有关。农业投入部门和农业生产部门的生产税减免对缩小全国居民收入差距也有一定的作用。表 6 –4 是在替代参数处于两个极值时，政策前后的全国居民收入不平等的指标变化。对比表 6 –3 和表 6 –4，政策模拟的方向是稳健的。

表 6 –3　政策前后的全国居民收入不平等指标变化

指标	yu01	yu02	yu03	yu04	yu05
Relative Mean Deviation	–0. 189%	–0. 128%	–0. 653%	0. 089%	–0. 672%
Coefficient of Variation	–0. 841%	–0. 777%	–0. 805%	–0. 458%	–0. 875%
Standard Deviation of Logs	0. 233%	0. 174%	–0. 354%	0. 004%	–0. 358%

续表

指标	yu01	yu02	yu03	yu04	yu05
Gini Coefficient	-0.239%	-0.196%	-0.690%	-0.041%	-0.710%
Mehran Measure	0.001%	0.016%	-0.348%	0.078%	-0.359%
Piesch Measure	-0.415%	-0.352%	-0.941%	-0.127%	-0.968%
Kakwani Measure	-0.385%	-0.303%	-1.200%	-0.006%	-1.236%
Theil Entropy Measure	-0.918%	-0.816%	-1.655%	-0.407%	-1.722%
Theil Mean Log Deviation Measure	-0.590%	-0.580%	-1.648%	-0.498%	-1.683%

表 6-4　参数不确定下政策前后的全国居民收入不平等指标变化

指标	yu01		yu02		yu03		yu04		yu05	
	a1.1	a0.9	a1.1	a0.9	a1.1	a0.9	a1.1	a0.9	a1.1	a0.9
Relative Mean Deviation	-0.320%	-0.491%	-0.245%	0.007%	-0.304%	-0.073%	-0.125%	-0.147%	-0.306%	-0.456%
Coefficient of Variation	-1.180%	-0.164%	-1.015%	-0.488%	-1.182%	-0.718%	-0.933%	0.636%	-1.180%	-0.103%
Standard Deviation of Logs	0.410%	-0.496%	0.364%	-0.012%	0.395%	0.022%	0.065%	-0.745%	0.396%	-0.512%
Gini Coefficient	-0.344%	-0.542%	-0.285%	-0.093%	-0.335%	-0.163%	-0.223%	-0.288%	-0.337%	-0.516%
Mehran Measure	-0.021%	-0.299%	0.004%	0.037%	-0.017%	0.005%	-0.008%	-0.196%	-0.018%	-0.287%
Piesch Measure	-0.581%	-0.720%	-0.497%	-0.188%	-0.568%	-0.287%	-0.381%	-0.356%	-0.570%	-0.683%
Kakwani Measure	-0.583%	-0.926%	-0.472%	-0.106%	-0.565%	-0.236%	-0.347%	-0.443%	-0.568%	-0.876%
Theil Entropy Measure	-1.260%	-1.128%	-1.086%	-0.498%	-1.245%	-0.720%	-0.903%	-0.389%	-1.247%	-1.054%
Theil Mean Log Deviation Measure	-0.601%	-1.535%	-0.552%	-0.580%	-0.602%	-0.658%	-0.710%	-1.369%	-0.603%	-1.510%

下面分析各部门的减税政策对城镇、农村及移民家庭内部收入差距的影响。

表 6-5 显示：从总体上看，五个部门的生产税减免都可以缩小城镇内部的居民收入差距。从五个部门生产税减免的差异看，非涉农产业的生产税减免对城镇内部居民收入差距的各种指标影响都较大，Kakwani Measure 达到 -3.091%。从涉农产业内部的四部门的减税效果看，对城镇居民收入分配的影响依次是农产品加工制造业、农业生产投入部门、农业生产部门和农产品流通服务部门。

表6－6是在替代参数处于两个极值时，政策前后的城镇居民收入不平等的指标变化。对比表6－5和表6－6，政策模拟的方向是稳健的。并且，随着替代弹性越大，其政策效果越强。

表6－5 政策前后的城镇居民收入不平等指标变化

指标	yu01	yu02	yu03	yu04	yu05
Relative Mean Deviation	－0.954%	－0.781%	－1.606%	－0.249%	－1.635%
Coefficient of Variation	－1.365%	－1.301%	－0.608%	－0.959%	－0.692%
Standard Deviation of Logs	－0.574%	－0.439%	－1.230%	－0.028%	－1.247%
Gini Coefficient	－1.256%	－1.126%	－1.818%	－0.699%	－1.857%
Mehran Measure	－0.705%	－0.579%	－1.198%	－0.187%	－1.220%
Piesch Measure	－1.687%	－1.554%	－2.303%	－1.099%	－2.355%
Kakwani Measure	－2.152%	－1.906%	－3.020%	－1.098%	－3.091%
Theil Entropy Measure	－2.642%	－2.428%	－2.808%	－1.637%	－2.916%
Theil Mean Log Deviation Measure	－2.013%	－1.746%	－2.938%	－0.875%	－3.007%

表6－6 参数不确定下政策前后的城镇居民收入不平等指标变化

指标	yu01		yu02		yu03		yu04		yu05	
	a1.1	a0.9	a1.1	a0.9	a1.1	a0.9	a1.1	a0.9	a1.1	a0.9
Relative Mean Deviation	－1.628%	－0.753%	－1.446%	－0.021%	－1.622%	－0.277%	－1.076%	0.114%	－1.621%	－0.709%
Coefficient of Variation	－1.858%	0.537%	－1.651%	－0.709%	－1.893%	－1.050%	－1.710%	1.571%	－1.883%	0.584%
Standard Deviation of Logs	－1.100%	－0.576%	－0.965%	0.165%	－1.098%	－0.029%	－0.695%	0.086%	－1.097%	－0.548%
Gini Coefficient	－1.808%	－1.059%	－1.644%	－0.497%	－1.810%	－0.734%	－1.391%	－0.343%	－1.807%	－1.018%
Mehran Measure	－1.207%	－0.557%	－1.070%	－0.011%	－1.204%	－0.203%	－0.805%	0.083%	－1.203%	－0.526%
Piesch Measure	－2.278%	－1.452%	－2.093%	－0.878%	－2.283%	－1.149%	－1.850%	－0.676%	－2.279%	－1.403%
Kakwani Measure	－3.183%	－1.598%	－2.879%	－0.720%	－3.185%	－1.164%	－2.379%	－0.233%	－3.180%	－1.521%
Theil Entropy Measure	－3.674%	－1.123%	－3.329%	－1.221%	－3.696%	－1.748%	－2.940%	0.399%	－3.686%	－1.031%
Theil Mean Log Deviation Measure	－3.126%	－1.405%	－2.805%	－0.456%	－3.130%	－0.930%	－2.269%	0.079%	－3.124%	－1.327%

表6-7显示：从总体上看，五部门的生产税减免扩大了农村居民收入差距。从五个部门生产税减免的差异看，对农村居民收入差距负面影响从大到小排列依次是农业投入部门、农业生产部门、农产品流通服务部门、非涉农产业部门、农产品加工制造部门。表6-8是在替代参数处于两个极值时，政策前后的农村居民收入不平等的指标变化。对比表6-7和表6-8，除了在a0.9情形下对农产品流通服务业部门的生产税减免政策对农村居民收入差距的影响有变化外，其余的政策模拟的方向在大体上是稳健的。在a0.9情形下，对农产品流通服务业部门的生产税减免政策可以缩小农村居民收入差距。

表6-7　政策前后的农村居民收入不平等指标变化

指标	yu01	yu02	yu03	yu04	yu05
Relative Mean Deviation	0.371%	0.336%	0.058%	0.214%	0.065%
Coefficient of Variation	0.861%	0.845%	-0.163%	0.810%	-0.155%
Standard Deviation of Logs	0.504%	0.371%	-0.020%	-0.039%	-0.010%
Gini Coefficient	0.391%	0.347%	0.051%	0.209%	0.058%
Mehran Measure	0.404%	0.349%	0.084%	0.174%	0.091%
Piesch Measure	0.380%	0.346%	0.024%	0.238%	0.031%
Kakwani Measure	0.766%	0.676%	0.109%	0.394%	0.122%
Theil Entropy Measure	0.946%	0.864%	0.030%	0.619%	0.044%
Theil Mean Log Deviation Measure	0.545%	0.367%	-0.415%	-0.183%	-0.397%

表6-8　参数不确定下政策前后的农村居民收入不平等指标变化

指标	yu01		yu02		yu03		yu04		yu05	
	a1.1	a0.9	a1.1	a0.9	a1.1	a0.9	a1.1	a0.9	a1.1	a0.9
Relative Mean Deviation	0.264%	0.118%	0.233%	0.362%	0.244%	0.368%	0.134%	-0.055%	0.245%	0.091%
Coefficient of Variation	-0.629%	-0.118%	-0.639%	0.862%	-0.639%	0.855%	0.589%	-0.193%	-0.640%	-0.135%
Standard Deviation of Logs	0.703%	-0.181%	0.589%	0.143%	0.658%	0.221%	0.070%	-0.781%	0.663%	-0.240%
Gini Coefficient	0.291%	0.073%	0.255%	0.335%	0.270%	0.348%	0.156%	-0.130%	0.272%	0.045%
Mehran Measure	0.394%	0.068%	0.347%	0.296%	0.371%	0.321%	0.162%	-0.191%	0.374%	0.037%
Piesch Measure	0.208%	0.077%	0.181%	0.366%	0.190%	0.370%	0.151%	-0.081%	0.191%	0.052%

续表

指标	yu01		yu02		yu03		yu04		yu05	
	a1. 1	a0. 9	a1. 1	a0. 9	a1. 1	a0. 9	a1. 1	a0. 9	a1. 1	a0. 9
Kakwani Measure	0. 600%	0. 125%	0. 525%	0. 626%	0. 560%	0. 659%	0. 315%	-0. 290%	0. 564%	0. 071%
Theil Entropy Measure	0. 324%	0. 060%	0. 259%	0. 831%	0. 287%	0. 854%	0. 473%	-0. 311%	0. 290%	0. 009%
Theil Mean Log Deviation Measure	0. 554%	-0. 552%	0. 403%	0. 126%	0. 488%	0. 217%	-0. 146%	-1. 357%	0. 495%	-0. 640%

表6－9显示：从总体上看，五部门的生产税减免扩大了移民家庭内部居民收入差距。从五个部门生产税减免的差异看，对移民家庭内部居民收入差距负面影响从大到小排列依次是农业投入部门、农业生产部门、农产品流通服务部门、非涉农产业部门、农产品加工制造部门，这与对农村居民收入差距的影响是一样的。表6－10是在替代参数处于两个极值时，政策前后的移民家庭居民收入不平等的指标变化。对比表6－9和表6－10，政策模拟的方向是稳健的。

表6－9　政策前后的移民家庭居民收入不平等指标变化

指标	yu01	yu02	yu03	yu04	yu05
Relative Mean Deviation	1. 388%	1. 315%	0. 636%	1. 019%	0. 643%
Coefficient of Variation	3. 849%	3. 855%	0. 905%	3. 799%	0. 913%
Standard Deviation of Logs	0. 690%	0. 566%	-0. 032%	0. 129%	-0. 016%
Gini Coefficient	1. 440%	1. 379%	0. 701%	1. 149%	0. 708%
Mehran Measure	1. 382%	1. 307%	0. 784%	1. 043%	0. 791%
Piesch Measure	1. 485%	1. 434%	0. 637%	1. 230%	0. 643%
Kakwani Measure	2. 778%	2. 654%	1. 372%	2. 198%	1. 385%
Theil Entropy Measure	3. 937%	3. 856%	1. 690%	3. 508%	1. 704%
Theil Mean Log Deviation Measure	-0. 533%	-0. 713%	-2. 236%	-1. 370%	-2. 214%

表6－10　参数不确定下政策前后的移民家庭居民收入不平等指标变化

指标	yu01		yu02		yu03		yu04		yu05	
	a1. 1	a0. 9	a1. 1	a0. 9	a1. 1	a0. 9	a1. 1	a0. 9	a1. 1	a0. 9
Relative Mean Deviation	1. 499%	0. 544%	1. 424%	1. 162%	1. 466%	1. 210%	0. 969%	0. 135%	1. 472%	0. 493%

续表

指标	yu01		yu02		yu03		yu04		yu05	
	a1.1	a0.9	a1.1	a0.9	a1.1	a0.9	a1.1	a0.9	a1.1	a0.9
Coefficient of Variation	3.857%	0.954%	3.851%	3.822%	3.848%	3.807%	3.186%	0.855%	3.848%	0.928%
Standard Deviation of Logs	0.955%	-0.203%	0.816%	0.291%	0.897%	0.367%	0.223%	-0.839%	0.906%	-0.286%
Gini Coefficient	1.528%	0.646%	1.463%	1.273%	1.500%	1.306%	1.085%	0.305%	1.505%	0.601%
Mehran Measure	1.513%	0.695%	1.437%	1.163%	1.481%	1.207%	1.048%	0.304%	1.487%	0.645%
Piesch Measure	1.539%	0.608%	1.484%	1.358%	1.514%	1.383%	1.114%	0.306%	1.519%	0.567%
Kakwani Measure	2.965%	1.256%	2.836%	2.438%	2.909%	2.505%	2.094%	0.587%	2.919%	1.168%
Theil Entropy Measure	4.056%	1.644%	3.961%	3.704%	4.012%	3.741%	3.162%	1.120%	4.018%	1.567%
Theil Mean Log Deviation Measure	-0.193%	-2.446%	-0.391%	-1.081%	-0.277%	-0.977%	-1.401%	-3.399%	-0.263%	-2.574%

下面分析各部门的减税政策对中国八大区域①内部收入差距的影响。

表6-11显示：从总体上看，五部门的生产税减免缩小了东北地区居民收入差距。从五个部门生产税减免的差异看，对东北地区居民收入差距的积极影响从大到小排列依次是农产品加工制造部门、非涉农产业部门、农业投入部门、农业生产部门，而农产品流通服务部门的生产税减免则扩大了东北地区的居民收入差距。表6-12是在替代参数处于两个极值时，政策前后的东北地区居民收入不平等的指标变化。对比表6-11和表6-12，除了对农产品流通服务部门的生产税减免从扩大居民收入差距变为缩小居民收入差距外，政策模拟的方向大体上是稳健的。

表6-11 政策前后的东北地区居民收入不平等指标变化

指标	yu01	yu02	yu03	yu04	yu05
Relative Mean Deviation	-0.020%	0.032%	-0.706%	0.449%	-0.708%

① 八大区域分别是东北地区（包括黑龙江、吉林、辽宁），京津地区（包括北京、天津），华北地区（包括河北、山东），华东地区（包括江苏、浙江、上海），东南地区（包括福建、广东、海南），华中地区（包括山西、河南、安徽、江西、湖北、湖南），西北地区（包括内蒙古、宁夏、陕西、甘肃、青海、新疆），西南地区（包括广西、重庆、四川、贵州、西藏、云南）。

续表

指标	yu01	yu02	yu03	yu04	yu05
Coefficient of Variation	-1.183%	-1.113%	-1.760%	0.741%	-1.756%
Standard Deviation of Logs	0.207%	0.158%	-0.351%	0.075%	-0.350%
Gini Coefficient	-0.126%	-0.090%	-0.826%	0.317%	-0.826%
Mehran Measure	0.094%	0.106%	-0.386%	0.291%	-0.386%
Piesch Measure	-0.288%	-0.234%	-1.150%	0.336%	-1.150%
Kakwani Measure	-0.113%	-0.041%	-1.348%	0.677%	-1.349%
Theil Entropy Measure	-0.700%	-0.609%	-2.155%	0.797%	-2.153%
Theil Mean Log Deviation Measure	-0.458%	-0.455%	-1.957%	0.066%	-1.956%

表6-12 参数不确定下政策前后的东北地区居民收入不平等指标变化

指标	yu01		yu02		yu03		yu04		yu05	
	a1.1	a0.9	a1.1	a0.9	a1.1	a0.9	a1.1	a0.9	a1.1	a0.9
Relative Mean Deviation	-0.107%	-0.638%	-0.064%	0.371%	-0.094%	0.077%	0.131%	-0.417%	-0.095%	-0.621%
Coefficient of Variation	-1.316%	-1.609%	-1.261%	0.695%	-1.309%	-1.037%	-0.173%	-1.416%	-1.309%	-1.615%
Standard Deviation of Logs	0.377%	-0.495%	0.325%	0.069%	0.364%	0.024%	0.091%	-0.747%	0.364%	-0.515%
Gini Coefficient	-0.173%	-0.779%	-0.146%	0.267%	-0.164%	-0.068%	0.013%	-0.655%	-0.165%	-0.774%
Mehran Measure	0.103%	-0.392%	0.110%	0.255%	0.107%	0.091%	0.143%	-0.362%	0.106%	-0.391%
Piesch Measure	-0.375%	-1.063%	-0.333%	0.276%	-0.363%	-0.184%	-0.083%	-0.869%	-0.365%	-1.055%
Kakwani Measure	-0.201%	-1.262%	-0.148%	0.573%	-0.183%	0.002%	0.138%	-1.003%	-0.185%	-1.249%
Theil Entropy Measure	-0.838%	-2.008%	-0.770%	0.696%	-0.821%	-0.534%	-0.095%	-1.713%	-0.823%	-2.002%
Theil Mean Log Deviation Measure	-0.356%	-2.031%	-0.369%	-0.011%	-0.357%	-0.554%	-0.357%	-2.101%	-0.358%	-2.044%

表6-13显示：从总体上看，五部门的生产税减免缩小了京津地区居民收入差距。从五个部门生产税减免的差异看，对京津地区居民收入差距的积极影响从大到小排列依次是农产品加工制造部门、非涉农产业部门、农业投入部门、农业生产部门、农产品流通服务部门。表6-14是在替代参数处于两个极值时，政策前后的京津地区居民收入不平等指标变化。对比表6-13和表6-14，政策模拟

的方向是稳健的。

表6-13　政策前后的京津地区居民收入不平等指标变化

指标	yu01	yu02	yu03	yu04	yu05
Relative Mean Deviation	-1.061%	-0.962%	-1.814%	-0.682%	-1.805%
Coefficient of Variation	0.455%	0.481%	0.002%	0.512%	0.020%
Standard Deviation of Logs	-0.375%	-0.381%	-1.064%	-0.450%	-1.066%
Gini Coefficient	-1.194%	-1.142%	-1.808%	-1.003%	-1.798%
Mehran Measure	-0.657%	-0.614%	-1.168%	-0.492%	-1.163%
Piesch Measure	-1.621%	-1.561%	-2.316%	-1.408%	-2.303%
Kakwani Measure	-1.682%	-1.584%	-2.638%	-1.316%	-2.623%
Theil Entropy Measure	-1.168%	-1.087%	-2.024%	-0.890%	-2.003%
Theil Mean Log Deviation Measure	-1.716%	-1.663%	-2.903%	-1.550%	-2.894%

表6-14　参数不确定下政策前后的京津地区居民收入不平等指标变化

指标	yu01		yu02		yu03		yu04		yu05	
	a1.1	a0.9	a1.1	a0.9	a1.1	a0.9	a1.1	a0.9	a1.1	a0.9
Relative Mean Deviation	-1.456%	-0.837%	-1.377%	-0.503%	-1.463%	-0.646%	-1.561%	-0.051%	-1.463%	-0.611%
Coefficient of Variation	0.279%	2.691%	0.299%	0.688%	0.243%	0.594%	-0.761%	3.420%	0.252%	3.060%
Standard Deviation of Logs	-0.283%	-0.897%	-0.309%	-0.448%	-0.295%	-0.452%	-0.665%	-0.815%	-0.292%	-0.810%
Gini Coefficient	-1.407%	-0.869%	-1.362%	-0.903%	-1.416%	-0.988%	-1.745%	-0.244%	-1.413%	-0.617%
Mehran Measure	-0.813%	-0.618%	-0.776%	-0.439%	-0.816%	-0.501%	-0.977%	-0.194%	-0.814%	-0.468%
Piesch Measure	-1.878%	-1.068%	-1.827%	-1.271%	-1.893%	-1.375%	-2.354%	-0.284%	-1.889%	-0.736%
Kakwani Measure	-2.061%	-1.028%	-1.978%	-1.153%	-2.074%	-1.307%	-2.567%	0.067%	-2.069%	-0.608%
Theil Entropy Measure	-1.523%	0.605%	-1.455%	-0.678%	-1.554%	-0.838%	-2.491%	1.847%	-1.545%	1.153%
Theil Mean Log Deviation Measure	-1.880%	-1.563%	-1.845%	-1.451%	-1.901%	-1.553%	-2.593%	-0.755%	-1.894%	-1.196%

表6-15显示：从总体上看，五部门的生产税减免扩大了华北地区居民收入差距。从五个部门生产税减免的差异看，对华北地区居民收入差距的负面影响从

大到小排列依次是农业投入部门、农业生产部门、农产品流通服务部门、非涉农产业部门、农产品加工制造部门。表6－16是在替代参数处于两个极值时，政策前后的华北地区居民收入不平等指标变化。对比表6－15和表6－16，政策模拟的方向是稳健的。

表6－15　政策前后的华北地区居民收入不平等指标变化

指标	yu01	yu02	yu03	yu04	yu05
Relative Mean Deviation	0.599%	0.576%	0.322%	0.479%	0.327%
Coefficient of Variation	0.555%	0.587%	0.268%	0.663%	0.277%
Standard Deviation of Logs	0.551%	0.403%	-0.013%	-0.025%	-0.006%
Gini Coefficient	0.619%	0.592%	0.333%	0.480%	0.341%
Mehran Measure	0.668%	0.621%	0.372%	0.459%	0.379%
Piesch Measure	0.579%	0.569%	0.300%	0.497%	0.309%
Kakwani Measure	1.264%	1.196%	0.699%	0.944%	0.713%
Theil Entropy Measure	1.407%	1.365%	0.810%	1.193%	0.825%
Theil Mean Log Deviation Measure	-0.103%	-0.277%	-0.975%	-0.814%	-0.958%

表6－16　参数不确定下政策前后的华北地区居民收入不平等指标变化

指标	yu01		yu02		yu03		yu04		yu05	
	a1.1	a0.9	a1.1	a0.9	a1.1	a0.9	a1.1	a0.9	a1.1	a0.9
Relative Mean Deviation	0.473%	0.509%	0.451%	0.727%	0.439%	0.708%	0.273%	0.399%	0.442%	0.473%
Coefficient of Variation	0.297%	0.575%	0.321%	0.878%	0.284%	0.806%	0.343%	0.719%	0.282%	0.558%
Standard Deviation of Logs	0.774%	-0.183%	0.669%	0.160%	0.733%	0.248%	0.085%	-0.806%	0.737%	-0.253%
Gini Coefficient	0.534%	0.471%	0.510%	0.691%	0.504%	0.678%	0.332%	0.331%	0.505%	0.434%
Mehran Measure	0.653%	0.434%	0.616%	0.642%	0.624%	0.651%	0.380%	0.214%	0.626%	0.395%
Piesch Measure	0.434%	0.502%	0.422%	0.732%	0.404%	0.700%	0.292%	0.429%	0.404%	0.466%
Kakwani Measure	1.160%	0.896%	1.105%	1.318%	1.107%	1.311%	0.718%	0.569%	1.108%	0.824%
Theil Entropy Measure	1.212%	1.101%	1.178%	1.590%	1.164%	1.552%	0.871%	0.898%	1.164%	1.035%
Theil Mean Log Deviation Measure	0.028%	-0.998%	-0.100%	-0.413%	-0.041%	-0.340%	-0.864%	-1.751%	-0.038%	-1.105%

表6-17显示：从总体上看，五部门的生产税减免缩小了华东地区居民收入差距。从五个部门生产税减免的差异看，对华东地区居民收入差距的积极影响从大到小排列依次是农业投入部门、农业生产部门、农产品加工制造部门、非涉农产业部门、农产品流通服务部门。表6-17是在替代参数处于两个极值时，政策前后的华东地区居民收入不平等的指标变化。对比表6-17和表6-18，政策模拟的方向是稳健的。

表6-17　政策前后的华东地区居民收入不平等指标变化

指标	yu01	yu02	yu03	yu04	yu05
Relative Mean Deviation	-0.994%	-0.894%	-0.920%	-0.607%	-0.915%
Coefficient of Variation	-3.454%	-3.364%	-0.279%	-3.114%	-0.268%
Standard Deviation of Logs	-0.178%	-0.212%	-0.569%	-0.315%	-0.565%
Gini Coefficient	-1.182%	-1.110%	-0.987%	-0.903%	-0.982%
Mehran Measure	-0.526%	-0.480%	-0.520%	-0.348%	-0.516%
Piesch Measure	-1.691%	-1.599%	-1.349%	-1.334%	-1.343%
Kakwani Measure	-2.049%	-1.920%	-1.655%	-1.550%	-1.646%
Theil Entropy Measure	-3.535%	-3.394%	-1.716%	-2.992%	-1.704%
Theil Mean Log Deviation Measure	-2.417%	-2.359%	-2.223%	-2.200%	-2.214%

表6-18　参数不确定下政策前后的华东地区居民收入不平等指标变化

指标	yu01		yu02		yu03		yu04		yu05	
	a1.1	a0.9	a1.1	a0.9	a1.1	a0.9	a1.1	a0.9	a1.1	a0.9
Relative Mean Deviation	-1.202%	-0.682%	-1.120%	-0.646%	-1.185%	-0.733%	-0.349%	-0.169%	-1.186%	-0.664%
Coefficient of Variation	-3.604%	-0.070%	-3.533%	-3.174%	-3.597%	-3.264%	-0.488%	0.590%	-3.595%	-0.078%
Standard Deviation of Logs	-0.102%	-0.608%	-0.131%	-0.280%	-0.113%	-0.266%	-0.141%	-0.727%	-0.110%	-0.636%
Gini Coefficient	-1.329%	-0.811%	-1.271%	-0.932%	-1.319%	-0.998%	-0.476%	-0.417%	-1.319%	-0.803%
Mehran Measure	-0.625%	-0.398%	-0.587%	-0.357%	-0.618%	-0.402%	-0.145%	-0.151%	-0.619%	-0.394%
Piesch Measure	-1.876%	-1.132%	-1.801%	-1.377%	-1.862%	-1.460%	-0.733%	-0.623%	-1.862%	-1.120%
Kakwani Measure	-2.311%	-1.341%	-2.207%	-1.600%	-2.292%	-1.719%	-0.767%	-0.632%	-2.292%	-1.327%
Theil Entropy Measure	-3.802%	-1.378%	-3.689%	-3.061%	-3.786%	-3.196%	-1.063%	-0.497%	-3.784%	-1.373%
Theil Mean Log Deviation Measure	-2.525%	-2.047%	-2.480%	-2.205%	-2.523%	-2.274%	-1.336%	-1.654%	-2.520%	-2.063%

表6－19显示：从总体上看，五部门的生产税减免缩小了东南地区居民收入差距。从五个部门生产税减免的差异看，对东南地区居民收入差距的积极影响从大到小排列依次是农产品加工制造部门、非涉农产业部门、农业投入部门、农业生产部门、农产品流通服务部门。表6－20是在替代参数处于两个极值时，政策前后的东南地区居民收入不平等的指标变化。对比表6－19和表6－20，政策模拟的方向是稳健的。

表6－19 政策前后的东南地区居民收入不平等指标变化

指标	yu01	yu02	yu03	yu04	yu05
Relative Mean Deviation	－0.212%	－0.169%	－0.575%	－0.040%	－0.571%
Coefficient of Variation	－0.105%	－0.073%	0.937%	－0.021%	0.950%
Standard Deviation of Logs	0.201%	0.135%	－0.373%	－0.053%	－0.366%
Gini Coefficient	－0.264%	－0.237%	－0.591%	－0.162%	－0.587%
Mehran Measure	－0.091%	－0.080%	－0.379%	－0.049%	－0.376%
Piesch Measure	－0.398%	－0.359%	－0.754%	－0.248%	－0.749%
Kakwani Measure	－0.418%	－0.374%	－0.934%	－0.255%	－0.927%
Theil Entropy Measure	－0.407%	－0.359%	－0.344%	－0.246%	－0.331%
Theil Mean Log Deviation Measure	－0.109%	－0.133%	－0.812%	－0.209%	－0.800%

表6－20 参数不确定下政策前后的东南地区居民收入不平等指标变化

指标	yu01		yu02		yu03		yu04		yu05	
	a1.1	a0.9	a1.1	a0.9	a1.1	a0.9	a1.1	a0.9	a1.1	a0.9
Relative Mean Deviation	－0.749%	－0.331%	－0.465%	－0.099%	－0.745%	－0.146%	－0.316%	－0.158%	－0.747%	－0.322%
Coefficient of Variation	－1.520%	1.485%	－0.809%	0.006%	－1.547%	－0.075%	－1.121%	1.541%	－1.540%	1.446%
Standard Deviation of Logs	0.169%	－0.435%	0.218%	－0.038%	0.145%	0.000%	－0.038%	－0.732%	0.148%	－0.458%
Gini Coefficient	－0.834%	－0.358%	－0.532%	－0.203%	－0.835%	－0.239%	－0.427%	－0.280%	－0.835%	－0.359%
Mehran Measure	－0.415%	－0.247%	－0.241%	－0.068%	－0.418%	－0.088%	－0.212%	－0.223%	－0.418%	－0.247%
Piesch Measure	－1.156%	－0.444%	－0.757%	－0.306%	－1.156%	－0.356%	－0.593%	－0.324%	－1.156%	－0.444%
Kakwani Measure	－1.459%	－0.515%	－0.910%	－0.319%	－1.464%	－0.383%	－0.734%	－0.399%	－1.463%	－0.519%
Theil Entropy Measure	－2.097%	0.310%	－1.228%	－0.281%	－2.115%	－0.372%	－1.131%	0.410%	－2.111%	0.283%
Theil Mean Log Deviation Measure	－0.962%	－0.532%	－0.493%	－0.227%	－0.987%	－0.244%	－0.591%	－0.701%	－0.983%	－0.558%

表 6 - 21 显示：从总体上看，五部门的生产税减免对华中地区居民收入差距的影响不确定。从五个部门生产税减免的差异看，农产品加工制造部门、非涉农产业部门的生产税减免降低了华中地区居民收入差距；农业投入部门、农业生产部门的生产税减免对华中地区居民收入差距的影响不确定；农产品流通服务部门的生产税减免扩大了华中地区居民收入差距。表 6 - 22 是在替代参数处于两个极值时，政策前后的华中地区居民收入不平等的指标变化。对比表 6 - 21 和表 6 - 22，除了农业投入部门和农产品流通服务部门的生产税减免政策对居民收入差距的影响由扩大变为缩小外，政策模拟的方向大体是稳健的。

表 6 - 21　政策前后的华中地区居民收入不平等指标变化

指标	yu01	yu02	yu03	yu04	yu05
Relative Mean Deviation	0. 026%	0. 117%	-0. 790%	0. 403%	-0. 867%
Coefficient of Variation	0. 160%	0. 261%	-1. 810%	0. 525%	-2. 123%
Standard Deviation of Logs	0. 354%	0. 305%	-0. 385%	0. 150%	-0. 405%
Gini Coefficient	0. 004%	0. 072%	-0. 801%	0. 268%	-0. 879%
Mehran Measure	0. 142%	0. 173%	-0. 429%	0. 262%	-0. 474%
Piesch Measure	-0. 096%	-0. 001%	-1. 073%	0. 273%	-1. 176%
Kakwani Measure	0. 027%	0. 160%	-1. 454%	0. 544%	-1. 597%
Theil Entropy Measure	-0. 174%	-0. 007%	-2. 306%	0. 460%	-2. 583%
Theil Mean Log Deviation Measure	-0. 085%	-0. 027%	-1. 845%	0. 130%	-1. 988%

表 6 - 22　参数不确定下政策前后的华中地区居民收入不平等指标变化

指标	yu01		yu02		yu03		yu04		yu05	
	a1. 1	a0. 9	a1. 1	a0. 9	a1. 1	a0. 9	a1. 1	a0. 9	a1. 1	a0. 9
Relative Mean Deviation	-0. 149%	-0. 546%	-0. 069%	0. 315%	-0. 121%	0. 239%	0. 048%	-0. 002%	-0. 125%	-0. 522%
Coefficient of Variation	-0. 058%	-1. 196%	0. 022%	0. 515%	-0. 054%	0. 405%	-0. 326%	0. 520%	-0. 052%	-1. 202%
Standard Deviation of Logs	0. 521%	-0. 499%	0. 475%	0. 132%	0. 511%	0. 168%	0. 161%	-0. 694%	0. 511%	-0. 519%
Gini Coefficient	-0. 123%	-0. 588%	-0. 066%	0. 217%	-0. 106%	0. 160%	-0. 037%	-0. 171%	-0. 108%	-0. 575%
Mehran Measure	0. 103%	-0. 338%	0. 129%	0. 220%	0. 113%	0. 194%	0. 099%	-0. 133%	0. 111%	-0. 332%
Piesch Measure	-0. 288%	-0. 770%	-0. 209%	0. 215%	-0. 266%	0. 134%	-0. 136%	-0. 200%	-0. 269%	-0. 752%

续表

指标	yu01		yu02		yu03		yu04		yu05	
	a1.1	a0.9	a1.1	a0.9	a1.1	a0.9	a1.1	a0.9	a1.1	a0.9
Kakwani Measure	-0.228%	-1.041%	-0.119%	0.453%	-0.197%	0.339%	-0.044%	-0.237%	-0.201%	-1.015%
Theil Entropy Measure	-0.518%	-1.642%	-0.382%	0.387%	-0.489%	0.233%	-0.422%	-0.343%	-0.491%	-1.623%
Theil Mean Log Deviation Measure	-0.143%	-1.602%	-0.099%	0.056%	-0.129%	-0.002%	-0.325%	-1.119%	-0.132%	-1.602%

表6-23显示：从总体上看，五部门的生产税减免对西北地区居民收入差距的影响不确定。从五个部门生产税减免的差异看，农产品加工制造部门、非涉农产业部门的生产税减免扩大了西北地区居民收入差距；农业投入部门、农业生产部门、农产品流通服务部门的生产税减免对西北地区居民收入差距的影响不确定。表6-24是在替代参数处于两个极值时，政策前后的西北地区居民收入不平等指标变化。对比表6-23和表6-24，除了部分不平等指标显示农产品加工制造部门和非涉农产业部门的生产税减免政策对居民收入差距的影响从扩大变为缩小外，政策模拟的方向是稳健的。

表6-23　政策前后的西北地区居民收入不平等指标变化

指标	yu01	yu02	yu03	yu04	yu05
Relative Mean Deviation	0.073%	0.097%	0.315%	0.162%	0.309%
Coefficient of Variation	-2.188%	-2.046%	2.831%	-1.621%	2.832%
Standard Deviation of Logs	0.436%	0.344%	0.040%	0.066%	0.043%
Gini Coefficient	0.039%	0.060%	0.340%	0.117%	0.338%
Mehran Measure	0.189%	0.174%	0.237%	0.129%	0.237%
Piesch Measure	-0.070%	-0.024%	0.415%	0.108%	0.411%
Kakwani Measure	0.071%	0.114%	0.636%	0.233%	0.631%
Theil Entropy Measure	-0.838%	-0.719%	1.580%	-0.369%	1.575%
Theil Mean Log Deviation Measure	-0.129%	-0.162%	0.259%	-0.265%	0.259%

表 6－24　参数不确定下政策前后的西北地区居民收入不平等指标变化

指标	yu01		yu02		yu03		yu04		yu05	
	a1. 1	a0. 9	a1. 1	a0. 9	a1. 1	a0. 9	a1. 1	a0. 9	a1. 1	a0. 9
Relative Mean Deviation	0. 140%	0. 244%	0. 156%	0. 033%	0. 156%	0. 035%	0. 103%	0. 306%	0. 150%	0. 254%
Coefficient of Variation	－2. 421%	3. 010%	－2. 297%	－1. 771%	－2. 382%	－1. 883%	－2. 154%	3. 391%	－2. 387%	3. 027%
Standard Deviation of Logs	0. 688%	－0. 179%	0. 606%	0. 079%	0. 665%	0. 152%	0. 181%	－0. 600%	0. 666%	－0. 210%
Gini Coefficient	0. 072%	0. 307%	0. 089%	0. 032%	0. 082%	0. 026%	0. 024%	0. 354%	0. 079%	0. 311%
Mehran Measure	0. 279%	0. 157%	0. 265%	0. 083%	0. 278%	0. 101%	0. 119%	0. 065%	0. 277%	0. 150%
Piesch Measure	－0. 078%	0. 416%	－0. 039%	－0. 005%	－0. 061%	－0. 028%	－0. 045%	0. 564%	－0. 064%	0. 428%
Kakwani Measure	0. 127%	0. 582%	0. 161%	0. 071%	0. 146%	0. 058%	0. 055%	0. 695%	0. 141%	0. 591%
Theil Entropy Measure	－0. 946%	1. 666%	－0. 845%	－0. 575%	－0. 909%	－0. 654%	－0. 815%	2. 032%	－0. 915%	1. 688%
Theil Mean Log Deviation Measure	0. 089%	0. 070%	0. 056%	－0. 374%	0. 085%	－0. 336%	－0. 350%	－0. 153%	0. 082%	0. 051%

表 6－25 显示：从总体上看，五部门的生产税减免缩小了西南地区居民收入差距。从五个部门生产税减免的差异看，对西南地区居民收入差距的积极影响从大到小排列依次是非涉农产业部门、农产品加工制造部门、农业投入部门、农业生产部门，而农产品流通服务部门的生产税减免对居民收入分配的影响不确定。表 6－26 是在替代参数处于两个极值时，政策前后的西南地区居民收入不平等指标变化。对比表 6－25 和表 6－26，除了部分不平等指标显示农产品流通服务部门的生产税减免政策对居民收入差距的影响从扩大变为缩小外，政策模拟的方向是稳健的。

表 6－25　政策前后的西南地区居民收入不平等指标变化

指标	yu01	yu02	yu03	yu04	yu05
Relative Mean Deviation	－0. 065%	－0. 002%	－0. 599%	0. 201%	－0. 603%
Coefficient of Variation	－1. 680%	－1. 570%	－1. 468%	－1. 265%	－1. 462%
Standard Deviation of Logs	0. 339%	0. 279%	－0. 318%	0. 102%	－0. 319%
Gini Coefficient	－0. 114%	－0. 061%	－0. 668%	0. 096%	－0. 670%
Mehran Measure	0. 088%	0. 105%	－0. 321%	0. 161%	－0. 323%

续表

指标	yu01	yu02	yu03	yu04	yu05
Piesch Measure	-0.261%	-0.183%	-0.922%	0.049%	-0.923%
Kakwani Measure	-0.177%	-0.076%	-1.179%	0.230%	-1.183%
Theil Entropy Measure	-0.946%	-0.803%	-1.965%	-0.384%	-1.965%
Theil Mean Log Deviation Measure	-0.474%	-0.445%	-1.738%	-0.356%	-1.741%

表6-26　参数不确定下政策前后的西南地区居民收入不平等指标变化

指标	yu01		yu02		yu03		yu04		yu05	
	a1.1	a0.9	a1.1	a0.9	a1.1	a0.9	a1.1	a0.9	a1.1	a0.9
Relative Mean Deviation	-0.087%	-0.594%	-0.031%	0.038%	-0.064%	-0.006%	-0.030%	-0.259%	-0.070%	-0.567%
Coefficient of Variation	-1.889%	-1.235%	-1.803%	-1.333%	-1.872%	-1.436%	-2.237%	-0.192%	-1.877%	-1.231%
Standard Deviation of Logs	0.564%	-0.521%	0.510%	0.055%	0.547%	0.101%	0.161%	-0.781%	0.547%	-0.539%
Gini Coefficient	-0.158%	-0.626%	-0.116%	-0.001%	-0.144%	-0.040%	-0.167%	-0.350%	-0.148%	-0.611%
Mehran Measure	0.120%	-0.353%	0.133%	0.082%	0.126%	0.071%	0.051%	-0.249%	0.124%	-0.346%
Piesch Measure	-0.362%	-0.826%	-0.299%	-0.062%	-0.341%	-0.122%	-0.325%	-0.423%	-0.347%	-0.804%
Kakwani Measure	-0.265%	-1.096%	-0.185%	0.045%	-0.237%	-0.031%	-0.258%	-0.563%	-0.245%	-1.066%
Theil Entropy Measure	-1.155%	-1.752%	-1.042%	-0.552%	-1.123%	-0.672%	-1.282%	-0.859%	-1.133%	-1.724%
Theil Mean Log Deviation Measure	-0.372%	-1.822%	-0.354%	-0.521%	-0.366%	-0.544%	-0.727%	-1.601%	-0.372%	-1.817%

6.3.2.2　政策2在新古典闭合下的情景分析

表6-28是政策2实施后全国居民、城乡居民、不同区域居民收入差距的各衡量指标变化表，表6-28显示：

首先，全国居民收入差距在政策实施后有所缩小。衡量收入差距的九个指标中，有六个指标是下降的。其中，变异系数下降了0.400%，基尼系数下降了0.014%，泰尔熵测量下降了0.335%。

其次，城乡内部居民收入差距受涉农产业发展政策影响有所差异。在政策实施后，城镇的居民收入差距在下降，农村和移民家庭的居民收入差距在扩大。城

镇的居民收入差距在下降，主要是因为涉农产业发展政策提高了城镇从事涉农产业的居民收入，而这部分收入在城镇居民中属于低收入群体。表 6－27 是 2002 年中国城镇从事涉农产业相关行业从业人员与城镇从业人员平均工资的相对工资比值。除烟草制品业外，相关涉农产业的工资水平都远低于城镇平均工资水平。这些行业的从业人数占城镇从业人数的 7.6%，占城镇制造业从业人数的 28.1%。

表 6－27　2002 年中国城镇相对工资比值

行业	相对工资比值	行业	相对工资比值
农副食品加工业	0.644	皮革毛皮羽毛（绒）及其制造业	0.736
食品制造业	0.813	木材加工及木竹藤棕草制造业	0.593
饮料制造业	0.777	家具制造业	0.718
烟草制品业	1.919	造纸及纸制品业	0.701
纺织业	0.587	餐饮业	0.765
纺织服装鞋帽制造业	0.733		

资料来源：《中国劳动统计年鉴》（2003）。

对农村居民来说，从事农业投入部门、农产品加工制造部门和农产品流通服务部门的居民收入水平在农村处于中上水平。中国住户调查数据（2002）显示，从事农业生产部门的初级劳动者（初中及以下教育程度）的平均工资收入为 1076.4 元，而从事工业部门的平均工资性收入为 4094.1 元，即使假定农产品加工业的平均工资水平是工业部门平均工资水平的一半，农产品加工业的工资收入也远高于从事农业部门的工资性收入。从事农业生产部门的高级劳动者（高中及以上教育程度）的平均工资收入为 2161.3 元，而从事工业部门的平均工资性收入为 5523.6 元，因此，从事农产品加工业的工资收入也是较高的。因此，涉农产业的发展政策提高了农村地区较高收入群体的收入，这反而扩大了农村地区的居民收入差距。城乡之间的收入差距在缩小，这其中的一个重要原因是涉农产业为农民工提供了大量的就业机会。来自农业部的数据显示[①]：“十五”以来，每年有 5000 万农民工在农产品加工企业就业。农产品批发、零售部门和餐饮业也是农民工就业的一个重要部门。

① 农业部：我国农产品加工技术研发体系建设初具规模，http：//www1. china. com. cn/policy/txt/2009－04/10/content_ 17581339. htm。

表 6－28 政策模拟 2 中政策实施后居民收入分配的变化

指标	全国	城镇	农村	移民	东北	京津	华北	华东	东南	华中	西北	西南
Relative Mean Deviation	0.124%	-0.108%	0.208%	0.993%	0.478%	-0.579%	0.482%	-0.547%	-0.005%	0.460%	0.155%	0.230%
Coefficient of Variation	-0.400%	-0.866%	0.811%	3.810%	0.795%	0.581%	0.707%	-3.051%	0.034%	0.604%	-1.540%	-1.189%
Standard Deviation of Logs	-0.031%	0.083%	-0.100%	0.077%	0.043%	-0.458%	-0.091%	-0.322%	-0.087%	0.123%	0.009%	0.063%
Gini Coefficient	-0.014%	-0.586%	0.197%	1.126%	0.339%	-0.943%	0.483%	-0.858%	-0.138%	0.311%	0.117%	0.124%
Mehran Measure	0.087%	-0.084%	0.153%	1.013%	0.297%	-0.450%	0.447%	-0.318%	-0.037%	0.281%	0.111%	0.168%
Piesch Measure	-0.088%	-0.979%	0.232%	1.213%	0.370%	-1.334%	0.513%	-1.276%	-0.216%	0.332%	0.121%	0.092%
Kakwani Measure	0.045%	-0.885%	0.365%	2.152%	0.719%	-1.209%	0.938%	-1.467%	-0.214%	0.628%	0.236%	0.283%
Theil Entropy Measure	-0.335%	-1.430%	0.595%	3.483%	0.858%	-0.778%	1.208%	-2.897%	-0.187%	0.572%	-0.317%	-0.297%
Theil Mean Log Deviation Measure	-0.488%	-0.643%	-0.257%	-1.441%	0.066%	-1.489%	-0.876%	-2.149%	-0.205%	0.171%	-0.301%	-0.344%

最后，不同区域内部居民收入差距受涉农产业发展政策影响也有所差异。在政策实施后，经济发展水平较高的京津地区、华东地区和东南地区的居民收入差距在缩小，而经济发展水平相对较低的东北地区、华北地区、华中地区、西北地区、西南地区的居民收入差距却有所扩大。这里的原因是，经济较为发达的地区，涉农产业从业人员的工资水平在当地是相对较低的，因此，涉农产业发展政策可以提高这部分群体的收入，进而缩小这些地区的居民收入差距。在经济较为落后的地区，涉农产业从业人员的工资水平在当地则相对较高，因此，涉农产业发展反而扩大了这些地区的居民收入差距。

经检验，在政策设定 1 和政策设定 2 中，以及在不同宏观闭合选择下，政策对中国居民收入差距的影响是稳健的，参数变化下对政策效应的影响也是稳健的。

6.4　小结

本章采用第 5 章构建的包含非位似效用函数和产业关联的多部门随机可计算一般均衡微观模拟模型，针对中国涉农产业生产税负较高的问题，模拟了对涉农产业减免生产税对居民收入分配的影响，并讨论了在不同宏观闭合和随机性设定下模拟结果的差异，为理解涉农产业发展对居民收入分配的影响提供了参考。研究表明：

第一，从全国来看，支持涉农产业发展的减税政策可以起到缩小居民收入分配的作用。对生产税的减免促进了涉农产业的发展，也提高了涉农产业部门从业者的收入，从而缩小了全国的居民收入差距。

第二，从城乡来看，支持涉农产业发展的减税政策对缩小城镇居民收入差距有较强的作用，但是却会恶化农村居民收入差距，同时扩大了移民家庭的居民收入差距。涉农产业发展起到缩小城镇居民收入差距的主要原因是城镇居民中从事涉农产业相关行业的居民是属于城镇的低收入群体，因此，通过发展涉农产业可以提高这部分居民的收入，进而起到缩小城镇居民收入差距的作用。对农村居民来说，即使涉农产业发展对提高平均居民收入起到作用，但是由于收入较高群体的收入增长更快，因此使得农村居民收入差距反而在扩大。

第三，从区域来看，支持涉农产业发展的减税政策对居民收入差距的作用在各地区间存在差异。对经济较发达的京津地区、华东地区和东南地区，支持涉农产业发展的减税政策缩小了这些地区内部的居民收入差距。对经济欠发达的华北地区、西北地区和西南地区，支持涉农产业发展的减税政策扩大了这些地区内部的居民收入差距。

第四，不同宏观闭合的设定和随机性设定对政策模拟的影响不大。这说明本书的政策模拟效果分析的结论是稳健的。

第7章 结论与展望

7.1 主要研究结论

涉农产业是一个包含农业投入部门、农业生产部门、农产品加工制造部门和农产品流通服务部门的大体系，横跨第一产业、第二产业和第三产业，是现代农业的经济体现。一国农业是否发达，不仅体现在第一产业是否发达，更重要的体现在其涉农产业是否发达。对于一个处于高速经济增长的国家来说，涉农产业发展的好坏直接关系到经济增长是否可持续。本书在对现实关注和文献梳理的基础上，从统计、理论和政策模拟三个层面，研究了涉农产业发展对居民收入分配的影响，研究发现：

第一，涉农产业发展对居民收入分配的影响研究是对已有文献研究的一个有价值的继承和拓展。已有的涉农产业概念和核算研究为本书的涉农产业发展的定义提供理论支撑，也为涉农产业发展的核算提供了方法指导。在已有研究的通过涉农产业核算来体现涉农产业在国民经济中的重要性的基础上，本书通过核算经济贸易合作组织成员国与主要发展中国家的涉农产业增加值和中国省级的涉农产业增加值，找出了涉农产业发展与经济发展水平之间的关系，并通过计量模型发现涉农产业发展对缩小居民收入差距的积极作用。已有的研究主要集中在农业发展和农业发展政策对居民收入差距的影响。这些研究佐证了涉农产业发展对居民收入差距影响的进一步研究的必要性。对农业的关注，除了农业生产环节，也要关注农业投入部门的发展，要关注农产品加工制造部门的发展，要关注农产品流通服务部门的发展。已有的研究已经在局部均衡框架下分析了涉农产业发展对相关利益群体的影响，这类文献为本书在一般均衡框架下的分析提供了直观的认识，但是由于没有考虑对间接群体的影响，这类研究可能会得出相反的结论。因此，从涉农产业发展对整个经济体中居民收入差距的影响来看，采用一般均衡框架是有必要的。已有的在一般均衡框架下的社会核算矩阵研究为本书的一般均衡框架提供了产业关联和居民异质性分析的启示，并且也得到对本书有启发的观点。但是，这类研究并没有考虑到居民消费的恩格尔效应对涉农产业发展的影响，同时，此类研究对居民的划分比较粗略，这使得其在研究涉农产业发展和居民收入分配这两个方面都存在缺陷。已有的在一般均衡框架下的可计算一般均衡研究为本书在构建居民消费和影响机制分析提供了指导。此类模型已经考虑了居民消费的恩格尔效应对涉农产业发展的影响，但是，由于对居民采用代表性居民来设定，使得模型在分析居民收入差异的环节存在不足之处。已有的在一般均衡框架下的可计算一般均衡微观模拟模型的研究为本书在考虑居民异质性方面提供了思路和方法。但是，此类研究并没有考虑模型本身的宏观闭合设定和随机性问题，而这两个问题关系到对宏观经济形势的判断和模型本身的可靠性。本书则全面地考虑了这些问题，并得出了有意义的结论。

第二，涉农产业发展对缩小居民收入差距的积极作用在国际层面和中国省级层面都得到统计数据验证。在涉农产业理论和增加值核算方法的指导下，选取了涉农产业发展程度指标，基于 OECD 投入产出表和中国省级投入产出表，核算了世界主要经济体和中国省级的涉农产业核算。同时，根据经济学理论和现实状况，选择了反映收入分配差距的基尼系数指标和城乡人均居民收入比指标，从国际主要反映收入分配的数据库和中国统计数据收集得到世界主要经济体和中国省级居民收入分配数据。进一步采用面板数据模型对国际和中国省级涉农产业发展与居民收入分配之间进行统计分析，发现不管是在国际层面还是在中国省级层面，涉农产业发展对缩小居民收入分配都具有一定的积极作用。

第三，考虑非位似效用的结构增长模型和考虑产业关联与居民异质性的社会核算矩阵模型为理解涉农产业发展对居民收入差距的影响提供了理论支持。考虑非位似效用的结构增长模型分析长期的广义平衡增长，把消费作为产业结构变化的主要驱动力，并从劳动力跨行业间的转移成本来研究居民收入分配所受的影响。同时，考虑产业关联与居民异质性的社会核算矩阵模型解释了产业关联和居民异质性下涉农产业发展对居民收入分配的影响。基于结构增长和社会核算矩阵的理论研究得到如下结论：首先，随着经济发展水平的提高，涉农产业发展程度也会随之提高；其次，在劳动力同质且在行业间无法流动或者存在流动成本时，涉农产业的发展可以起到缩小居民收入差距的作用；再次，在一个封闭的经济体中，当劳动类型存在差异，不同行业对不同类型劳动的需求存在差异，而且不同类型劳动的报酬存在差异，那么，涉农产业（不包括农业生产部门）涉农产业的发展可以缩小居民收入差距；最后，当居民异质性程度较高，涉农产业发展虽然能够缩小整个经济体中的居民收入差距，但是可能会拉大某些群体内的居民收入差距。

第四，基于中国数据的涉农产业发展政策对居民收入分配影响的模拟分析结果，证实了涉农产业发展对缩小全体居民收入差距的作用，同时也支持农产业发展扩大了某些群体内部居民收入差距的判断。具体来看：首先，农产品加工制造业的生产税减免政策对缩小居民收入差距在五部门中是最有效的。其次，城镇和农村内部的居民收入差距受涉农产业发展政策的影响有差异，城镇的居民收入差距在缩小，而农村居民收入差距有所扩大。再次，经济发达区域内部与经济欠发达区域内部的居民收入差距受涉农产业发展政策的影响有差异，经济发达区域的居民收入差距在缩小，而经济欠发达区域居民收入差距有所扩大。最后，结论在不同的宏观闭合选择和随机性设定下在政策影响方向大体上是稳健的，个别存在差异的情形也佐证了涉农产业发展政策对缩小居民收入差距具有积极作用。

7.2　政策建议

第一，进一步提高认识，从经济发展战略高度重视涉农产业发展，充分认识涉农产业发展对缩小全国层面的居民收入差距的作用。在中国经济处于快速增长时期，稳定或缩小居民收入差距对经济的可持续发展至关重要。本书的研究从统计特征、理论机制和政策模拟三个层面都论述了涉农产业发展对缩小居民收入差距的重要性。因此，发展涉农产业是可持续发展战略、包容性（共享式）增长战略的重要内容。

第二，在已有支农政策的基础上，进一步加大对农业产前和产后环节的政策支持力度。现代农业发展的空间在于现代农业产业链条的延伸和拓宽，特别是农业投入部门、农产品加工制造部门和农产品流通服务部门的发展与壮大。通过发展农业产前和产后环节，可以把农业和农村在农业生产部门的劳动力优势和农产品优势转化为农业产业发展优势，把农业产前、产中和产后的各个环节纳入一个链条，并延长农业的价值链，提高产业纵向一体化程度，增强我国现代农业的竞争力。最新出台的政策已经认识到了这一点。2011 年 3 月正式公布的《中华人民共和国国民经济和社会发展第十二个五年规划纲要》中明确提出："在工业化、城镇化深入发展中同步推进农业现代化，完善以工促农、以城带乡长效机制，加大强农惠农力度，提高农业现代化水平和农民生活水平，建设农民幸福生活的美好家园。"而促进农业产前和产后环节的发展就是以工促农的一个具体内容。因此，针对目前我国涉农产业发展不足的现状，应该把涉农产业作为现代农业的一个重要内容，大力出台包括税收减免政策在内的涉农产业发展政策。

第三，针对仅仅发展涉农产业可能扩大部门群体内部的居民收入差距的现象，政府应该采取全方位政策以缩小不同群体内部的居民收入差距。针对农村居民的收入差距，仅仅依靠涉农产业发展政策是不够的，还需要从制度方面改革要素市场，促进劳动力要素的城乡、行业自由流动；进一步推进农村的土地流转制度改革，提高农民的财产性收入；加大财政转移支付对农村公共服务的倾斜力度，提高农村低收入群体收入；加大对农村的基础教育投入，提高农村的人力资本。

7.3 研究展望

第一，进一步探索中国涉农产业发展不平衡的原因。本书在统计分析和理论解释部分回答了涉农产业发展对居民收入分配差距的影响，在政策模拟分析部分回答了涉农产业发展政策对居民收入分配差距的影响。而在中国涉农产业发展不平衡的原因这一问题上，本书只是分析了涉农产业生产税净额的影响，而没有进一步分析制度、技术等方面的原因。因此，在涉农产业发展有利于缩小居民收入分配差距这一结论的基础上，研究中国涉农产业发展不平等的深层次原因显得非常有必要。

第二，在考虑居民离散行为因素下进行政策模拟分析。本书采用的是可计算一般均衡 IMH 模型，该模型不需要考虑政策冲击下居民劳动力供给的离散决策行为，即假定政策冲击不会使居民改变就业状态和所从事的行业，而只是通过对劳动力报酬的影响进而影响居民的收入。选择这个模型的理由在第 5 章已有说明。如果有微观家庭的就业信息数据，可以进一步把本模型拓展到对居民离散行为的政策模拟分析，届时将采用 CGE - MSS 和 CGE - TD/BU 模型。

第三，更新统计分析部分的数据。本书统计分析部分中的国际数据采用的是 OECD 投入产出表（2010 年版），虽然这个数据库已经是目前国际上最新的投入产出表数据库，但是其最新的年份是 2005 年。预计在不久将会有更多的国家、更新的数据纳入这一数据库。目前，该数据库是 OECD 免费向社会提供的。同时，该数据库的制作者 Yamano 是笔者在美国伊利诺伊大学区域经济应用实验室做联合培养博士项目的同学，因此，这一研究具有可行性。本书统计分析部分中的中国省级数据采用的是 1997 年和 2002 年的中国区域投入产出表。2002 年以后的中国省级投入产出表目前只是各省单独公布，而没有统一的出版资料。目前笔者已经收集了 2005 年和 2007 年部分省份的投入产出表数据，等数据收集完毕就

可以更新中国省级层面涉农产业发展与中国居民收入分配的关系研究。

第四，更新政策模拟部分的数据。本书政策模拟部分中的宏观社会核算矩阵采用的是2002年的数据，这主要是因为本书的家庭住户调查数据是2002年的数据。根据中国住户调查项目的计划，2007年的中国住户调查数据将于不久对外正式公布。届时，本书将编制和更新2007年的包含家庭微观数据的社会核算矩阵。

附录一

```
*采用交叉熵方法的家庭消费支出账户宏微观一致性调整的 GAMS 程序
option reslim =50000;
set
h/h1 * h18035/                 /*表示用 18035 个微观家庭*/
in  /
clot
furn
heal
tran
educ
hous
othe
food1
food2
food3
/                              /*总共有十种居民消费支出类型*/
;
alias(h, hp), (in, inp);
parameter hhsam(h, in);
 $ include hhsam_ r8           /*导入微观数据*/
parameter
q(h, in)
y(h)
x(in)/
        clot   32309736
        furn   74228476.92
        heal   64244808.25
```

```
        tran   28973045.58
        educ   43831396.04
        hous   45617615.96
        othe   28853808.03
        food1   92941582.27
        food2   94839805.31
        food3   19872725.81
        /                      /*宏观社会核算矩阵中十种商品的居民消费*/
    xx(in);
    q(h, in)=hhsam(h, in)/sum(hp, hhsam(hp, in));
    y(h)=sum(in, hhsam(h, in))/sum((hp, inp), hhsam(hp, inp));
    xx(in)=x(in)/sum(inp, x(inp));
    display q, y;

    variable
    p(h, in)
    obj
    ;
    p.fx(h, in)$((q(h, in)eq 0)or(q(h, in)lt 0))=0;
    p.lo(h, in)$(q(h, in)gt 0)=0.0000000001;
    p.l(h, in)$(q(h, in)gt 0)=q(h, in);
    /*上述三行命令是根据交叉熵方法对变量参数的非负要求*/

    equation
    objeq
    coneq1(in)
    coneq2(h)
    ;
    objeq..obj=e=sum((h, in)$(q(h, in)gt 0), p(h, in)*log(p(h, in)/q
(h, in)));
    coneq1(in)..sum(h, p(h, in))=e=1;
    coneq2(h)..sum(in, p(h, in)*xx(in))=e=y(h);

    model hhen  /all/;
```

```
solve hhen minimizing obj using nlp;
display   p.l;
options decimals =8;
file phhinc /phhinc10.txt/  ; /* 以文本形式输出初步计算结果 */
put phhinc;
put '';
loop(in, put in.tl; put in.tl;);
put /;
loop(h, put h.tl;
loop(in, put p.l(h, in): 8: 6 ; put q(h, in): 8: 6; put '';); put /;
);

parameter
yy(h, in);

yy(h, in) =p.l(h, in) * x(in);


file hh05 /hh05.csv/;        /* 以 CSV 形式输出最终计算结果 */

put hh05;
hh05.pc =5 ;
hh05.pw =10000 ;
hh05.nj =1 ;
hh05.nw =15 ;
hh05.nd =9 ;
hh05.nz =0 ;
hh05.nr =0 ;
loop(in, put in.tl;)
put/;


loop(h,
 loop(in, put yy(h, in): 8: 4 ;);
```

```
put /;
);
```

*采用交叉熵方法的家庭收入账户宏微观一致性调整的 GAMS 程序

```
option reslim =50000;
set
h /h1 * h18035/
in   /
unskill
skill
capital
trt
/                                  /* 家庭的收入类型 */
;
alias(h, hp), (in, inp);
parameter   hhsam(h, in);

$ include hhsam_ r6          /* 导入家庭收入数据 */

parameter
q(h, in)
y(h)
x(in)/
unskill      317037100
skill        272238400
capital      37550200
trt          195270500
  /
xx(in);
q(h, in) =hhsam(h, in)/sum(hp, hhsam(hp, in));
y(h) =sum(in, hhsam(h, in))/sum((hp, inp), hhsam(hp, inp));
xx(in) =x(in)/sum(inp, x(inp));
display q, y;
```

```
variable
p(h, in)
obj
;
p.fx(h, in)$((q(h, in)eq 0)or(q(h, in)lt 0))=0;
p.lo(h, in)$(q(h, in)gt 0)=0.0000000001;
p.l(h, in)$(q(h, in)gt 0)=q(h, in);

equation
objeq
coneq1(in)
coneq2(h)
;
objeq..obj=e=sum((h, in)$(q(h, in)gt 0), p(h, in)*log(p(h, in)/q
(h, in)));
coneq1(in)..sum(h, p(h, in))=e=1;
coneq2(h)..sum(in, p(h, in)*xx(in))=e=y(h);
model hhen  /all/;
solve hhen minimizing obj using nlp;
display  p.l;
options decimals=8;
file phhinc /phhinc09.txt/;
put phhinc;
put '';
loop(in, put in.tl; put in.tl;);
put /;
loop(h, put h.tl;
loop(in, put p.l(h, in):8:6 ; put q(h, in):8:6; put ' ';); put /;
);
parameter
yy(h, in);
yy(h, in)=p.l(h, in)*x(in);
file hh04 /hh04.csv/;
put hh04;
```

```
hh04. pc =5 ;
hh04. pw =10000 ;
hh04. nj =1 ;
hh04. nw =15 ;
hh04. nd =9 ;
hh04. nz =0 ;
hh04. nr =0 ;
loop(in, put in. tl;)
put /;


loop(h,
loop(in, put yy(h, in): 8: 4 ;);
put /;
);
```

附录二

附表 1　中国宏观社会核算矩阵框架

账户	商品	活动	要素	居民	企业	政府	投资与储蓄	国外	合计
商品		(12)		(14)		(16)	(17)	(18)	(19)
活动	(21)					(26)			(29)
要素		(32)						(38)	(39)
居民			(43)		(45)	(46)		(48)	(49)
企业			(53)						(59)
政府	(61)	(62)		(64)	(65)			(68)	(69)
投资与储蓄				(74)	(75)	(76)		(78)	(79)
国外	(81)		(83)			(86)			(89)
合计	(91)	(92)	(93)	(94)	(95)	(96)	(97)	(98)	

附表 2　产业中间投入矩阵

产业中间投入矩阵包括子矩阵（12），为（7×5）矩阵。

	A1	A2	A3	A4	A5
C1	21563989	14196606.86	5523834	397098.6	293306276.4
C2	43905688	50304228.04	947645	2870803	39460279.07

续表

	A1	A2	A3	A4	A5
C3	13595731	35296674. 98	273554. 2	15682144	19233198. 76
C4	32398. 1	2973258. 248	35454. 93	5967656	5902173. 712
C5	73135. 89	59843117. 08	241002. 9	195431. 8	21157064. 41
C6	32632545	105781714. 2	15012741	9022849	1084048842
C7	4718369	2243317. 77	206023. 2	451. 5052	9070679. 994

附表3　家庭支出矩阵

家庭支出矩阵包括子矩阵（14）、子矩阵（64）、子矩阵（74），为（9 × 18036）矩阵。考虑到排版的便利，采用其转置矩阵（18036 ×9），其中，C1 和 C7 的居民消费都为零。限于篇幅，仅展示 18036 户家庭中前 1000 个住户的消费、税负与投资储蓄数据。

	C2	C3	C4	C5	C6	政府	投资与储蓄
hh1	6296	14840	2988	10430	71594	1553	-26935
hh2	6578	13920	1252	1586	32832	1183	86095
hh3	8837	11590	974	9097	36736	3	46700
hh4	11580	16580	886	2659	28886	2156	105006
hh5	15100	12410	2521	7693	60036	863	40592
hh6	10240	15200	3320	6684	28040	268	17423
hh7	5331	9146	903	10120	9446	173	52286
hh8	9037	13990	3238	2066	16425	154	64116
hh9	8230	16710	1963	6948	31244	6	25476
hh10	10710	19450	2278	3313	22685	1504	45302
hh11	17120	15390	4540	1208	115161	1625	-69597
hh12	14770	23680	3986	8452	32284	1944	7427
hh13	7454	12000	2751	4764	11942	374	31995
hh14	15790	4574	3649	1200	43098	610	86096
hh15	9560	17480	3804	8310	86870	1918	70864

续表

	C2	C3	C4	C5	C6	政府	投资与储蓄
hh16	10020	17290	3873	6126	41709	282	73346
hh17	13440	17070	2794	2553	24595	207	78059
hh18	8521	8409	456	1236	54901	472	119103
hh19	13120	13330	4179	2276	41587	874	151474
hh20	9449	9147	976	730	19990	329	98757
hh21	8948	14700	5182	3034	12528	908	113985
hh22	11350	16690	1067	1373	52431	198	72698
hh23	10940	18090	3487	6492	58074	1226	40575
hh24	9272	23010	1959	8095	80381	808	−16595
hh25	5851	15330	2447	2768	30057	1669	59794
hh26	11990	23200	4312	5329	78566	2876	56097
hh27	9321	9169	409	1404	28618	4443	70572
hh28	6900	15310	10510	1182	49002	5293	117583
hh29	7630	11600	303	1897	46014	646	110683
hh30	9505	15130	700	3213	51826	470	22782
hh31	8268	8003	751	2795	49543	21	3771
hh32	10740	14760	1171	11550	83469	866	227435
hh33	10110	13360	1244	13840	132448	1453	41161
hh34	15860	13740	731	212	96174	298	58941
hh35	10910	9936	1575	958	36142	1863	77309
hh36	11150	13760	3229	7839	68272	309	−27278
hh37	11790	12860	1479	8785	58132	1133	57745
hh38	14850	14330	2363	4677	21580	1592	157192
hh39	7148	9402	2493	3020	13697	495	103289
hh40	9484	17780	2298	5741	36051	109	55250
hh41	6597	14100	1545	4750	25653	972	45809
hh42	18300	12520	1862	4017	68677	38	122204
hh43	13670	16900	3223	13510	36879	1639	106813
hh44	11080	14130	3266	5804	46298	1553	111415
hh45	17620	19860	8771	9622	39344	920	54355
hh46	9936	14000	450	1020	15845	184	154451

续表

	C2	C3	C4	C5	C6	政府	投资与储蓄
hh47	11770	7296	2409	12600	36557	259	44019
hh48	9037	12750	1361	12200	38479	262	147870
hh49	12040	19490	1404	16910	77074	805	9504
hh50	5840	11490	1580	3828	36490	115	46218
hh51	12690	16690	2369	14570	58662	1794	15349
hh52	8055	11420	1108	4002	35514	2042	55683
hh53	9041	9258	1280	2711	37405	6211	75704
hh54	11500	13160	2729	3152	48204	1007	58546
hh55	8360	11230	1007	1250	91843	177	12009
hh56	8585	10870	1702	2892	30265	407	86916
hh57	13550	9799	3101	1700	63978	255	41355
hh58	6064	7022	458	4936	9205	10	16626
hh59	2721	14920	1961	8498	40499	1088	31311
hh60	5862	6959	863	3104	35971	29	-24396
hh61	16810	20520	3030	5526	48484	0	25004
hh62	3409	9124	2102	5431	7537	0	138990
hh63	3882	8790	2002	406	14459	973	20592
hh64	6322	12870	49	1886	65370	399	111359
hh65	14270	18730	8177	2189	77747	2083	-18641
hh66	1944	6289	4313	941	13157	625	14515
hh67	3657	4004	221	919	9253	32	41472
hh68	4398	7811	1716	12770	61962	1490	-2812
hh69	9817	16800	1115	2768	53455	1061	-5478
hh70	14050	16510	3652	5126	102501	505	-84143
hh71	11550	16380	5126	6048	129660	1243	20863
hh72	9972	16020	1666	10360	174559	1886	120988
hh73	6554	12090	374	2989	84347	3218	446
hh74	5861	4316	1027	2330	10718	208	73865
hh75	3892	9267	5641	2861	19128	127	33967
hh76	8949	9504	1932	1615	36203	605	19847
hh77	14010	20440	7305	5632	68723	931	15131

续表

	C2	C3	C4	C5	C6	政府	投资与储蓄
hh78	11030	14260	1982	3916	29251	748	24429
hh79	8228	8290	1786	1136	22412	7592	173927
hh80	9455	10610	1014	2094	20664	293	14694
hh81	8621	12730	4533	1370	27593	604	4761
hh82	8314	17120	3775	3043	37606	562	-11798
hh83	10550	14900	2469	4348	60377	975	-9601
hh84	4781	9958	489	1671	19363	1047	57817
hh85	5154	6982	1319	1907	13323	32	47833
hh86	2199	6616	1430	1114	27848	977	58848
hh87	9217	9551	2266	771	26477	427	72238
hh88	4203	12110	565	5440	32576	210	64954
hh89	7147	9884	1741	1860	68009	1567	17849
hh90	11800	14210	5259	4430	37910	1339	49193
hh91	10890	13000	2396	6134	36160	1931	130694
hh92	8249	15740	2066	15050	37766	1207	50941
hh93	4899	5521	802	1626	24893	454	73841
hh94	13000	23770	2432	11020	88851	3093	129129
hh95	10520	22000	2585	3754	52150	2346	90033
hh96	10260	16280	3138	15050	170166	606	-93035
hh97	11380	22170	4286	7539	74062	2637	81921
hh98	7784	14290	368	2783	49201	2035	205409
hh99	8999	12460	688	4463	48745	2680	234573
hh100	7639	6841	2043	3926	22174	1218	23479
hh101	11940	14910	432	4210	80280	460	101348
hh102	11140	12770	1957	2938	23555	288	17884
hh103	7942	12100	1835	4590	55337	1746	105340
hh104	10030	12290	1593	2894	17382	1179	54778
hh105	8304	16210	1801	3816	26404	460	54102
hh106	9941	22580	3563	4001	39166	121	120198
hh107	11030	11890	540	3065	54459	357	17962
hh108	6209	3006	402	3386	36717	833	45024

续表

	C2	C3	C4	C5	C6	政府	投资与储蓄
hh109	9184	10900	6221	4818	25798	3479	109021
hh110	7665	13850	1579	5512	32033	1627	53106
hh111	11540	25010	3720	2611	56794	643	21946
hh112	5095	8967	2722	897	14524	6253	14969
hh113	8454	17390	3718	6253	61899	1023	66041
hh114	8120	10430	5360	4894	70875	5948	104287
hh115	9729	10990	1134	2353	107546	88	270723
hh116	5610	7626	3647	5141	24562	3410	79794
hh117	11260	23360	5026	2733	56743	2541	41643
hh118	8485	12700	3673	5896	53422	1879	11146
hh119	6926	10380	3189	3479	37043	0	7579
hh120	10810	11530	681	3008	14941	1828	36393
hh121	14120	14590	3627	7083	58405	1016	-4929
hh122	11060	14530	1760	5644	114307	748	-21723
hh123	11820	15060	8703	896	24689	35	9877
hh124	9877	12730	1012	1472	63976	67	30186
hh125	9649	16420	6649	1672	42922	173	968
hh126	12220	16860	960	31820	126212	3666	48073
hh127	18270	28620	2725	11600	416674	3291	-330439
hh128	12360	21340	2331	14500	61788	190	27776
hh129	6456	8347	1199	680	11796	681	21505
hh130	12040	17140	2359	4813	42829	989	75742
hh131	8180	9721	694	1090	20530	202	72794
hh132	9394	16740	967	2483	47077	29	45543
hh133	5350	13510	8685	1069	37549	1691	64695
hh134	7870	14780	791	3359	26561	1725	66822
hh135	8010	17800	1004	12320	44008	892	5678
hh136	5389	9471	870	1838	15222	29	9804
hh137	6813	10060	2916	2992	27446	227	23966
hh138	9010	11970	2061	3306	40774	567	70936
hh139	10770	18030	736	2103	45448	207	49420

续表

	C2	C3	C4	C5	C6	政府	投资与储蓄
hh140	3908	13790	6197	1476	33633	182	66679
hh141	9296	14290	926	9256	43055	230	76375
hh142	7046	9765	528	857	16889	1116	40948
hh143	6373	15910	1786	12990	41093	688	70091
hh144	8804	11890	1254	4193	25121	0	17931
hh145	6115	8889	1069	9465	22350	3221	3766
hh146	7121	9159	616	1773	42011	230	-29774
hh147	9021	12360	1798	1294	31162	66	-3621
hh148	8333	17000	1513	3950	47707	460	-12627
hh149	7602	10600	3338	4636	67491	1264	72302
hh150	6248	11410	3092	3929	22891	2358	18878
hh151	15000	14110	2624	13510	118898	1023	-18763
hh152	8904	11670	1014	2941	30987	661	3014
hh153	7942	9589	1171	2470	11289	2185	26661
hh154	7955	13480	138	2395	27674	40	-17892
hh155	10950	15380	275	1425	54941	1252	72132
hh156	8066	9565	757	3014	32599	229	-20653
hh157	7944	10530	3714	2579	14260	2	-2042
hh158	6453	9571	4127	4827	18632	1796	43092
hh159	7967	17040	1089	4412	51583	768	26592
hh160	10480	8422	424	2749	40461	6241	11396
hh161	15560	27450	7791	12490	75921	3624	-57069
hh162	12290	27750	6745	12400	100985	4804	-108936
hh163	6293	6553	590	743	13717	2537	51959
hh164	9121	22400	2536	7684	86096	1249	-27686
hh165	9990	11850	659	2906	39319	144	9578
hh166	8953	20140	2421	7800	46502	4083	-4501
hh167	5410	10160	913	931	15699	805	-1988
hh168	9585	23440	14070	8858	74334	5288	-16129
hh169	18360	17660	6200	5834	79981	1435	-26917
hh170	8020	15230	1266	6348	50358	3192	-10277

续表

	C2	C3	C4	C5	C6	政府	投资与储蓄
hh171	14210	21440	6288	4650	49934	2347	4690
hh172	11670	11290	1675	2752	63270	1142	-31017
hh173	6950	8629	1630	6466	51939	3236	-3807
hh174	11660	10780	618	1574	97978	6934	-7593
hh175	5263	11080	689	2509	16551	16	11073
hh176	15210	22270	2357	11300	69481	3282	7507
hh177	15670	27280	11590	4457	185320	12307	-67135
hh178	6259	9459	497	1579	15240	1030	43815
hh179	11110	10190	1019	6420	40173	3086	-11268
hh180	14000	14030	2846	4935	51460	1249	42073
hh181	5581	6626	373	2047	17791	29	443
hh182	4882	8547	626	10420	57383	863	-24208
hh183	3015	5075	1201	1489	4011	1565	21030
hh184	7641	14900	3451	5736	63367	3451	-74030
hh185	7098	11970	2408	2363	33015	46	-35803
hh186	6299	9366	3501	8482	41607	1170	-37443
hh187	6833	6392	1236	5187	44378	167	-33552
hh188	7814	9531	1833	1877	22206	1699	-2060
hh189	5547	7934	1314	619	14037	0	538
hh190	7530	9422	1295	1259	24470	0	-7466
hh191	5184	9731	1870	4770	18953	830	-21689
hh192	7209	8290	2259	833	41041	742	-30539
hh193	8256	6355	2134	501	29733	345	-5897
hh194	6836	6740	2576	5311	28842	293	-22328
hh195	6678	5781	12640	5117	56600	3324	-39185
hh196	7169	8744	1748	1068	61229	1376	-46669
hh197	3858	6284	309	4514	8718	1208	9316
hh198	10210	13020	1831	5612	32898	293	83354
hh199	13760	17290	2991	5876	111102	427	16991
hh200	7008	10950	2337	2735	18667	1006	20397
hh201	10760	11490	2939	2887	26354	577	18416

续表

	C2	C3	C4	C5	C6	政府	投资与储蓄
hh202	7893	9500	1881	2016	14905	0	20226
hh203	6186	7393	4310	943	14188	1012	67972
hh204	6431	14220	3327	4576	90981	368	1857
hh205	11620	15500	2465	2062	42962	914	124303
hh206	5782	8674	395	273	12860	298	96528
hh207	10320	13220	3797	466	13889	0	104893
hh208	8695	10300	3955	1807	23913	1006	38757
hh209	10800	12350	2976	2617	70013	2692	79902
hh210	6371	14760	3846	2956	35992	1150	41733
hh211	7312	11820	2281	4205	45212	1438	33567
hh212	15550	15890	2742	8879	89322	1823	-123442
hh213	7190	10610	407	2147	27945	478	28371
hh214	9338	10390	2049	2220	12076	607	51397
hh215	6960	8098	3691	2910	22846	426	60618
hh216	16220	15800	9420	8521	50824	702	101342
hh217	8505	9463	5664	5320	11651	509	71781
hh218	9555	11310	1393	1223	14828	405	31861
hh219	9392	14980	2909	794	83392	818	-28905
hh220	11160	19080	2820	7747	57530	863	35951
hh221	12860	17650	550	5439	79731	345	-13658
hh222	10040	15150	400	1143	39403	985	35420
hh223	13320	12710	3562	1923	36291	785	41801
hh224	5749	9951	1828	2299	23512	290	15708
hh225	14910	12680	1492	1042	27639	1111	97152
hh226	10470	15920	1970	5369	28422	2850	44708
hh227	18030	18900	1697	12840	98364	1108	-16824
hh228	8729	12840	2163	6733	46964	552	103873
hh229	5017	9819	965	8851	105796	127	33838
hh230	13260	13870	3018	4746	25698	366	27993
hh231	12540	10890	981	6027	60461	7663	142367
hh232	8468	10720	2557	3694	68019	3668	60986

续表

	C2	C3	C4	C5	C6	政府	投资与储蓄
hh233	9337	16080	2604	3787	46110	2402	23471
hh234	11410	15480	3841	7356	33528	3167	52457
hh235	7783	16420	2802	13590	105751	6757	−8983
hh236	6315	22900	10690	7413	88471	1380	−114942
hh237	9484	14350	6653	4800	78531	1213	−31018
hh238	8504	7357	657	1549	17623	740	33507
hh239	8865	21400	13710	9043	23488	288	37902
hh240	12570	29390	3963	9320	84413	2721	−3438
hh241	7510	12520	4706	6019	20894	0	76117
hh242	6440	11100	3022	2339	10790	817	92321
hh243	9668	12960	3496	3847	23493	1561	12882
hh244	10210	9863	3537	1709	23775	397	10452
hh245	15100	21310	1347	3228	110186	1199	−82779
hh246	5880	7155	3986	3133	18581	604	14554
hh247	14980	12930	1239	6473	38048	4210	114028
hh248	3388	13480	3383	3417	19462	129	19539
hh249	6885	9208	1062	5750	48965	115	6306
hh250	8623	13740	5067	2824	47569	3081	38664
hh251	7232	8781	503	2468	13469	1999	90075
hh252	8607	8531	3603	8213	78239	699	10162
hh253	7717	25050	3410	3347	61744	1297	−6222
hh254	5843	19420	5990	8156	52701	2056	−4961
hh255	8357	12160	6022	7566	56458	405	−37191
hh256	4148	3745	1284	5540	15046	60	20786
hh257	2922	7757	93	186	10234	741	24102
hh258	7713	16820	1436	1333	43604	62	11552
hh259	6513	14920	5641	3171	28743	288	4901
hh260	14730	17740	4391	10410	103513	3114	−82035
hh261	11550	22140	2417	7326	273688	12528	−6036
hh262	12500	35310	4919	11840	120759	4030	−49877
hh263	6623	16360	9653	10670	53833	2531	8244

续表

	C2	C3	C4	C5	C6	政府	投资与储蓄
hh264	3440	17170	3342	11590	168364	6	-127695
hh265	8193	9911	1732	1883	17230	422	21725
hh266	10490	5666	6075	5082	45271	3339	17705
hh267	46830	23020	2823	17840	85581	788	-18702
hh268	15050	11550	1972	5598	83037	3247	7475
hh269	9855	19230	12050	15590	88265	3799	-22935
hh270	11530	16110	3099	3092	73434	1202	-30545
hh271	11140	12710	1976	3049	32560	492	52686
hh272	14750	17630	2281	9007	34038	1729	26670
hh273	6550	9483	2597	2236	16449	374	49295
hh274	6200	6307	632	5936	26311	494	38016
hh275	7136	11750	3627	9019	42925	3357	28592
hh276	15610	12770	823	7460	93208	627	1042
hh277	8375	16730	5322	8288	36357	2240	19078
hh278	20990	48790	17210	11720	290938	4056	-175911
hh279	7980	16040	3554	4733	74082	173	-13215
hh280	13540	9291	2865	2630	23797	2070	18464
hh281	9129	9064	2148	5553	22657	963	70664
hh282	13660	12340	6620	14380	74162	1605	56058
hh283	10760	18610	1519	3941	35953	8536	100209
hh284	7759	15260	580	3911	80820	3468	43768
hh285	11790	18390	3787	8762	77022	1271	95667
hh286	10350	10460	1523	2951	30218	518	108012
hh287	12630	9606	4892	4490	41469	2466	49742
hh288	8651	20310	10240	6232	60217	1260	73641
hh289	8950	10960	2280	4795	36090	1035	51776
hh290	6157	12160	3943	2816	42933	2208	60041
hh291	9646	17840	4228	8064	52728	230	15392
hh292	9838	16200	2032	3651	63259	368	28521
hh293	6662	15020	2279	2782	30019	351	34354
hh294	9872	11810	2755	6131	60982	2059	-272

续表

	C2	C3	C4	C5	C6	政府	投资与储蓄
hh295	4627	8599	2876	1788	5725	0	42347
hh296	6454	10730	2127	8559	40667	1051	34104
hh297	11950	11310	2905	8821	42099	176	50156
hh298	9689	13060	2008	1583	15347	805	73790
hh299	7492	12060	1243	2444	11853	431	82745
hh300	8453	20550	2732	6301	38691	0	31790
hh301	14430	18400	5069	4233	56641	529	-14239
hh302	11760	16360	5966	2978	49029	920	4932
hh303	9983	12490	2762	5902	35722	1959	37186
hh304	5571	8114	3143	1255	11436	3252	139995
hh305	3417	8452	754	1393	6995	472	54543
hh306	9014	17100	1787	2631	50033	2007	21471
hh307	12800	13350	3819	3044	64457	881	15472
hh308	5649	10340	1989	5289	22437	489	96807
hh309	13490	19440	9520	1770	43399	0	12846
hh310	7332	17020	1948	7010	144019	1829	42256
hh311	18840	24330	2582	5920	64713	1741	158222
hh312	5285	15600	1123	4741	54587	894	480
hh313	8913	13270	1549	3293	40983	576	13112
hh314	12310	18250	2068	10190	48006	5063	51142
hh315	7428	10450	1605	4338	19042	500	147513
hh316	6679	10420	5104	2949	29951	1128	3199
hh317	5539	12260	2227	4618	40486	2122	36942
hh318	7644	12030	809	14760	32942	1509	47469
hh319	9854	14750	952	5764	34855	691	67920
hh320	15100	16420	4412	3171	36587	1541	35810
hh321	13040	15160	3574	5479	29591	201	35157
hh322	14940	26970	4022	15080	81327	1668	-33557
hh323	17190	28520	7136	19860	110121	1208	-22856
hh324	15050	13080	936	902	42301	1964	40194
hh325	12180	21510	5673	2697	55610	1391	845

续表

	C2	C3	C4	C5	C6	政府	投资与储蓄
hh326	8548	21850	2626	4135	87365	3202	114463
hh327	11360	19320	2501	9769	32521	0	27215
hh328	11910	22150	2000	6757	69265	351	18116
hh329	13090	24240	958	4529	81805	2494	65374
hh330	9761	12710	7968	2823	25672	2013	93623
hh331	18020	19310	7477	10110	95319	115	-38516
hh332	7855	11740	2117	4461	18118	351	120120
hh333	14200	23680	2947	4891	57600	575	-6739
hh334	5136	16850	179	1627	24994	0	89307
hh335	11620	16120	4667	8534	64474	1177	15829
hh336	6496	6842	2853	2078	86110	1192	-24681
hh337	10260	14060	922	992	313867	1840	11379
hh338	5141	10020	1181	1353	24262	748	210026
hh339	9028	11110	3041	702	63237	2349	50814
hh340	12140	7920	1180	4056	38861	594	-1680
hh341	12930	12200	3375	8942	45970	267	7889
hh342	7499	9291	4088	6290	43655	3449	19541
hh343	7084	9003	520	3381	40441	88	13506
hh344	6815	8094	346	1007	28572	327	97579
hh345	14510	23230	5897	7688	223372	1124	-117019
hh346	9597	16050	1678	735	48323	2776	89138
hh347	6014	7508	206	379	32265	363	140254
hh348	6713	6876	2434	2229	33141	2243	35350
hh349	7722	7318	2610	2836	25329	334	28341
hh350	8536	6779	1207	1316	16865	1473	23467
hh351	10910	8846	2625	2605	23892	886	17456
hh352	5559	9973	1303	2549	32118	469	41525
hh353	10650	9094	2124	4356	30621	2402	75324
hh354	4346	7975	1024	4272	18254	741	11418
hh355	11770	17070	3431	14740	37998	2484	73982
hh356	9188	13780	1762	12260	29705	535	18165

续表

	C2	C3	C4	C5	C6	政府	投资与储蓄
hh357	8014	12790	4430	2241	62509	3083	84549
hh358	9430	21580	2142	9103	33967	0	73078
hh359	20800	27160	4350	14150	157890	4137	181486
hh360	15210	17380	1651	5642	66298	2346	91510
hh361	11840	16030	2908	7342	159102	2703	-79478
hh362	10020	9925	1826	3115	37615	0	40062
hh363	4243	8439	1462	710	2097	0	22509
hh364	11170	7772	3286	648	45518	7	58102
hh365	18140	15130	4649	3517	59380	2846	83489
hh366	27270	22540	6311	7821	155119	3082	117249
hh367	9807	15040	2566	9431	56555	3403	54944
hh368	13870	16630	693	1648	95246	6663	97888
hh369	10000	20930	5880	11110	78723	1509	76335
hh370	15180	15630	1984	780	47607	970	28530
hh371	10040	9906	1393	5568	159403	3050	-41851
hh372	7084	17940	6837	11510	25917	1041	48238
hh373	10520	10110	2586	6841	22703	2158	45937
hh374	8544	9597	1896	1604	22545	3150	68677
hh375	8464	14610	1036	8383	44261	2135	46955
hh376	10480	15520	2184	1711	28780	690	27550
hh377	7460	14880	4039	5239	25719	418	29596
hh378	9303	9366	2713	3617	69269	6905	47385
hh379	8153	11750	6385	6977	61187	3192	19943
hh380	6976	18140	732	3181	23320	1725	202614
hh381	5068	6739	2270	8464	66440	2945	9196
hh382	17040	22170	2486	4790	87567	747	33385
hh383	12580	14200	2337	2938	53586	518	25615
hh384	7968	10210	2069	3332	20300	608	104560
hh385	10360	7918	2916	1307	9768	4682	92769
hh386	7159	10810	4147	3870	19486	788	53492
hh387	13950	13100	5289	6300	38484	756	1685

续表

	C2	C3	C4	C5	C6	政府	投资与储蓄
hh388	7401	6726	969	3097	18370	2	36320
hh389	10010	13220	4928	10750	54164	108	5750
hh390	6109	11580	1017	3927	46716	3345	-406
hh391	13820	17500	9051	15050	52257	5933	39132
hh392	5314	4567	1766	708	9265	4601	58951
hh393	11190	11880	746	1063	16198	435	60232
hh394	8500	17180	218	2382	25896	345	34500
hh395	9759	8152	1164	567	34043	1383	51762
hh396	10680	17270	969	2919	91396	384	-10193
hh397	9944	14540	2241	2524	68929	1121	57022
hh398	13860	18530	4341	3940	87318	1821	10436
hh399	5237	9151	951	1962	7991	2712	78232
hh400	5379	9477	1246	5821	33439	1028	23506
hh401	11170	12240	579	2579	48456	251	22794
hh402	15260	11480	3380	9978	54306	1091	47447
hh403	16830	19740	8462	5864	51794	1764	64713
hh404	8431	6215	2983	1863	15415	729	6309
hh405	9162	15160	2322	10470	69259	9	43168
hh406	6377	16150	1804	13890	79086	2904	71159
hh407	10990	12600	1635	3646	49716	158	137060
hh408	8570	18590	2352	6848	18742	288	114409
hh409	5772	10620	1480	3364	51157	975	-9693
hh410	10300	14100	1210	9290	81318	1074	-28533
hh411	14410	17010	1418	5121	52304	1044	99245
hh412	13690	17860	1542	4218	94409	1410	-20761
hh413	7747	12270	895	3422	99208	0	-45725
hh414	6585	20670	1408	14290	57463	115	7957
hh415	7243	13400	1337	6637	56305	1676	29780
hh416	6716	9768	1727	9965	38725	2012	11589
hh417	8150	12310	1475	3279	43705	2160	-1617
hh418	14840	19050	677	9970	89892	5187	14343

续表

	C2	C3	C4	C5	C6	政府	投资与储蓄
hh419	7095	16110	3540	4577	73159	2166	58889
hh420	3780	7426	366	2084	37896	3210	-3404
hh421	5172	9761	4475	5600	28859	243	57839
hh422	7448	10180	1663	4083	29364	374	52786
hh423	4765	10430	3462	5053	71607	3796	42177
hh424	7744	14180	2461	5262	18281	29	55222
hh425	5525	7845	618	1556	26722	29	-36820
hh426	9773	14130	2453	5042	98819	585	-39787
hh427	5903	11030	277	2553	19494	345	77938
hh428	8830	8623	1200	4379	61525	633	23243
hh429	6236	20250	3225	7429	140747	0	-73850
hh430	14460	22590	1655	12890	112256	3012	-37809
hh431	10490	12960	3370	3737	89220	153	-28963
hh432	11100	12470	2643	2502	49801	935	40872
hh433	8217	7437	1392	1215	25520	2131	93571
hh434	7093	19200	6496	8295	214737	9828	-12689
hh435	19650	26010	3089	8908	333000	2061	-173046
hh436	6596	11140	3345	5559	21581	0	15532
hh437	4899	11490	1494	3934	41197	1104	-14118
hh438	7898	10440	1935	2582	34341	1888	62344
hh439	6200	8460	930	3020	15241	132	123501
hh440	10090	9260	3424	10050	42104	2907	48921
hh441	7370	9371	1071	5130	20963	136	28518
hh442	5896	11590	2760	2745	10518	0	47294
hh443	7974	12890	1065	2293	30528	2484	122668
hh444	12850	12280	761	7693	30217	3426	374
hh445	13970	40000	12780	4818	247101	5851	11204
hh446	15010	29280	454	2731	86058	523	-2517
hh447	10300	11440	5256	3981	29832	1967	68042
hh448	11510	11350	357	15490	40181	4262	41147
hh449	8529	15950	1351	3484	55533	2588	-1503

续表

	C2	C3	C4	C5	C6	政府	投资与储蓄
hh450	7452	11330	1007	3876	4823	0	108177
hh451	10880	15070	2430	3504	30956	0	94081
hh452	18560	38470	5829	14090	263420	3191	–36218
hh453	8709	12860	617	4634	46111	5	–13789
hh454	7504	6622	391	2801	11845	79	22982
hh455	11690	14860	490	1821	38603	408	61919
hh456	6404	8267	3212	454	8665	2876	32355
hh457	7816	12840	390	2255	34330	3197	223580
hh458	5831	6011	708	1387	7929	0	–4802
hh459	10500	9666	1269	2965	27731	1838	131842
hh460	13140	16520	3074	5435	62278	4522	109771
hh461	11620	19530	917	3944	119233	6131	159345
hh462	13540	11160	166	328	40382	300	79962
hh463	6196	8879	2345	1197	12944	230	120999
hh464	7247	18650	1086	2650	112626	1035	4790
hh465	9133	15070	95	6595	210759	1084	–114515
hh466	7256	9189	346	5446	34118	1809	22239
hh467	8891	13170	1676	4278	43691	3106	27975
hh468	8516	7812	604	1135	8966	1394	163127
hh469	6108	7805	157	2686	36687	126	42068
hh470	11610	15340	1118	9914	44161	2590	64718
hh471	7676	14030	336	6098	20935	303	29579
hh472	11180	12980	1955	5489	64479	2643	13348
hh473	7164	8720	1059	3614	17649	2754	36978
hh474	10050	12370	1243	13700	54108	1254	173389
hh475	11970	12620	3708	10250	49326	848	11923
hh476	12040	6786	182	1046	9648	1056	111240
hh477	11030	10570	1250	345	58867	14925	95978
hh478	4930	21000	2214	6363	120132	7268	379344
hh479	29560	32500	4895	9435	117973	4125	–34931
hh480	12540	10610	1877	4467	21821	4450	40457

续表

	C2	C3	C4	C5	C6	政府	投资与储蓄
hh481	9680	11360	715	7587	61385	4607	76941
hh482	12810	10540	90	720	27236	230	49708
hh483	3599	10530	1334	5285	12047	299	128666
hh484	13980	17220	7395	5936	98366	960	-11810
hh485	14500	18230	3815	2008	120836	1263	-34008
hh486	6044	6541	5744	5595	33073	944	15315
hh487	4294	6698	979	9332	9928	10	31817
hh488	15110	17370	4544	9641	33403	177	106823
hh489	3068	4356	720	2078	13257	21	36127
hh490	2512	3086	214	439	4088	1610	99450
hh491	13030	11480	375	1296	121358	4422	-86463
hh492	5262	8380	2588	3453	40255	3156	-7509
hh493	9489	13920	4117	11510	46942	8647	174723
hh494	6460	6159	1446	3018	15061	276	2298
hh495	4524	5241	279	541	40875	0	89389
hh496	3208	6097	1255	11420	58800	460	-23123
hh497	9144	7170	390	4119	31364	633	4236
hh498	5615	3095	526	2190	3742	17	47392
hh499	9007	8322	4335	2225	29102	130	28100
hh500	5348	4324	4302	3276	3141	864	18074
hh501	2899	1906	188	2758	2662	14	20780
hh502	8052	5027	486	3298	15444	1135	52926
hh503	6525	9862	3795	4473	13914	1064	26069
hh504	4832	6955	888	5259	18266	487	43289
hh505	8317	11990	1769	10360	44169	1222	32217
hh506	2835	2052	487	1003	9011	2030	42061
hh507	14980	9973	2708	8312	62517	3740	37356
hh508	6374	4291	482	1589	12826	664	26492
hh509	2920	2626	230	973	7786	451	21020
hh510	6813	5968	493	1905	12213	264	35171
hh511	7676	5792	1119	4949	29891	2105	31827

续表

	C2	C3	C4	C5	C6	政府	投资与储蓄
hh512	3517	4944	143	2468	7785	2092	32755
hh513	2842	2666	1512	3337	5405	0	29484
hh514	4598	4038	299	2505	4657	604	15935
hh515	13650	13530	3675	16400	34618	2551	8411
hh516	7260	6537	533	3482	26997	6029	34848
hh517	3661	1964	6	175	4902	7695	37935
hh518	5743	6532	283	1979	27003	184	39167
hh519	5005	5010	101	443	21951	3163	5702
hh520	9748	8303	1415	8070	23213	316	4711
hh521	7101	6093	548	2845	26455	1592	27100
hh522	6498	9330	1190	30010	25316	999	16140
hh523	5883	5870	885	4487	4780	0	31569
hh524	9699	12970	738	6537	33422	1006	53092
hh525	5928	6267	3626	3303	27350	222	9507
hh526	3893	602	740	13780	70909	3641	11115
hh527	9404	8061	154	8073	51148	1842	96740
hh528	15280	9529	11810	3200	62916	14322	98790
hh529	4838	6262	482	6372	24821	1803	17932
hh530	7631	12040	8770	9396	22630	576	30060
hh531	22260	13320	1263	10170	87271	1952	–24201
hh532	7251	6853	473	6059	18139	1469	94810
hh533	6711	3524	879	3633	13784	416	19056
hh534	7726	4110	715	3275	8640	1572	179675
hh535	4422	3686	905	2032	3097	10028	21272
hh536	4079	3836	303	1993	8527	1622	17425
hh537	5215	5186	491	1777	7769	794	22781
hh538	11590	5244	3150	2653	15905	35	17798
hh539	10590	8191	2048	6210	68923	938	–40420
hh540	7958	3993	988	116	2026	232	55333
hh541	5870	4086	115	1251	13553	181	3899
hh542	2949	2391	81	2242	3403	412	12983

续表

	C2	C3	C4	C5	C6	政府	投资与储蓄
hh543	6782	6144	2710	9193	26233	86	－13151
hh544	7893	5774	2037	2256	13311	1728	45978
hh545	6775	4857	1559	1429	21504	170	－11770
hh546	8748	4209	1163	4073	7201	626	30879
hh547	5310	6935	1263	5536	18691	99	10687
hh548	8151	8299	3909	7175	27427	891	－9314
hh549	4931	2216	717	1360	5216	121	17300
hh550	12250	9902	1955	2923	56276	1380	－19095
hh551	6874	8934	5298	7345	10701	0	8731
hh552	3822	2056	910	1708	4111	2246	35485
hh553	5378	2274	637	1625	4692	266	25783
hh554	8103	2936	303	0	15630	0	9150
hh555	10650	9160	1583	5612	27187	137	21915
hh556	8060	5191	1534	5365	17005	475	21876
hh557	4327	7600	495	3293	30189	350	39595
hh558	9451	6950	663	2810	31108	884	35825
hh559	12570	8020	1096	2173	70505	748	95424
hh560	8252	5184	377	2881	8438	173	36780
hh561	9452	7952	901	2346	32812	4182	151464
hh562	13520	9964	2705	7190	29855	1380	102006
hh563	8783	4691	1230	2045	20770	926	21078
hh564	10090	7456	2539	931	18406	0	40341
hh565	15560	9114	4805	6951	42184	1915	52663
hh566	10530	8152	3457	4917	19309	649	13481
hh567	5721	7175	644	1274	13215	1605	49589
hh568	15180	13130	1167	7311	36354	3685	74962
hh569	8235	5756	631	2229	12076	10	22654
hh570	13810	6100	2291	3529	23700	189	56697
hh571	10700	10340	3007	6738	82829	758	－14175
hh572	7466	5472	2203	4609	10801	614	15855
hh573	6959	6951	242	6182	35052	1038	16843

续表

	C2	C3	C4	C5	C6	政府	投资与储蓄
hh574	3776	6142	3888	4894	23472	645	8450
hh575	7303	6287	2869	4381	21530	2186	25897
hh576	10240	10920	707	4928	40014	3169	18719
hh577	4967	3825	906	2133	6611	1064	21261
hh578	5183	3288	783	337	5571	656	26440
hh579	7036	4984	313	702	16626	1328	45649
hh580	10580	8334	3404	7361	24571	1326	26462
hh581	5906	3589	468	4589	15371	549	23160
hh582	7935	7234	553	3373	47787	2318	-5838
hh583	6415	3421	1256	2475	15440	719	5494
hh584	2533	2368	300	969	4058	1024	27327
hh585	2348	6914	460	5302	11995	193	30205
hh586	7472	5335	725	740	26445	575	33104
hh587	12440	10100	1660	648	25291	656	86357
hh588	4128	1839	137	1528	5933	138	35363
hh589	8831	3693	1305	1879	20170	526	47829
hh590	6467	4872	1344	3405	16023	594	6032
hh591	7225	6687	2041	4812	20797	3968	-2520
hh592	9290	8757	866	6851	53002	793	6477
hh593	7477	4141	1099	1491	12257	1037	27447
hh594	6786	2497	242	818	6195	760	59147
hh595	4620	2466	3016	933	8151	233	10483
hh596	6361	5194	204	3015	17227	1415	20381
hh597	8383	5441	563	1786	23789	403	-433
hh598	4906	9104	2773	11840	23810	834	16550
hh599	5777	5236	605	2362	13982	289	11064
hh600	13980	9304	6789	4941	45459	15184	1770
hh601	12610	8133	1250	8607	29961	3712	97524
hh602	6400	5285	439	9171	21040	1921	30795
hh603	5151	5274	585	2072	14144	1076	33356
hh604	17720	9331	2940	2396	27716	2102	226166

续表

	C2	C3	C4	C5	C6	政府	投资与储蓄
hh605	6088	4736	5786	9361	21092	462	15173
hh606	6852	3724	357	1244	14496	0	-3026
hh607	8678	5461	709	3338	11322	1042	43534
hh608	3541	3649	19	66	12107	23	38549
hh609	2524	3040	128	1711	1584	0	16648
hh610	6859	5574	1019	4390	5951	117	9416
hh611	7301	4963	312	1264	35260	173	-19297
hh612	6941	4722	638	3149	17884	316	-23751
hh613	4981	2700	206	928	5792	0	14062
hh614	11110	7674	4687	2907	23382	53	44161
hh615	3412	3124	1254	3374	4784	0	13312
hh616	1321	3069	731	14200	92422	518	-50053
hh617	4249	5499	291	2103	11151	127	114020
hh618	6124	2869	2178	2643	9868	1762	36393
hh619	6809	5428	731	1129	72389	0	-49530
hh620	5509	4792	1760	2376	3619	0	66751
hh621	4391	2081	649	740	3785	60	40394
hh622	4149	3091	182	2079	5084	173	53280
hh623	12320	9086	985	5159	24149	1117	68781
hh624	11710	5916	524	2660	14448	37	3640
hh625	8146	3549	385	4300	12399	173	20060
hh626	9618	3149	1409	983	14977	158	13328
hh627	10890	6675	304	2525	25627	2092	79558
hh628	5918	2897	1235	1693	6055	5234	145353
hh629	5916	8409	791	8938	37714	886	3909
hh630	7474	7839	1071	4371	19833	1444	39390
hh631	9062	3560	208	5606	26666	1338	9329
hh632	3371	5992	417	9480	14706	1556	11331
hh633	5511	7693	71	10190	33525	382	2824
hh634	5166	7338	567	9021	9581	613	22292
hh635	8188	8610	1696	6737	39640	1324	7848

续表

	C2	C3	C4	C5	C6	政府	投资与储蓄
hh636	7674	5413	309	1788	98181	667	-17530
hh637	11320	10010	3922	5772	21061	4246	37238
hh638	7669	6825	492	4148	17533	1442	25398
hh639	3985	4376	874	5857	12072	2410	50400
hh640	13860	14040	586	11710	181058	2597	-52604
hh641	18780	12650	10840	16860	60396	3568	125444
hh642	6490	3929	1081	3595	12287	1725	47870
hh643	5974	8092	421	8880	13879	822	29868
hh644	1086	2219	0	202	6116	1179	26074
hh645	5747	7382	333	5804	23734	1159	12947
hh646	5793	4553	976	3758	15518	556	17317
hh647	7226	3306	2812	1542	9755	496	11900
hh648	6348	3900	889	8150	50090	733	25762
hh649	7161	9379	2519	3606	48348	1041	-40205
hh650	5207	6952	276	4384	28002	2312	2180
hh651	6478	6515	1247	2916	9423	1273	32519
hh652	6805	6958	1493	3964	66335	594	8825
hh653	4936	5437	708	9349	27321	3099	22525
hh654	3275	6202	99	2562	11949	34313	25731
hh655	13310	13850	1240	12630	110806	660	17899
hh656	9690	7596	969	5064	29813	4573	76210
hh657	14360	6166	2243	2740	67245	258	-10788
hh658	8947	8409	1293	7329	48479	596	-18596
hh659	13170	9060	125	1746	37253	1377	32198
hh660	5562	6386	775	4754	20786	3399	51980
hh661	2851	1749	127	623	2977	86	19196
hh662	5275	1368	1113	946	4678	29	3497
hh663	4786	5333	151	2016	74545	1012	-13035
hh664	8877	10020	2481	10010	136578	2163	-63855
hh665	8102	7386	398	4373	23551	1878	6492
hh666	6362	5690	1148	2054	17733	2697	111992

续表

	C2	C3	C4	C5	C6	政府	投资与储蓄
hh667	11110	13080	2668	3350	27390	2880	74753
hh668	8200	8849	613	3132	24176	6617	60193
hh669	8609	5845	477	1949	12454	1156	43894
hh670	3363	2156	152	203	11628	12	658
hh671	5556	8460	684	7750	116087	4292	9172
hh672	9097	8851	548	8774	59050	5658	9169
hh673	9289	9210	931	2664	142300	7023	-55950
hh674	10970	4631	528	6236	29358	2812	77235
hh675	6513	4057	307	1713	12945	725	36562
hh676	6940	6632	193	156	15079	276	26309
hh677	10440	10150	353	4011	96237	4094	-70383
hh678	5177	6298	801	5572	38994	0	-2629
hh679	6537	3363	823	1178	4254	0	27578
hh680	5622	4291	1104	3131	6693	408	24679
hh681	5658	7014	622	9221	100991	781	-75629
hh682	5348	3890	47	4713	14686	558	18175
hh683	2060	1011	76	2271	10256	619	22439
hh684	956	515	238	214	1711	719	6472
hh685	4542	4255	1007	506	5022	553	48896
hh686	8362	6899	128	1894	14700	2113	103896
hh687	8375	4306	1492	1441	21179	2201	94054
hh688	12970	7458	3862	6996	39689	1393	28029
hh689	5998	5859	465	6002	12279	549	64983
hh690	4689	5383	236	1730	17330	2817	95682
hh691	2312	2357	533	1186	6085	1283	30484
hh692	5258	4026	462	8504	30571	1380	26500
hh693	2929	10970	413	5615	41695	1645	15551
hh694	8975	5416	742	4251	31479	2604	31488
hh695	3021	3679	1842	5608	12184	828	14283
hh696	8958	7072	483	14200	22131	63	2934
hh697	2859	3613	1497	3148	1821	879	31599

续表

	C2	C3	C4	C5	C6	政府	投资与储蓄
hh698	1780	2680	641	739	3051	403	46359
hh699	2990	3543	1997	2320	3036	288	21859
hh700	3813	4187	1397	2189	8337	286	19099
hh701	1671	2919	1202	665	2172	259	19353
hh702	1386	2853	1600	3031	5593	61	24381
hh703	2937	4244	543	3223	1105	11	44814
hh704	2075	2845	353	957	2873	70	28274
hh705	2368	6038	448	6584	27884	433	20020
hh706	1408	2140	799	1143	3855	464	45145
hh707	829	4944	567	2222	4970	0	38022
hh708	4588	4330	891	2207	5470	185	25707
hh709	4818	3684	484	711	5446	1564	111604
hh710	3404	4160	2227	3566	8427	2594	96772
hh711	3625	4528	369	1313	49106	634	78592
hh712	1894	4636	120	3886	30351	0	11010
hh713	4393	2520	151	2184	9244	529	100283
hh714	1636	3230	356	1105	3052	1928	77530
hh715	3180	2225	161	3006	6085	168	40913
hh716	4054	4896	116	6736	23752	170	33006
hh717	4368	4986	2302	3390	55980	1136	1339
hh718	2508	3332	708	885	4295	566	169494
hh719	2357	1781	1630	0	1971	1266	76366
hh720	3394	8974	495	5573	50636	705	28701
hh721	1943	5606	3386	4093	13139	1831	69304
hh722	3165	1889	578	373	6099	297	56426
hh723	2952	2351	862	681	12153	1586	10907
hh724	3987	3745	666	4385	5887	869	55794
hh725	2865	1145	164	978	3330	6	17242
hh726	5514	4378	1207	2872	24050	233	11192
hh727	7317	4692	2076	2008	28030	744	21567
hh728	3513	3291	964	1470	6520	207	41777

续表

	C2	C3	C4	C5	C6	政府	投资与储蓄
hh729	2986	2326	847	3358	7536	518	74203
hh730	2528	3388	1581	1111	24977	0	6746
hh731	4798	4748	328	915	9571	443	102338
hh732	5001	2615	382	2274	5785	52	56156
hh733	2685	1946	418	2659	4192	2075	48416
hh734	5316	4517	4333	4012	7930	25	16243
hh735	2629	1580	141	448	20499	6192	9812
hh736	4229	1474	534	352	1995	115	10404
hh737	2302	2603	355	416	4192	1708	48971
hh738	3234	1358	171	3989	3581	0	17832
hh739	5852	2088	374	861	3071	0	42745
hh740	2341	1749	327	1496	2532	10	12008
hh741	3117	2959	760	1788	11999	1135	55048
hh742	3034	1145	6	187	5024	58	28184
hh743	2209	1135	589	459	1564	794	53184
hh744	1783	1062	218	1072	3249	0	11434
hh745	4730	4960	1208	2000	24597	1611	52180
hh746	4439	2878	746	2330	4087	712	26766
hh747	4384	4056	1772	10340	890	378	72689
hh748	3181	3324	195	1278	8338	823	19801
hh749	2363	1379	776	1671	3017	264	20153
hh750	3687	4726	2034	1943	21388	13693	－14895
hh751	2926	1893	798	796	3270	529	17472
hh752	4889	2827	291	1623	3494	0	14342
hh753	4236	3629	723	1574	5203	0	31662
hh754	2998	3058	626	1788	4118	387	18775
hh755	3403	2172	703	466	2878	0	21688
hh756	4627	3157	876	3191	6120	105	23907
hh757	5282	3435	761	3372	3470	0	46207
hh758	5419	4583	1273	2844	4497	227	29398
hh759	3146	2276	760	346	1167	26	40629

续表

	C2	C3	C4	C5	C6	政府	投资与储蓄
hh760	5029	3044	901	1189	5029	336	51389
hh761	3288	2769	591	1584	3826	115	21033
hh762	2613	1330	178	523	4654	345	16762
hh763	1697	1504	350	556	2653	286	33507
hh764	4275	3589	1341	1510	7385	13	26356
hh765	2121	2434	136	1921	1982	0	27820
hh766	1780	1247	598	440	1161	0	23229
hh767	2242	2387	913	1019	1431	15	11507
hh768	5122	3101	954	1397	18329	926	17889
hh769	2101	2202	35	1924	2299	719	28652
hh770	6324	4766	4735	11450	6875	549	11777
hh771	1420	1235	392	494	1333	213	22851
hh772	6358	4018	1360	6641	3895	150	9628
hh773	2140	2987	801	660	1807	0	51544
hh774	1250	1310	257	579	942	0	26097
hh775	4294	2372	594	93	7892	460	51925
hh776	3090	1996	220	526	3740	748	49653
hh777	2293	1572	914	606	1401	755	46502
hh778	8966	9657	2270	7397	12587	261	19991
hh779	12560	4624	575	1428	37934	6694	-33737
hh780	8493	3264	1925	4436	11111	921	14455
hh781	6731	9079	938	9395	25179	1126	17523
hh782	9754	5048	465	2701	19494	60	22979
hh783	4841	1374	407	1124	4539	208	18522
hh784	4748	1033	104	773	2316	12	5048
hh785	5652	2275	211	2170	25843	265	15974
hh786	7901	3387	528	2397	10618	333	5001
hh787	6526	5287	1638	4970	12588	35	17774
hh788	6975	1794	1095	634	8110	155	2135
hh789	7952	3722	216	3185	12744	531	-2973
hh790	5581	1998	270	1531	4036	196	161238

续表

	C2	C3	C4	C5	C6	政府	投资与储蓄
hh791	9609	2330	742	308	30980	17	-23543
hh792	5031	3490	715	1369	6702	3124	31091
hh793	11230	2190	1240	638	13518	483	-2991
hh794	6122	4002	2039	2073	16211	516	23896
hh795	7440	3159	273	541	14992	728	35936
hh796	7512	2834	1860	1850	6059	29	4506
hh797	8021	6748	523	1323	20411	316	23409
hh798	4696	994	77	1137	1512	86	14519
hh799	4200	1120	216	1480	3144	105	15431
hh800	7167	7488	1370	2069	11391	604	93159
hh801	13090	7143	1809	7258	25370	426	17179
hh802	3055	1630	432	804	3674	173	10127
hh803	7742	4505	739	1728	16338	345	10454
hh804	7346	6042	1973	2928	8944	155	33263
hh805	3614	1349	1314	837	3805	943	36245
hh806	4513	4029	1235	2294	10777	224	2436
hh807	9028	4522	2823	6612	20575	426	-143
hh808	9290	6562	550	5342	28978	184	-18201
hh809	5394	2418	639	3624	4770	86	7321
hh810	3336	1713	418	2278	2608	115	19319
hh811	2977	2281	1540	887	7041	173	14853
hh812	3699	2419	430	1742	6381	319	18533
hh813	2938	1069	442	329	1327	86	43866
hh814	7334	2861	1633	3321	6274	431	38682
hh815	5387	2057	1354	1848	5282	461	8927
hh816	5509	5194	828	246	34670	1211	46178
hh817	4884	1844	743	2276	4998	29	10700
hh818	3522	2481	1430	321	4724	184	27490
hh819	3136	3833	806	659	11501	1610	33705
hh820	5018	2077	175	601	13662	0	-11924
hh821	4888	3954	176	1073	23803	14447	7262

续表

	C2	C3	C4	C5	C6	政府	投资与储蓄
hh822	5039	9185	2578	5671	28237	4247	30001
hh823	3289	1181	642	1817	4150	201	9678
hh824	4753	3246	848	1763	8745	813	17104
hh825	10390	4649	1186	2264	7796	0	31156
hh826	4449	2024	392	3381	28623	3620	-3885
hh827	6175	2736	617	1868	8697	7	10166
hh828	7481	3526	478	2167	12273	1257	16919
hh829	7486	4061	1295	2282	10658	1854	53346
hh830	6521	2556	322	1448	9732	673	39960
hh831	6133	3350	264	1538	11758	71	16945
hh832	8410	5521	1495	5737	28313	1602	54553
hh833	7960	2715	406	687	11345	1133	41818
hh834	7724	6123	426	2469	18622	10690	76055
hh835	5114	2940	335	1325	17318	1594	51726
hh836	12900	7312	2159	4907	12556	1196	26546
hh837	6652	3178	289	1807	19072	4673	39857
hh838	3399	2775	470	2597	6283	334	6550
hh839	6147	3243	55	620	10506	115	12542
hh840	9538	6134	3008	9126	18096	0	7314
hh841	12120	7337	2359	4015	30740	144	-565
hh842	3612	2373	130	1290	3773	1070	45940
hh843	5927	3060	1874	578	6954	1599	25932
hh844	6658	4242	83	1240	6400	0	49608
hh845	6976	4245	2103	10500	34948	2507	17264
hh846	13690	4738	583	2569	17549	173	29314
hh847	6049	5457	641	6899	19035	2410	38631
hh848	6615	4705	434	4161	28208	23409	-9135
hh849	3177	3910	657	5657	5611	4183	17271
hh850	5864	4158	2850	3547	12993	81	22139
hh851	5889	3730	1168	3426	11175	345	13782
hh852	2607	1795	66	1036	2871	115	21061

续表

	C2	C3	C4	C5	C6	政府	投资与储蓄
hh853	1986	1934	820	3946	2617	0	18563
hh854	4036	3714	126	2791	4448	592	8087
hh855	6349	3289	103	1599	9960	120	6485
hh856	5162	1281	196	1091	2585	0	7366
hh857	3248	1760	246	3187	3483	0	23622
hh858	5309	5331	62	2390	40388	3390	58521
hh859	4257	4888	1928	500	33926	6507	146794
hh860	2356	1753	76	801	11720	851	24800
hh861	15090	6296	453	2720	43873	14210	-26550
hh862	10810	8446	1953	3782	92511	4603	-32576
hh863	5082	12520	1482	7602	61064	3086	790
hh864	12450	13880	4779	14890	112843	535	4700
hh865	2757	5259	136	10790	75448	5210	4056
hh866	6009	8798	1687	2321	63056	4807	95494
hh867	6288	2709	219	1514	5970	441	22317
hh868	5440	3547	450	1080	10156	706	16405
hh869	4083	4403	1293	2209	26680	7763	118658
hh870	7411	4700	780	1521	40153	790	-3549
hh871	6899	3481	1345	1009	9653	1483	39709
hh872	6022	4670	3191	1373	17593	886	21414
hh873	4575	5406	2858	1390	4117	5399	48195
hh874	6890	7371	700	2990	23581	1794	33816
hh875	3523	7131	4576	7306	37396	817	9220
hh876	2322	11390	599	7205	96697	502	-55321
hh877	5747	4977	190	4916	116384	5423	39258
hh878	5794	3976	1476	3434	8523	524	8459
hh879	5838	3623	1502	4180	5558	2410	6857
hh880	8548	4945	2584	2864	6735	2657	20102
hh881	9233	4071	1825	1625	6373	2762	23305
hh882	2165	2191	661	1606	1590	541	14509
hh883	11270	3790	741	3801	7581	2283	23896

续表

	C2	C3	C4	C5	C6	政府	投资与储蓄
hh884	5208	10040	2366	6994	58251	1740	10712
hh885	7515	8979	2030	2963	11120	592	12973
hh886	8330	7645	1315	9343	19015	3221	11154
hh887	7039	7121	1795	6153	5225	650	57602
hh888	5223	6685	242	2625	19482	3586	27314
hh889	11260	8509	1881	3158	33804	41	10230
hh890	5533	6347	7	2835	18069	0	-3850
hh891	1951	2105	432	1034	5554	193	8806
hh892	7272	8392	714	1134	56448	1004	69293
hh893	4777	3639	392	2680	5140	0	3465
hh894	13530	10760	13940	5047	85405	1317	-6537
hh895	12350	6161	2644	5995	16136	362	-10354
hh896	5006	5699	3574	1169	9715	0	2914
hh897	8453	5150	52	2481	42597	994	98208
hh898	6918	6727	612	2775	18375	3508	99576
hh899	574	2069	288	1824	20076	4718	8217
hh900	12490	9054	684	4303	42912	1617	35607
hh901	8038	8117	1495	1954	13956	694	9749
hh902	6843	6669	2801	3251	14969	600	44573
hh903	4133	3369	2331	3254	3256	2463	25082
hh904	5138	3875	995	2365	7391	0	-3105
hh905	7094	7077	1058	1732	25609	1398	45368
hh906	5027	3949	1488	1624	5880	518	6902
hh907	10880	4228	1144	4273	13763	46	16656
hh908	9937	4652	1153	2516	21659	960	17637
hh909	5960	8935	2432	7141	59034	965	-25070
hh910	3686	3119	466	2666	5144	4244	33630
hh911	10340	9780	354	307	45172	1031	34082
hh912	8522	3701	3131	7773	11974	1064	-8537
hh913	12410	7524	1088	2228	22138	132	80726
hh914	5234	3302	1311	2163	8615	816	27283

续表

	C2	C3	C4	C5	C6	政府	投资与储蓄
hh915	4179	1953	160	977	9619	221	13022
hh916	8384	5018	443	2109	30493	1107	18594
hh917	7163	5844	2995	2548	10915	5962	36098
hh918	2768	2378	257	357	4584	5176	29159
hh919	4714	2779	570	2765	19638	0	17194
hh920	7672	4288	470	2046	14314	4307	45464
hh921	2900	2143	478	609	3860	0	8806
hh922	2126	2080	1070	4941	12569	949	6705
hh923	4225	7007	2700	1980	10278	351	44852
hh924	6141	2856	299	1201	11340	3704	9640
hh925	11250	3233	1233	3689	23256	230	-16326
hh926	3962	5613	1710	8048	14504	17	33933
hh927	6713	11640	5991	2904	90439	1530	-66950
hh928	6680	5204	150	4988	12070	144	11016
hh929	12600	12710	823	5473	57420	1909	-2089
hh930	7137	8486	134	395	56738	3179	89593
hh931	7156	3140	1715	2903	15615	1226	40254
hh932	5027	5421	4745	4430	7339	858	42534
hh933	9000	6044	541	1895	24129	345	17427
hh934	2181	2441	1672	1290	4635	94	17867
hh935	3466	3174	251	5117	4527	129	5720
hh936	4575	8360	142	6289	41355	2056	39207
hh937	4059	1752	166	1119	3182	173	13251
hh938	3253	2025	1548	334	5582	135	25844
hh939	3034	1742	658	47	925	0	20279
hh940	3718	1933	141	143	3976	316	8458
hh941	5530	3171	2204	2793	6062	1222	35451
hh942	6214	5156	962	5300	31294	3486	16144
hh943	3868	3381	453	2068	9517	661	21994
hh944	11150	3901	530	2160	11046	1193	46463
hh945	6347	7939	4597	1929	44179	2521	9315

续表

	C2	C3	C4	C5	C6	政府	投资与储蓄
hh946	2698	3222	63	2961	13090	403	14091
hh947	1941	5480	1075	5173	5394	776	31429
hh948	7546	4087	54	4608	36097	5124	9282
hh949	3571	6075	408	6309	15090	1725	24506
hh950	4026	4093	511	0	8625	305	36836
hh951	13160	11810	1855	2418	34907	3033	−36228
hh952	4604	3812	539	761	6392	3123	71392
hh953	11410	5967	599	7426	17248	2795	27146
hh954	3742	4048	237	5185	27720	1120	−5851
hh955	4027	2370	1281	3897	6106	721	9604
hh956	5590	3703	21	2737	28946	569	−12926
hh957	4220	5100	557	3041	5750	104	33739
hh958	9934	8670	777	2013	46111	0	−17829
hh959	2778	1299	302	556	2969	127	23529
hh960	4585	6014	939	4718	50735	1104	−11189
hh961	5786	2827	129	3575	7746	12	10643
hh962	3246	2124	93	1145	3045	0	17345
hh963	6443	5560	1562	8103	56778	805	−15264
hh964	2978	2841	576	2155	3245	7103	18116
hh965	1422	942	70	441	5073	2042	2069
hh966	5845	5898	660	1511	37090	1969	110220
hh967	5023	3314	2355	1376	8812	1477	26241
hh968	3630	2931	243	250	3351	385	6988
hh969	7815	6213	2280	3880	14875	5349	27506
hh970	7239	5704	984	883	20848	673	29912
hh971	5933	3022	1111	403	6265	506	5828
hh972	7598	4806	209	3020	29072	874	−11574
hh973	6503	2139	490	2181	17510	1531	6093
hh974	3260	2901	44	2471	19693	219	26083
hh975	4229	2468	653	3764	12668	98	8918
hh976	5464	1918	633	618	20580	510	55554

续表

	C2	C3	C4	C5	C6	政府	投资与储蓄
hh977	4429	5724	626	4676	31020	1221	28039
hh978	6197	5844	1240	3134	27618	2074	46419
hh979	2087	9844	68	9354	77507	4492	-7314
hh980	5352	4091	777	4908	13228	1156	49282
hh981	5164	6807	363	4318	101430	1856	-61303
hh982	3687	5925	1925	3671	22934	274	33102
hh983	4041	2501	234	1962	7835	173	7407
hh984	4052	2446	693	3631	7820	1254	17722
hh985	6522	3657	1255	4878	47835	474	-23821
hh986	5228	5994	27	5428	55682	4428	-76188
hh987	18300	15380	1287	2362	158092	599	-107159
hh988	3130	4806	2961	3608	12190	2817	24680
hh989	2136	1606	1040	1784	1763	0	22211
hh990	5923	7521	924	2176	55048	12	-27655
hh991	12910	9650	1599	3544	57904	3805	58924
hh992	9864	5532	664	2965	69435	15585	74576
hh993	6299	7388	305	2941	9571	288	30600
hh994	7724	8840	150	2968	31003	2819	98550
hh995	3642	6380	1372	4891	6900	627	26493
hh996	2127	1935	27	0	999	2	28469
hh997	4787	2075	1054	5049	19457	1773	18640
hh998	5679	4330	470	1040	19731	570	63351
hh999	4490	3516	1059	2907	10420	966	27626
hh1000	6296	14840	2988	10430	71594	711	44472

附表4　政府与国外消费及投资矩阵

政府与国外消费及投资矩阵包括子矩阵（16）、子矩阵（17）和子矩阵（18），为（7×3）矩阵。

	政府	投资与储蓄	国外
C1	0	306243476.3	32868794.5
C2	0	8095902.011	5487447.59
C3	0	16860121.68	8449120.63
C4	0	12199296.05	805579.129
C5	0	5672266.386	53859421.1
C6	69303271.35	148399813.4	201483050
C7	121895728.6	-6584848.43	324709.367

附表5　产业产出矩阵

产业产出矩阵包括子矩阵（21），为（6×8）矩阵。

	C1	C2	C3	C4	C5	C6	C7
A1	3927100	141256206	134055434	0	0	0	0
A2	0	41665451.86	64835283.69	38307092	156354358	74013112.7	0
A3	25860148	0	0	0	0	0	6548682.99
A4	0	56151834.23	0	0	0	0	0
A5	555808421	0	0	0	0	1710618602	124903290

附表6　产业最初投入矩阵

产业最初投入矩阵包括子矩阵（32）和子矩阵（38），为（3×5）矩阵。

	A1	A2	A3	A4	A5
非熟练劳动	80144614	25110849.88	3198704	5129531	203453370.3
熟练劳动	50589603	13839673.1	1882023	2754952	203401672.9
资本	26736965	37776985.35	3873121	10023370	376051493.2

附表7 家庭收入矩阵

家庭收入矩阵包括子矩阵（43）、子矩阵（45）、子矩阵（46）和子矩阵（48），为（18036×6）矩阵，限于篇幅，仅展示18036户家庭中前1000个住户的要素分配数据。

	非熟练劳动	熟练劳动	资本	企业	政府	国外
hh1	0	35560	189	39990	2529	2498
hh2	0	17720	94	111600	7059	6973
hh3	0	14850	79	87950	5563	5495
hh4	0	41450	220	112000	7084	6998
hh5	0	57260	304	72530	4588	4532
hh6	0	68910	366	10570	668	660
hh7	0	85400	454	1378	87	86
hh8	85420	0	326	20680	1308	1292
hh9	0	45810	244	39550	2502	2471
hh10	0	52570	280	46540	2944	2908
hh11	0	79850	425	4595	291	287
hh12	0	90510	481	1378	87	86
hh13	0	69360	369	1378	87	86
hh14	103200	0	394	45680	2889	2854
hh15	133600	0	510	57470	3635	3591
hh16	90710	0	346	54710	3461	3419
hh17	0	27720	147	98470	6228	6153
hh18	19770	0	75	153900	9735	9617
hh19	0	0	0	201500	12750	12590
hh20	27510	0	105	99280	6280	6203
hh21	106600	0	407	46440	2937	2902
hh22	0	0	0	138400	8757	8650
hh23	105800	0	404	29030	1836	1814
hh24	0	101400	539	4434	280	277

续表

	非熟练劳动	熟练劳动	资本	企业	政府	国外
hh25	0	114900	611	2136	135	133
hh26	0	0	0	162000	10250	10120
hh27	0	14370	76	97260	6152	6077
hh28	0	0	0	182800	11560	11420
hh29	0	0	0	158800	10050	9923
hh30	0	101200	538	1677	106	105
hh31	0	67800	361	4434	280	277
hh32	0	133700	711	191500	12110	11970
hh33	0	118000	627	84380	5337	5272
hh34	24540	0	94	143300	9066	8956
hh35	0	0	0	123200	7794	7699
hh36	0	75330	401	1378	87	86
hh37	146400	0	558	4411	279	276
hh38	110400	0	421	93950	5943	5870
hh39	0	13170	70	112200	7095	7009
hh40	0	124500	662	1378	87	86
hh41	0	35050	186	57020	3607	3563
hh42	0	56320	299	151900	9608	9491
hh43	143500	0	547	43160	2730	2697
hh44	0	148100	788	39670	2509	2479
hh45	78280	0	299	63880	4041	3992
hh46	0	5269	28	169300	10710	10580
hh47	63100	0	241	45810	2897	2862
hh48	132700	0	506	78840	4987	4926
hh49	0	82830	440	47930	3032	2995
hh50	104000	0	397	1034	65	65
hh51	0	75500	401	41060	2597	2566
hh52	114800	0	438	2297	145	144
hh53	72640	0	277	61020	3860	3813
hh54	0	34860	185	91720	5802	5731
hh55	46220	0	291	70500	4460	4405

续表

	非熟练劳动	熟练劳动	资本	企业	政府	国外
hh56	90150	0	344	45430	2874	2839
hh57	0	11420	61	108600	6871	6787
hh58	0	42930	228	1034	65	65
hh59	0	97120	516	2986	189	187
hh60	0	27470	146	689	44	43
hh61	0	117200	623	1378	87	86
hh62	98190	0	375	60430	3822	3776
hh63	0	49290	262	1378	87	86
hh64	0	20730	110	157600	9968	9847
hh65	0	100400	534	3216	203	201
hh66	0	40020	213	1378	87	86
hh67	0	18920	101	36010	2278	2250
hh68	0	85330	454	1378	87	86
hh69	77690	0	296	1378	87	86
hh70	0	56350	300	1378	87	86
hh71	188600	0	719	1378	87	86
hh72	0	126300	672	185200	11710	11570
hh73	0	104600	556	4319	273	270
hh74	52970	0	202	40110	2537	2506
hh75	0	31890	170	38040	2406	2377
hh76	0	34780	185	38810	2455	2425
hh77	0	81050	431	45030	2848	2813
hh78	0	83620	445	1378	87	86
hh79	39380	0	150	163300	10330	10210
hh80	0	56970	303	1378	87	86
hh81	0	58350	310	1378	87	86
hh82	0	55740	296	2297	145	144
hh83	0	82030	436	1378	87	86
hh84	75340	0	287	17320	1096	1082
hh85	0	15330	82	54310	3435	3393
hh86	0	91820	488	5973	378	373

续表

	非熟练劳动	熟练劳动	资本	企业	政府	国外
hh87	0	72750	387	42470	2686	2654
hh88	109000	0	416	9454	598	591
hh89	0	95650	509	10570	668	660
hh90	0	58600	474	57800	3656	3611
hh91	0	127600	678	64780	4098	4048
hh92	0	128500	683	1631	103	102
hh93	0	109900	585	1378	87	86
hh94	0	164500	875	94090	5951	5879
hh95	0	174700	929	6892	436	431
hh96	0	115900	616	5284	334	330
hh97	0	188000	1000	13320	843	833
hh98	0	113200	602	149300	9441	9326
hh99	0	265300	1411	40770	2579	2548
hh100	0	62590	333	3905	247	244
hh101	0	167200	889	40410	2556	2525
hh102	0	63470	338	5973	378	373
hh103	0	98880	526	79490	5028	4966
hh104	0	47400	252	46630	2950	2914
hh105	69170	0	264	37010	2341	2312
hh106	0	16890	90	162200	10260	10130
hh107	0	96180	511	2320	147	145
hh108	0	68320	363	23890	1511	1493
hh109	123000	0	469	40820	2582	2550
hh110	0	97270	517	15620	988	976
hh111	0	113900	606	6892	436	431
hh112	0	51600	274	1378	87	86
hh113	72080	0	275	82100	5193	5130
hh114	0	109200	581	88950	5626	5557
hh115	0	38070	202	323600	20470	20220
hh116	70700	0	270	52250	3305	3265
hh117	85320	0	325	51220	3240	3200

续表

	非熟练劳动	熟练劳动	资本	企业	政府	国外
hh118	0	86140	458	9419	596	589
hh119	66790	0	255	1378	87	86
hh120	0	77230	411	1378	87	86
hh121	0	91100	484	2068	131	129
hh122	124300	0	474	1378	87	86
hh123	0	69160	368	1378	87	86
hh124	0	29240	156	79880	5053	4991
hh125	0	74950	399	2757	174	172
hh126	0	237000	1260	1378	87	86
hh127	0	148400	789	1378	87	86
hh128	0	138000	734	1378	87	86
hh129	48410	0	185	1838	116	115
hh130	101400	0	387	48080	3041	3004
hh131	0	23690	126	79410	5023	4962
hh132	82640	0	315	34890	2207	2180
hh133	130500	0	498	1378	87	86
hh134	119900	0	457	1378	87	86
hh135	0	68880	366	18180	1150	1136
hh136	0	39310	209	2757	174	172
hh137	0	46760	249	24350	1540	1522
hh138	114200	0	436	21310	1348	1331
hh139	0	124500	662	1378	87	86
hh140	107400	0	410	16040	1014	1002
hh141	151300	0	577	1378	87	86
hh142	75310	0	287	1378	87	86
hh143	0	146600	780	1378	87	86
hh144	0	47730	254	18840	1192	1177
hh145	33550	0	128	18830	1191	1176
hh146	13860	0	53	15300	968	956
hh147	0	16050	85	31930	2020	1995
hh148	19970	0	76	41120	2601	2569

续表

	非熟练劳动	熟练劳动	资本	企业	政府	国外
hh149	0	36790	196	115700	7318	7229
hh150	11350	0	43	51000	3226	3187
hh151	0	65630	349	71440	4519	4464
hh152	32870	0	125	23270	1472	1454
hh153	11350	0	43	44340	2804	2770
hh154	0	32840	175	689	44	43
hh155	0	49340	262	94830	5998	5925
hh156	0	32500	173	804	51	50
hh157	0	36020	192	689	44	43
hh158	51760	0	197	32460	2053	2028
hh159	0	108100	575	689	44	43
hh160	0	50870	271	25790	1631	1611
hh161	0	64810	345	18310	1158	1144
hh162	0	40310	214	13780	872	861
hh163	0	0	0	73190	4629	4573
hh164	48540	0	185	46790	2960	2924
hh165	28810	0	110	40440	2558	2527
hh166	0	56460	300	25440	1609	1589
hh167	0	30990	165	689	44	43
hh168	94560	0	2462	19920	1260	1244
hh169	90220	0	344	10650	674	665
hh170	0	35930	191	33770	2136	2110
hh171	0	89250	475	12290	777	768
hh172	25730	0	98	31050	1964	1940
hh173	46790	0	178	24940	1577	1558
hh174	0	17960	96	92290	5838	5767
hh175	0	46160	245	689	44	43
hh176	0	93210	496	33490	2119	2093
hh177	52170	0	199	121800	7707	7613
hh178	0	0	0	69180	4376	4323
hh179	0	47240	251	11760	744	735

续表

	非熟练劳动	熟练劳动	资本	企业	政府	国外
hh180	102800	0	392	24340	1539	1521
hh181	0	32330	172	345	22	22
hh182	0	38730	206	17390	1100	1087
hh183	2804	0	11	30710	1942	1919
hh184	0	24000	128	345	22	22
hh185	0	20600	110	345	22	22
hh186	0	18530	99	12750	806	797
hh187	19030	0	73	10250	648	640
hh188	29380	0	112	11910	753	744
hh189	0	15810	84	12520	792	782
hh190	25370	0	97	9809	620	613
hh191	0	19160	102	345	22	22
hh192	19030	0	73	9534	603	596
hh193	29550	0	113	10450	661	653
hh194	0	17240	92	9717	615	607
hh195	0	50300	267	345	22	22
hh196	0	20720	110	12290	777	768
hh197	0	22000	117	10740	679	671
hh198	56090	0	214	80760	5108	5046
hh199	105400	0	402	55640	3519	3476
hh200	0	58650	312	3676	232	230
hh201	0	65060	346	7122	450	445
hh202	0	48920	260	6432	407	402
hh203	0	11020	59	80770	5109	5047
hh204	0	117000	622	3676	232	230
hh205	97150	0	371	90880	5748	5678
hh206	79870	0	305	39650	2508	2477
hh207	82800	0	316	56380	3566	3523
hh208	0	40610	216	42290	2675	2642
hh209	0	0	0	161100	10190	10060
hh210	0	104700	557	1378	87	86

续表

	非熟练劳动	熟练劳动	资本	企业	政府	国外
hh211	0	38010	202	60070	3800	3753
hh212	0	10130	246	345	22	22
hh213	0	66450	353	9189	581	574
hh214	48580	0	185	34920	2209	2182
hh215	0	43110	229	55260	3496	3453
hh216	0	121400	646	71760	4539	4484
hh217	0	89340	475	20500	1297	1281
hh218	0	25130	134	40250	2546	2515
hh219	77220	0	295	5210	330	326
hh220	0	47900	255	77280	4888	4829
hh221	0	65330	347	33080	2092	2067
hh222	0	39280	209	56010	3543	3499
hh223	57770	0	220	46550	2944	2908
hh224	0	57480	306	1378	87	86
hh225	0	0	0	138600	8766	8659
hh226	0	50990	271	51920	3284	3244
hh227	0	93150	495	35950	2274	2246
hh228	75970	0	290	93800	5933	5861
hh229	0	162000	861	1378	87	86
hh230	0	42380	225	41170	2604	2572
hh231	0	78520	418	143900	9101	8990
hh232	0	67940	361	79780	5046	4985
hh233	50990	0	194	46730	2956	2920
hh234	0	113700	605	11490	727	718
hh235	0	142200	756	1034	65	65
hh236	0	22110	118	0	0	0
hh237	0	79710	424	3446	218	215
hh238	63360	0	242	5628	356	352
hh239	0	104700	557	8385	530	524
hh240	0	101700	541	32600	2062	2037
hh241	122000	0	465	4709	298	294

续表

	非熟练劳动	熟练劳动	资本	企业	政府	国外
hh242	0	125000	665	1034	65	65
hh243	0	66390	353	1034	65	65
hh244	0	52860	281	6042	382	378
hh245	0	63960	340	4700	297	294
hh246	0	52450	279	1034	65	65
hh247	0	91210	485	89020	5631	5562
hh248	0	60480	322	1773	112	111
hh249	0	71910	691	5054	320	316
hh250	53210	0	1944	57220	3619	3575
hh251	112200	0	428	10570	668	660
hh252	0	115500	614	1723	109	108
hh253	0	94290	501	1378	87	86
hh254	0	87190	464	1378	87	86
hh255	0	51950	276	1378	87	86
hh256	0	49570	264	689	44	43
hh257	0	44890	239	804	51	50
hh258	0	80540	428	1378	87	86
hh259	0	28340	151	31700	2005	1981
hh260	0	69940	372	1378	87	86
hh261	0	119000	633	181200	11460	11320
hh262	0	137200	730	1378	87	86
hh263	0	105800	563	1378	87	86
hh264	0	74270	395	1378	87	86
hh265	0	59230	315	1378	87	86
hh266	0	86650	461	5789	366	362
hh267	0	155800	828	1378	87	86
hh268	0	80020	426	42180	2668	2635
hh269	0	105200	560	17850	1129	1115
hh270	0	71850	382	5054	320	316
hh271	0	80570	428	29860	1889	1866
hh272	0	104000	553	1378	87	86

续表

	非熟练劳动	熟练劳动	资本	企业	政府	国外
hh273	0	84980	452	1378	87	86
hh274	0	81910	436	1378	87	86
hh275	0	104300	555	1378	87	86
hh276	0	129300	688	1378	87	86
hh277	0	91250	485	4135	262	258
hh278	0	212900	1428	3078	195	192
hh279	0	91310	486	1378	87	86
hh280	0	70730	376	1378	87	86
hh281	0	118000	627	1378	87	86
hh282	176600	0	674	1378	87	86
hh283	177300	0	676	1378	87	86
hh284	0	153200	815	1378	87	86
hh285	0	214000	1138	1378	87	86
hh286	75900	0	290	78030	4936	4876
hh287	122500	0	467	2068	131	129
hh288	0	95590	508	75020	4745	4687
hh289	113900	0	434	1378	87	86
hh290	74470	0	446	49160	3110	3072
hh291	97150	0	371	9423	596	589
hh292	71610	0	273	46180	2921	2885
hh293	0	89440	476	1378	87	86
hh294	0	91300	485	1378	87	86
hh295	0	64070	341	1378	87	86
hh296	0	101600	540	1378	87	86
hh297	0	125200	666	1378	87	86
hh298	52580	0	201	56410	3568	3524
hh299	0	116100	617	1378	87	86
hh300	0	106400	566	1378	87	86
hh301	0	83070	442	1378	87	86
hh302	0	89470	924	1378	87	86
hh303	0	103900	553	1378	87	86

续表

	非熟练劳动	熟练劳动	资本	企业	政府	国外
hh304	0	22470	119	133400	8439	8337
hh305	0	74080	394	1378	87	86
hh306	0	88320	470	13550	857	847
hh307	0	98820	525	12860	814	804
hh308	0	140700	748	1378	87	86
hh309	0	98390	523	1378	87	86
hh310	0	218700	1163	1378	87	86
hh311	170700	0	651	93270	5899	5828
hh312	0	80730	429	1378	87	86
hh313	79840	0	305	1378	87	86
hh314	0	126700	674	17460	1104	1091
hh315	0	122600	652	60070	3800	3754
hh316	0	55000	292	3676	232	230
hh317	0	102100	543	1378	87	86
hh318	0	115000	612	1378	87	86
hh319	0	95330	507	34600	2188	2162
hh320	0	110900	590	1378	87	86
hh321	0	64620	344	33080	2092	2067
hh322	0	77190	410	29180	1846	1823
hh323	0	138200	735	19760	1250	1234
hh324	0	59210	315	48770	3085	3047
hh325	0	64910	345	30780	1947	1923
hh326	0	115600	615	111900	7080	6994
hh327	0	100600	535	1378	87	86
hh328	0	85100	453	39970	2528	2498
hh329	0	186100	990	4797	303	300
hh330	0	119800	637	30320	1918	1895
hh331	0	109700	583	1378	87	86
hh332	118000	0	450	41140	2602	2570
hh333	0	71580	381	22380	1415	1398
hh334	0	43110	229	84170	5324	5259

续表

	非熟练劳动	熟练劳动	资本	企业	政府	国外
hh335	0	72380	385	44110	2790	2756
hh336	0	75060	399	4824	305	301
hh337	34150	0	130	283400	17930	17710
hh338	0	0	0	224500	14200	14030
hh339	71170	0	272	61150	3868	3821
hh340	0	61400	326	1194	76	75
hh341	0	84400	449	5973	378	373
hh342	0	92030	489	1149	73	72
hh343	0	32300	172	36910	2335	2306
hh344	0	0	0	126800	8019	7921
hh345	84070	0	321	66100	4181	4130
hh346	0	0	0	149500	9456	9341
hh347	0	0	0	166100	10510	10380
hh348	64760	0	247	21300	1348	1331
hh349	0	69080	367	4480	283	280
hh350	0	18300	97	36640	2318	2289
hh351	0	64960	345	1700	108	106
hh352	90950	0	347	1953	124	122
hh353	132900	0	507	1034	65	65
hh354	0	45460	242	2068	131	129
hh355	149400	0	570	10220	647	639
hh356	0	83400	443	1378	87	86
hh357	32050	0	122	129200	8172	8072
hh358	91930	0	351	50650	3204	3165
hh359	176600	0	674	206700	13080	12920
hh360	0	106900	568	82230	5201	5138
hh361	74480	0	284	40580	2567	2536
hh362	101400	0	387	689	44	43
hh363	0	38480	205	689	44	43
hh364	77990	0	298	42830	2709	2676
hh365	18560	0	71	149700	9468	9353

续表

	非熟练劳动	熟练劳动	资本	企业	政府	国外
hh366	0	124400	661	190400	12040	11890
hh367	0	149400	795	1378	87	86
hh368	0	48550	258	163300	10330	10200
hh369	123200	0	470	71790	4541	4486
hh370	109100	0	416	1034	65	65
hh371	0	16050	85	116700	7382	7292
hh372	0	41650	221	68130	4309	4257
hh373	0	17750	94	73740	4664	4607
hh374	82310	0	314	29660	1876	1853
hh375	0	106400	566	16770	1061	1048
hh376	85040	0	324	1378	87	86
hh377	0	51750	275	31380	1985	1961
hh378	64030	0	244	74870	4736	4678
hh379	0	15770	84	90370	5716	5647
hh380	84130	0	321	153000	9677	9560
hh381	0	91840	488	7811	494	488
hh382	89280	0	341	69790	4414	4361
hh383	0	0	0	99290	6280	6204
hh384	121600	0	464	23970	1516	1497
hh385	84370	0	322	40000	2530	2499
hh386	0	44020	234	49300	3118	3080
hh387	0	77600	413	1378	87	86
hh388	0	9580	51	56190	3554	3511
hh389	55670	0	212	38240	2419	2389
hh390	0	52790	281	17070	1080	1067
hh391	0	122900	653	25930	1640	1620
hh392	27980	0	107	50710	3207	3168
hh393	0	0	0	90380	5717	5647
hh394	28360	0	108	53790	3402	3361
hh395	0	0	0	94900	6002	5929
hh396	88670	0	338	21690	1372	1355

续表

	非熟练劳动	熟练劳动	资本	企业	政府	国外
hh397	58150	0	222	87010	5503	5436
hh398	0	82910	441	50540	3197	3158
hh399	0	57770	307	42780	2706	2673
hh400	0	77930	414	1378	87	86
hh401	65320	0	249	28870	1826	1804
hh402	105300	0	402	33080	2093	2067
hh403	97950	0	374	62930	3981	3932
hh404	0	34370	183	6566	415	410
hh405	0	147600	785	1034	65	65
hh406	0	189200	1006	1034	65	65
hh407	120200	0	458	84520	5346	5281
hh408	0	97000	516	64210	4061	4012
hh409	0	62180	331	1034	65	65
hh410	0	78000	415	9189	581	574
hh411	0	39720	211	133800	8462	8359
hh412	0	59760	318	46450	2938	2902
hh413	0	77020	410	345	22	22
hh414	0	106500	566	1263	80	79
hh415	86440	0	330	26300	1664	1644
hh416	0	79690	424	345	22	22
hh417	0	63230	336	5237	331	327
hh418	0	123200	655	26740	1692	1671
hh419	91630	0	350	65340	4133	4083
hh420	0	47870	255	2872	182	179
hh421	58950	0	225	46880	2965	2929
hh422	0	0	0	94070	5950	5878
hh423	69440	0	265	63590	4022	3973
hh424	102400	0	391	345	22	22
hh425	0	2874	15	2297	145	144
hh426	0	64040	341	23660	1497	1478
hh427	0	34470	183	73630	4657	4600

续表

	非熟练劳动	熟练劳动	资本	企业	政府	国外
hh428	0	54480	290	47670	3015	2978
hh429	0	103100	548	345	22	22
hh430	0	127600	679	689	44	43
hh431	0	90100	479	345	22	22
hh432	0	119300	634	345	22	22
hh433	0	0	0	123900	7839	7744
hh434	0	0	0	224700	14220	14040
hh435	0	73050	388	129900	8217	8117
hh436	0	63030	335	345	22	22
hh437	0	49350	262	345	22	22
hh438	0	120400	640	345	22	22
hh439	0	98670	525	51780	3275	3235
hh440	0	125700	668	345	22	22
hh441	0	71790	382	345	22	22
hh442	0	79990	425	345	22	22
hh443	0	77600	413	90510	5725	5655
hh444	0	65700	349	1378	87	86
hh445	0	119400	635	191600	12120	11970
hh446	0	129300	688	1378	87	86
hh447	0	76880	409	47550	3008	2971
hh448	0	60360	321	56510	3575	3531
hh449	84060	0	321	1378	87	86
hh450	134600	0	514	1378	87	86
hh451	92950	0	355	56510	3575	3531
hh452	0	92520	492	190400	12040	11890
hh453	0	57290	305	1378	87	86
hh454	50480	0	193	1378	87	86
hh455	56000	0	214	65360	4134	4084
hh456	0	60360	321	1378	87	86
hh457	0	142600	759	125300	7923	7826
hh458	0	0	15900	1034	65	65

续表

	非熟练劳动	熟练劳动	资本	企业	政府	国外
hh459	0	180	1	164900	10430	10300
hh460	0	174400	928	35010	2214	2188
hh461	0	0	0	284900	18020	17800
hh462	0	18200	97	113300	7164	7077
hh463	75390	0	288	68500	4333	4280
hh464	0	48	0	131500	8319	8217
hh465	0	126000	670	1378	87	86
hh466	0	78820	419	1034	65	65
hh467	0	100700	535	1378	87	86
hh468	0	72960	388	105000	6643	6563
hh469	0	85870	457	8270	523	517
hh470	0	142500	1261	5054	320	316
hh471	0	77510	412	919	58	57
hh472	61900	0	236	44360	2806	2772
hh473	0	74480	396	2720	172	170
hh474	0	34490	183	205600	13000	12840
hh475	0	98570	524	1378	87	86
hh476	94850	0	362	41560	2629	2597
hh477	0	189500	1008	2182	138	136
hh478	0	133700	711	361400	22860	22580
hh479	0	100700	536	55360	3502	3459
hh480	0	94170	501	1378	87	86
hh481	0	25680	137	130100	8229	8129
hh482	15830	0	60	75900	4801	4742
hh483	159600	0	609	1378	87	86
hh484	130000	0	496	1378	87	86
hh485	668	0	3	111900	7080	6993
hh486	0	72560	386	276	17	17
hh487	0	60770	323	1746	110	109
hh488	0	63240	336	109700	6938	6854
hh489	0	58900	313	368	23	23

续表

	非熟练劳动	熟练劳动	资本	企业	政府	国外
hh490	0	479	3	98530	6232	6156
hh491	0	64740	344	368	23	23
hh492	0	54880	292	368	23	23
hh493	0	39040	208	204400	12930	12770
hh494	0	28360	151	5514	349	345
hh495	33810	0	129	94970	6007	5934
hh496	0	56370	300	1286	81	80
hh497	51740	0	197	4547	288	284
hh498	0	479	3	55160	3489	3446
hh499	80500	0	307	368	23	23
hh500	0	38710	206	368	23	23
hh501	0	30630	163	368	23	23
hh502	64250	0	245	19430	1229	1214
hh503	65040	0	248	368	23	23
hh504	79260	0	302	368	23	23
hh505	75770	0	289	30190	1909	1886
hh506	35240	0	137	21410	1354	1338
hh507	96620	0	369	37840	2394	2364
hh508	41800	0	159	9557	604	597
hh509	668	0	3	31390	1985	1961
hh510	0	59510	316	2665	169	167
hh511	0	81580	434	1195	76	75
hh512	0	50950	271	2205	139	138
hh513	0	39450	210	4962	314	310
hh514	0	29480	157	2665	169	167
hh515	92070	0	351	368	23	23
hh516	42700	0	163	38040	2406	2377
hh517	0	43800	233	10930	692	683
hh518	0	26860	143	47870	3028	2991
hh519	0	19590	104	19260	1218	1203
hh520	0	55070	293	368	23	23

续表

	非熟练劳动	熟练劳动	资本	企业	政府	国外
hh521	0	69400	369	1746	110	109
hh522	0	86540	460	2205	139	138
hh523	0	52780	281	368	23	23
hh524	0	115300	613	1378	87	86
hh525	0	54980	292	827	52	52
hh526	0	98570	524	4962	314	310
hh527	0	80960	431	83530	5283	5219
hh528	27750	0	106	167000	10560	10430
hh529	0	61460	327	643	41	40
hh530	0	90210	480	368	23	23
hh531	0	104600	556	6111	387	382
hh532	0	132900	706	1286	81	80
hh533	46610	0	178	1080	68	67
hh534	18990	0	72	165800	10490	10360
hh535	0	44790	238	368	23	23
hh536	0	35630	189	1746	110	109
hh537	42660	0	163	1057	67	66
hh538	29930	0	114	23390	1479	1461
hh539	0	55770	297	368	23	23
hh540	668	0	3	62160	3932	3884
hh541	0	28390	151	368	23	23
hh542	0	23920	127	368	23	23
hh543	0	35070	186	2435	154	152
hh544	31250	0	119	42290	2675	2643
hh545	0	16790	7320	368	23	23
hh546	56270	0	215	368	23	23
hh547	0	40290	214	7122	450	445
hh548	0	45880	244	368	23	23
hh549	0	31280	166	368	23	23
hh550	0	33410	178	28430	1798	1776
hh551	0	46190	246	1286	81	80

续表

	非熟练劳动	熟练劳动	资本	企业	政府	国外
hh552	0	49660	264	368	23	23
hh553	668	0	3	35520	2246	2219
hh554	1769	0	7	30510	1930	1906
hh555	0	75430	401	368	23	23
hh556	0	58780	313	368	23	23
hh557	0	66570	354	16810	1064	1051
hh558	0	47330	252	35630	2254	2226
hh559	23390	0	89	148400	9385	9271
hh560	0	4647	25	51000	3226	3187
hh561	72950	0	278	120700	7637	7544
hh562	0	34050	181	117600	7440	7349
hh563	13260	0	51	41050	2597	2565
hh564	13350	0	51	58950	3729	3683
hh565	12690	0	48	107000	6768	6686
hh566	0	57190	304	2665	169	167
hh567	13450	0	51	58380	3693	3648
hh568	150800	0	575	368	23	23
hh569	46860	0	179	4043	256	253
hh570	105500	0	402	368	23	23
hh571	0	98180	522	1328	84	83
hh572	0	46360	247	368	23	23
hh573	0	71440	380	1286	81	80
hh574	0	37950	202	11650	737	728
hh575	0	65450	348	4135	262	258
hh576	0	84730	451	3124	198	195
hh577	40200	0	153	368	23	23
hh578	0	4790	25	33260	2104	2078
hh579	0	479	3	67650	4279	4227
hh580	0	78620	418	2665	169	167
hh581	51470	0	196	1746	110	109
hh582	0	37720	201	22600	1429	1412

续表

	非熟练劳动	熟练劳动	资本	企业	政府	国外
hh583	0	34210	182	735	46	46
hh584	38020	0	145	368	23	23
hh585	0	56290	299	735	46	46
hh586	0	479	3	65660	4153	4102
hh587	0	479	3	121400	7682	7588
hh588	14820	0	57	30370	1921	1898
hh589	52780	0	201	27760	1756	1735
hh590	0	38120	203	368	23	23
hh591	0	33110	176	8638	546	540
hh592	0	85170	453	368	23	23
hh593	26670	0	102	25030	1583	1564
hh594	67240	0	256	7949	503	497
hh595	27830	0	106	1746	110	109
hh596	53180	0	203	368	23	23
hh597	0	39310	209	368	23	23
hh598	0	64920	345	4043	256	253
hh599	0	37410	199	1516	96	95
hh600	0	36410	194	54030	3418	3376
hh601	0	139900	744	18790	1189	1174
hh602	0	70640	376	3584	227	224
hh603	0	60920	324	368	23	23
hh604	0	6227	33	250600	15850	15660
hh605	0	60860	324	1346	85	84
hh606	0	23110	123	368	23	23
hh607	73390	0	280	368	23	23
hh608	26870	0	102	27520	1741	1720
hh609	0	23970	218	1286	81	80
hh610	0	30680	163	2205	139	138
hh611	29450	0	112	368	23	23
hh612	0	0	176	8638	546	540
hh613	0	25790	137	2435	154	152

续表

	非熟练劳动	熟练劳动	资本	企业	政府	国外
hh614	0	8575	46	75820	4796	4737
hh615	26160	0	100	2665	169	167
hh616	0	59410	316	2205	139	138
hh617	0	136300	725	368	23	23
hh618	47280	0	180	12770	808	798
hh619	0	36350	193	368	23	23
hh620	62280	0	238	19800	1253	1237
hh621	19010	0	73	29330	1855	1832
hh622	0	17870	95	44480	2813	2779
hh623	63840	0	244	51090	3232	3192
hh624	0	38180	340	368	23	23
hh625	0	48340	257	368	23	23
hh626	32750	0	125	9547	604	597
hh627	9215	0	35	105200	6651	6570
hh628	0	128400	741	34860	2205	2178
hh629	0	65800	350	368	23	23
hh630	0	80580	428	368	23	23
hh631	0	52490	279	2665	169	167
hh632	0	44650	237	1746	110	109
hh633	0	55350	294	4043	256	253
hh634	0	51820	276	2205	139	138
hh635	0	73240	389	368	23	23
hh636	0	67280	358	25640	1622	1602
hh637	0	25340	135	60490	3826	3779
hh638	0	62760	334	368	23	23
hh639	0	68850	366	9557	604	597
hh640	0	76940	409	83410	5276	5212
hh641	0	42970	228	182400	11540	11400
hh642	0	59180	315	15530	982	970
hh643	0	63050	335	4043	256	253
hh644	0	479	3	32330	2045	2020

续表

	非熟练劳动	熟练劳动	资本	企业	政府	国外
hh645	0	52020	277	4273	270	267
hh646	46070	0	176	1976	125	123
hh647	34320	0	131	2297	145	144
hh648	45120	0	172	44930	2842	2808
hh649	4891	0	19	23930	1514	1495
hh650	0	48640	259	368	23	23
hh651	58700	0	224	1286	81	80
hh652	44260	0	169	44900	2840	2805
hh653	0	65820	350	6400	405	400
hh654	81080	0	309	2435	154	152
hh655	0	26950	143	127300	8050	7952
hh656	99150	0	386	30540	1932	1908
hh657	81500	0	311	368	23	23
hh658	0	52660	280	3124	198	195
hh659	0	3880	21	80860	5115	5053
hh660	35150	0	134	51840	3279	3239
hh661	6377	0	24	18840	1192	1177
hh662	16250	0	87	505	32	32
hh663	0	71530	380	2573	163	161
hh664	0	105300	560	368	23	23
hh665	0	48920	260	2665	169	167
hh666	132200	0	504	13300	841	831
hh667	0	35270	188	88630	5606	5538
hh668	0	7509	40	92590	5856	5785
hh669	0	16680	89	51180	3237	3198
hh670	17690	0	68	368	23	23
hh671	0	144200	767	6249	395	390
hh672	0	95570	508	4503	285	281
hh673	0	109300	581	4962	314	310
hh674	60120	0	246	63430	4012	3963
hh675	668	0	3	55210	3492	3450

续表

	非熟练劳动	熟练劳动	资本	企业	政府	国外
hh676	668	0	3	48780	3086	3048
hh677	0	54200	288	368	23	23
hh678	0	48780	259	4595	291	287
hh679	24110	0	92	17350	1097	1084
hh680	0	43730	233	1746	110	109
hh681	0	47990	255	368	23	23
hh682	47030	0	179	184	12	11
hh683	0	30420	162	7241	458	452
hh684	10680	0	41	92	6	6
hh685	2003	0	8	55760	3527	3484
hh686	0	1437	8	121300	7670	7577
hh687	2003	0	8	116400	7363	7274
hh688	0	31740	169	60840	3848	3801
hh689	0	95410	507	193	12	12
hh690	0	1437	8	112300	7105	7018
hh691	0	43790	233	193	12	12
hh692	0	76080	405	193	12	12
hh693	0	77670	413	652	41	41
hh694	0	84290	448	193	12	12
hh695	0	41010	218	193	12	12
hh696	0	55330	294	193	12	12
hh697	0	44930	239	221	14	14
hh698	2003	0	8	47650	3014	2977
hh699	0	33990	181	1654	105	103
hh700	0	36990	197	1884	119	118
hh701	0	26240	140	1654	105	103
hh702	0	38390	204	276	17	17
hh703	55320	0	211	1195	76	75
hh704	0	33030	176	3768	238	235
hh705	0	63130	336	276	17	17
hh706	2003	0	8	47030	2975	2938

续表

	非熟练劳动	熟练劳动	资本	企业	政府	国外
hh707	48730	0	186	2343	148	146
hh708	0	42840	228	276	17	17
hh709	0	1437	8	112700	7126	7040
hh710	44340	0	169	68080	4306	4254
hh711	0	129100	3213	5201	329	325
hh712	0	51530	274	83	5	5
hh713	0	39450	210	70750	4475	4420
hh714	74930	0	286	12100	765	756
hh715	0	55330	294	101	6	6
hh716	0	65240	347	6345	401	396
hh717	0	71060	378	1833	116	115
hh718	0	43200	230	122900	7776	7682
hh719	2003	0	8	74050	4684	4627
hh720	0	97710	520	221	14	14
hh721	0	98530	524	221	14	14
hh722	0	33850	180	30910	1955	1931
hh723	0	12860	68	16490	1043	1031
hh724	0	74780	398	138	9	9
hh725	25570	0	98	55	3	3
hh726	0	49030	261	138	9	9
hh727	0	42310	225	21230	1343	1326
hh728	0	57220	304	193	12	12
hh729	91270	0	348	138	9	9
hh730	0	33790	180	5651	357	353
hh731	0	24800	132	87240	5518	5451
hh732	0	1437	8	62910	3979	3931
hh733	0	22970	122	34910	2208	2181
hh734	0	42060	224	83	5	5
hh735	0	40990	218	83	5	5
hh736	0	16470	88	2261	143	141
hh737	60100	0	229	193	12	12

续表

	非熟练劳动	熟练劳动	资本	企业	政府	国外
hh738	0	23740	126	5596	354	350
hh739	4641	0	18	44710	2828	2794
hh740	15310	0	58	4526	286	283
hh741	0	24140	128	46670	2952	2916
hh742	2204	0	8	31470	1990	1966
hh743	0	479	3	52810	3341	3300
hh744	0	18410	98	276	17	17
hh745	90630	0	346	276	17	17
hh746	0	40490	215	1112	70	69
hh747	88780	0	339	4788	303	299
hh748	0	36530	194	193	12	12
hh749	0	29250	156	193	12	12
hh750	0	32280	172	110	7	7
hh751	0	27320	145	193	12	12
hh752	26610	0	101	671	42	42
hh753	46570	0	178	248	16	16
hh754	0	30450	162	1011	64	63
hh755	30820	0	118	331	21	21
hh756	0	41390	220	331	21	21
hh757	61980	0	236	276	17	17
hh758	0	47420	252	505	32	32
hh759	0	31320	167	14980	947	936
hh760	28410	0	108	34110	2158	2131
hh761	0	32310	172	643	41	40
hh762	0	25750	137	459	29	29
hh763	40400	0	154	0	0	0
hh764	44300	0	169	0	0	0
hh765	35930	0	137	308	19	19
hh766	0	27790	148	459	29	29
hh767	0	19410	103	0	0	0
hh768	47500	0	181	32	2	2

续表

	非熟练劳动	熟练劳动	资本	企业	政府	国外
hh769	0	35930	191	1608	102	100
hh770	0	46230	246	0	0	0
hh771	0	27790	148	0	0	0
hh772	0	31880	170	0	0	0
hh773	668	0	3	52650	3330	3290
hh774	19720	0	75	9451	598	591
hh775	2003	0	8	58290	3687	3642
hh776	10950	0	42	43510	2752	2719
hh777	2003	0	8	46220	2924	2888
hh778	0	59160	315	1470	93	92
hh779	0	29610	157	276	17	17
hh780	0	44060	234	276	17	17
hh781	0	64970	345	4135	262	258
hh782	0	59420	772	276	17	17
hh783	26980	0	103	3492	221	218
hh784	0	13650	73	276	17	17
hh785	0	49540	263	2297	145	144
hh786	0	29060	174	827	52	52
hh787	0	48250	257	276	17	17
hh788	20200	0	77	551	35	34
hh789	0	24420	130	735	46	46
hh790	0	18610	99	138700	8774	8667
hh791	13940	0	287	5523	349	345
hh792	0	49860	265	1241	78	78
hh793	13960	0	101	10880	688	680
hh794	0	52820	281	1562	99	98
hh795	0	1437	8	54740	3463	3421
hh796	0	24210	129	276	17	17
hh797	2003	0	8	52180	3300	3260
hh798	18130	0	216	4153	263	260
hh799	21310	0	81	3823	242	239

续表

	非熟练劳动	熟练劳动	资本	企业	政府	国外
hh800	0	1437	8	108200	6843	6760
hh801	0	69370	1094	1608	102	100
hh802	19330	0	74	436	28	27
hh803	36850	0	3655	1195	76	75
hh804	0	59500	324	735	46	46
hh805	0	31840	169	14300	904	893
hh806	0	23650	126	1539	97	96
hh807	0	42530	226	965	61	60
hh808	0	30680	163	1654	105	103
hh809	22830	0	1112	276	17	17
hh810	28850	0	110	735	46	46
hh811	26040	0	1617	1861	118	116
hh812	0	32780	174	505	32	32
hh813	2137	0	8	42560	2692	2659
hh814	47970	0	6050	5789	366	362
hh815	0	24770	132	368	23	23
hh816	0	6903	37	77190	4883	4823
hh817	0	25030	133	276	17	17
hh818	16360	0	62	21080	1333	1317
hh819	0	1533	8	47710	3018	2981
hh820	0	1533	8	7167	453	448
hh821	0	55000	292	276	17	17
hh822	19310	0	74	58250	3685	3640
hh823	20570	0	78	276	17	17
hh824	0	33680	179	3032	192	189
hh825	33210	0	2606	19210	1215	1200
hh826	0	38090	203	276	17	17
hh827	28790	0	131	1195	76	75
hh828	0	43560	232	276	17	17
hh829	0	479	3	71510	4523	4468
hh830	0	25100	133	31960	2022	1997

续表

	非熟练劳动	熟练劳动	资本	企业	政府	国外
hh831	668	0	3	34990	2213	2186
hh832	0	55230	294	44510	2816	2781
hh833	0	27330	145	34280	2168	2142
hh834	81060	0	309	36190	2289	2261
hh835	0	479	3	70950	4488	4433
hh836	0	34610	184	29120	1842	1820
hh837	28880	0	110	41340	2615	2583
hh838	0	21980	117	276	17	17
hh839	20070	0	77	11620	735	726
hh840	37770	0	6573	7882	499	492
hh841	55550	0	212	345	22	22
hh842	0	479	3	51260	3242	3203
hh843	2003	0	8	39010	2467	2437
hh844	0	7066	38	54300	3434	3393
hh845	0	77820	414	276	17	17
hh846	0	9688	52	52300	3308	3268
hh847	36060	0	138	38130	2412	2382
hh848	0	57810	307	248	16	16
hh849	0	38400	204	1654	105	103
hh850	0	51050	271	276	17	17
hh851	38180	0	146	1057	67	66
hh852	5676	0	22	21190	1340	1324
hh853	0	29400	156	276	17	17
hh854	0	22330	119	1195	76	75
hh855	0	11890	63	14170	896	885
hh856	0	13580	3791	276	17	17
hh857	0	35050	186	276	17	17
hh858	0	41860	223	65120	4119	4069
hh859	668	0	3	176000	11130	11000
hh860	668	0	3	37030	2342	2314
hh861	0	51370	273	3951	250	247

续表

	非熟练劳动	熟练劳动	资本	企业	政府	国外
hh862	0	87590	466	1309	83	82
hh863	0	85020	452	5467	346	342
hh864	0	60570	322	91660	5798	5727
hh865	0	102800	546	276	17	17
hh866	94870	0	362	77230	4885	4826
hh867	0	4311	23	31200	1974	1950
hh868	34610	0	132	2703	171	169
hh869	159000	0	607	4870	308	304
hh870	0	47570	253	3538	224	221
hh871	0	479	3	56050	3546	3502
hh872	39440	0	150	13820	874	864
hh873	0	71250	379	276	17	17
hh874	25430	0	97	45850	2900	2865
hh875	0	69290	368	276	17	17
hh876	0	62750	334	276	17	17
hh877	0	45170	240	116800	7387	7298
hh878	0	31450	167	505	32	32
hh879	0	29500	157	276	17	17
hh880	0	38750	206	8420	533	526
hh881	0	36560	194	11050	699	691
hh882	0	22830	121	276	17	17
hh883	0	43510	231	8546	541	534
hh884	76580	0	292	16380	1036	1023
hh885	0	45620	243	276	17	17
hh886	0	59140	314	505	32	32
hh887	84950	0	324	276	17	17
hh888	0	63110	336	1521	96	95
hh889	0	68210	363	276	17	17
hh890	0	27450	146	1195	76	75
hh891	0	19660	105	276	17	17
hh892	0	36600	195	95460	6038	5964

续表

	非熟练劳动	熟练劳动	资本	企业	政府	国外
hh893	0	17620	94	2113	134	132
hh894	0	52900	363	62360	3944	3896
hh895	0	32810	174	276	17	17
hh896	0	26590	141	1195	76	75
hh897	17820	0	68	124400	7871	7775
hh898	0	479	3	122600	7752	7658
hh899	0	479	3	33120	2095	2069
hh900	78930	0	301	24370	1542	1523
hh901	0	19930	106	21290	1347	1330
hh902	0	36890	196	37860	2395	2365
hh903	0	19400	103	21660	1370	1354
hh904	0	13000	3349	276	17	17
hh905	0	479	3	78930	4992	4932
hh906	0	24790	132	414	26	26
hh907	0	50210	469	276	17	17
hh908	0	28530	152	26500	1676	1656
hh909	0	58620	312	414	26	26
hh910	52290	0	199	414	26	26
hh911	0	479	3	89350	5652	5583
hh912	0	17990	9327	276	17	17
hh913	0	73830	3075	43830	2772	2739
hh914	48030	0	383	276	17	17
hh915	28100	0	107	1709	108	107
hh916	0	17110	91	43480	2750	2717
hh917	0	26110	139	40220	2544	2513
hh918	14320	0	55	26920	1703	1682
hh919	0	25650	136	19430	1229	1214
hh920	51560	0	197	23810	1506	1488
hh921	10480	0	40	7351	465	459
hh922	0	25700	137	4089	259	255
hh923	0	21720	118	44020	2784	2750

续表

	非熟练劳动	熟练劳动	资本	企业	政府	国外
hh924	0	18590	99	14650	927	915
hh925	0	17610	8645	276	17	17
hh926	67220	0	256	276	17	17
hh927	51770	0	197	266	17	17
hh928	0	38150	203	1686	107	105
hh929	88210	0	337	266	17	17
hh930	735	0	3	146500	9269	9156
hh931	71390	0	272	308	19	19
hh932	67830	0	259	2012	127	126
hh933	55250	0	211	3483	220	218
hh934	0	27510	146	2242	142	140
hh935	0	21920	117	308	19	19
hh936	34220	0	131	60080	3800	3754
hh937	0	23200	202	266	17	17
hh938	27100	0	103	10230	647	639
hh939	735	0	3	23050	1458	1440
hh940	0	18030	96	496	31	31
hh941	0	55790	297	308	19	19
hh942	67950	0	260	308	19	19
hh943	39970	0	152	1617	102	101
hh944	0	23050	123	47320	2993	2957
hh945	76190	0	291	308	19	19
hh946	35220	0	134	1043	66	65
hh947	0	48590	258	2150	136	134
hh948	0	66100	351	308	19	19
hh949	0	51890	276	4902	310	306
hh950	0	527	3	47850	3026	2990
hh951	0	24530	130	5592	354	349
hh952	0	527	3	80030	5062	5001
hh953	0	69290	368	2605	165	163
hh954	0	35660	241	266	17	17

续表

	非熟练劳动	熟练劳动	资本	企业	政府	国外
hh955	0	27560	147	266	17	17
hh956	25610	0	98	2605	165	163
hh957	0	51820	344	308	19	19
hh958	0	47400	1930	308	19	19
hh959	0	13700	73	15800	999	987
hh960	0	56260	299	308	19	19
hh961	0	30210	161	308	19	19
hh962	0	26510	141	308	19	19
hh963	0	63350	337	266	17	17
hh964	0	36520	194	266	17	17
hh965	0	11650	62	308	19	19
hh966	0	527	3	144500	9137	9026
hh967	0	527	3	42700	2701	2668
hh968	0	13420	71	3809	241	238
hh969	0	67260	358	266	17	17
hh970	735	0	3	58190	3680	3636
hh971	0	527	3	20020	1267	1251
hh972	0	33480	178	308	19	19
hh973	0	35910	191	308	19	19
hh974	0	53780	286	538	34	34
hh975	0	32280	172	308	19	19
hh976	61190	0	233	21190	1340	1324
hh977	0	74990	399	308	19	19
hh978	0	33740	179	52060	3293	3253
hh979	0	94670	503	767	49	48
hh980	78150	0	298	308	19	19
hh981	0	57980	308	308	19	19
hh982	70900	0	270	308	19	19
hh983	0	23680	126	308	19	19
hh984	0	26120	139	10090	638	631
hh985	0	40240	214	308	19	19

续表

	非熟练劳动	熟练劳动	资本	企业	政府	国外
hh986	0	0	253	308	19	19
hh987	0	17620	94	63200	3998	3949
hh988	53640	0	205	308	19	19
hh989	0	30080	160	266	17	17
hh990	0	43160	230	496	31	31
hh991	0	50500	269	86670	5482	5415
hh992	0	1427	8	157400	9954	9833
hh993	25010	0	95	28680	1814	1792
hh994	17580	0	67	119400	7550	7458
hh995	0	49740	264	266	17	17
hh996	0	527	3	29340	1856	1833
hh997	0	52210	278	308	19	19
hh998	0	527	3	84070	5318	5253
hh999	0	50370	268	308	19	19
hh1000	735	0	3	79700	5041	4980

附表 8　政府商品税与进口矩阵

政府商品税与进口矩阵包括子矩阵（61）和子矩阵（81），为（2 × 7）矩阵。

	C1	C2	C3	C4	C5	C6	C7
政府	2721155	151885	164164	9112214	522586	7551804	12989
国外	85783252	4788108	5175201	369218	16474300	159250957	409469

附表9 政府非商品税收入与非居民储蓄矩阵

政府非商品税收入与非矩阵储蓄矩阵包括子矩阵（62）、子矩阵（65）、子矩阵（68）、子矩阵（75）、子矩阵（76）和子矩阵（78），为（2×8）矩阵。

	A1	A2	A3	A4	A5	企业	政府	国外
政府	5245702	27808873	1214728	4107548	136245262	38100000	0	71788
投资与储蓄	0	0	0	0	0	193176343	42844780	-29629790

附表10 企业与国外收入分配矩阵

企业与国外收入分配矩阵包括子矩阵（53）、子矩阵（83）和子矩阵（86），为（2×4）矩阵。

	非熟练劳动	熟练劳动	资本	政府
企业	0	0	404736819	0
国外	0	788771.41	18541446	132917.86

参考文献

[1] Abdelkhalek, T., Lasticités De Substitution Et De Transformation Et Sensibilités Prix Et Revenu, Une Analyse Sectorielle Du Commerce Extérieur Marocain [C]. Ministère du Commerce Extérieur, Royaume du Maroc, 1996.

[2] Abdelkhalek, T., Dufour, M. J., Statistical Inference for Computable General Equilibrium Models with Application to a Model of the Moroccan Economy [J]. Review of Economics and Statistics, 1998, 80 (4): 520 -534.

[3] Abler, D., Rodrigues, A., Shortle, J., Parameter Uncertainty in CGE Modeling of the Environmental Impacts of Economic Policies [J]. Environmental and Resource Economics, 1999, 14 (2): 75 -94.

[4] Abler, D., Rodrigues, A., Shortle, J., Parameter Uncertainty in CGE Modeling of the Environmental Impacts of Economic Policies [J]. Environmental and Resource Economics, 1999, 14 (2): 75 -94.

[5] Acemoglu, D., Guerrieri, V., Capital Deepening and Non - Balanced Economic Growth [J]. Journal of Political Economy, 2008, 116: 467 -498.

[6] Acemoglu, D., Introduction to Modern Economic Growth [M]. Princeton University Press, 2009.

[7] Adelman, I., Beyond Export - Led Growth [J]. World Development, 1984, 12 (9): 937 -949.

[8] Adelman, I., Robinson, S., Income Distribution Policy in Developing Countries: A Case Study of Korea [M]. Stanford University Press, 1978.

[9] Adelman, I., Social Equality and Economic Growth in Developing Countries [M]. Stanford University Press, 1973.

[10] Ahmed, V., Abbas, A., Ahmed, S., Taxation Reforms: A CGE - Microsimulation Analysis for Pakistan [C]. Poverty and Economic Policy (PEP) Research Network, 2008.

[11] Ahmed, V., Donoghue, C., Welfare Impact of External Balance in Pakistan: CGE - Microsimulation Analysis [C]. Eleventh Annual Conference on Global

Economic Analysis Marina Congress Centre, Helsinki, Finland, 2008.

[12] Amanor, K., Global Food Chains, African Smallholders and World Bank Governance [J]. Journal of Agrarian Change, 2009, 9 (2): 247 - 262.

[13] Amman, H., Kendrick, A., Linear Quadratic Optimization for Models with Rational Expectations [J]. Macroeconomic Dynamics, 1999 (3): 534 - 543.

[14] Kendrick, A., Stochastic Policy Design in a Learning Environment with Rational Expectations [J]. Journal of Optimization Theory and Applications, 2000, 105 (3): 509 - 520.

[15] Annabi, N., Cockburn, J., Decaluwe, B., Functional Forms and Parameterization of CGE Models [C]. MPIA Working Paper, 2006.

[16] Annabi, N., Cisse, F., Cockburn, J., Decaluwe, B., Rade Liberalization, Growth and Poverty in Senegal: A Dynamic Microsimulation CGE Model Analysis [C]. Cahier de recherché/Working Paper 05 - 12, 2005.

[17] Aredo, D., Fekadu, B., Workneh, S., Trade Liberalization, Poverty and Inequality in Ethiopia: A CGE Microsimulation Analysis [C]. 6th PEP Research Network General Meeting, 2007.

[18] Arndt, C., Benfica, R., Tarp, F., Thurlow, J., Uaiene, R., Biofuels, Poverty, and Growth: A Computable General Equilibrium Analysis of Mozambique [J]. Environmental and Development Economics, 2010, 15 (1): 81 - 105.

[19] Arndt, C., Robinson, S., Tarp, F., An Introduction to Systematic Sensitivity Analysis Via Gaussian Quadrature [C]. GTAP, Technical Paper, No. 2, 1996.

[20] Arntz, M., Boeters, S., Gurtzgen, N., Schubert, S., Analyzing Welfare Reform in a Microsimulation - Age Model: The Value of Disaggregation [J]. Economic Modelling, 2008, 25 (3): 422 - 439.

[21] Baumol, W., Macroeconomics of Unbalanced Growth: The Anatomy of Urban Crisis [J]. American Economic Review, 1967, 57: 415 - 426.

[22] Bautista, R., Robinson, S., El - Said, M., Alternative Industrial Development Paths for Indonesia: Sam and CGE Analysis. In Restructuring Asian Economics for the New Millennium, Volume 9 - B, Research in Asian Economic Studies, edited by Behrman et al. Amsterdam: Elsevier Science, 2001.

[23] Belgodere, A., Vellutini, C., Identifying Key Elasticities in a CGE Model: A Monte - Carlo Approach [C]. ECOPA Working Paper, No. 11, 2009.

[24] Bernheim, B., Scholz, K., Shoven, J., Consumption Taxation in a

General Equilibrium Model: How Reliable Are Simulation Results? [M]. B. Bernhein, Shoven, J., NBER – University of Chicago Press, 1991.

[25] Boccanfuso, D., Savard, L., Groundnut Sector Liberalization in Senegal: A Multi – Household CGE Analysis [J]. Oxford Development Studies, 2008, 36 (2): 159 – 187.

[26] Boehlje, M., Akridge, J., Downey, D., Restructuring Agribusiness for the 21st Century [J]. Agribusiness, 1995, 11 (6): 493 – 500.

[27] Boeters, S., Feil, M., Heterogeneous Labour Markets in a Microsimulation—Age Model: Application to Welfare Reform in Germany [J]. Computational Economics, 2009, 33 (4): 305 – 335.

[28] Bourguignon, F., Bussolo, M., Cockburn, J., Macro – Micro Analytics: Background, Motivation, Advantages and Remaining Challenges [J]. International Journal of Microsimulation, 2010, 3 (1): 1 – 7.

[29] Bourguignon, F., Robilliard, A. – S., Robinson, S., Representative Versus Real Households in the Macroeconomic Modeling of Inequality [C]. Working Paper, No. DT/2003 – 10, DIAL, Paris, 2003.

[30] Braun, J., Agricultural Economics and Distributional Effects [C]. 25th Conference of the International Association of Agricultural Econmists (IAAE) on Reshaping Agriculture's Contributions to Society, Durban, South Africa, 2003.

[31] Buddelmeyer, H., Herault, N., Kalb, G., Linking a Dynamic CGE Model and a Microsimulation Model: Climate Change Mitigation Policies and Income Distribution in Australia [C]. Melbourne Institute Working Paper, No. 3/09, 2009.

[32] Buera, F., Kaboski, J., The Rise of the Service Economy [C]. Northwestern University, 2006.

[33] Caselli, F., Coleman, W., The U. S. Structural Transformation and Regional Convergence: A Reinterpretation [J]. Journal of Political Economy, 2001, 109: 584 – 616.

[34] Chander, R., Gnasegarah, S., Pyatt, G., Round, J., Social Accounts and the Distribution of Income: The Malaysian Economy in 1970 [J]. Review of Income and Wealth, 1980, 26 (1): 67 – 85.

[35] Chen, S., Ravallion, M., Household Welfare Impacts of China's Accession to the World Trade Organization [C]. Policy Research Working Paper, 3040, the World Bank, 2003.

[36] Cherdchuchai, S., Otsuka, K., Rural Income Dynamics and Poverty

Reduction in Thai Villages from 1987 to 2004 [J]. Agricultural Economics, 2006, 35 (s3): 409 -423.

[37] Chitiga, M., Cockburn, J., Decaluwe, B., Fofana, I., Mabugu, R., Case Study: A Gender - Focused Macro - Micro Analysis of the Poverty Impacts of Trade Liberalization in South Africa [J]. International Journal of Microsimulation, 2010, 3 (1): 104 -108.

[38] Chitiga, M., Mabugu, R., Evaluating the Impact of Land Redistribution: A CGE Microsimulation Application to Zimbabwe [J]. Journal of African Economics, 2008, 17 (4): 527 -549.

[39] Chitiga, M., Mabugu, R., Kandiero, T., The Impact of Tariff Removal on Poverty in Zimbabwe: A Computable General Equilibrium Microsimulation [J]. The Journal of Development Studies, 2007, 43 (6): 1105 -1125.

[40] Christine, A., Edward, J., A Review of Armington Trade Substitution Elasticities [J]. Economic Internationale, 2003, 94 -95: 301 -314.

[41] Cockburn, J., A Computable General Equilibrium Microsimulation Model: Application to Nepal [C]. MIMAP Modelers Meeting, Singapore, 2001.

[42] Colombo, G., The Effects of Dr - Cafta in Nicaragua: A CGE Microsimulation Model for Poverty and Inequality Analysis [C]. The 16th International Input - Output Conference, Istanbul, Turkey, 2007.

[43] Cook, M., Chaddad, F., Agroindustrialization of the Global Agrifood Economy: Bridging Development Economics and Agribusiness Research [J]. Agricultural Economics, 2000, 23 (3): 207 -218.

[44] Cororaton, Caesar B., Analyzing the Impact of Philippine Tariff Reform on Unemployment, Distribution and Poverty Using CGE - Microsimulation Approach [C]. Discussion Paper Series No. 2003 -2015, Philippine Institute for Development Studies, 2003.

[45] Curie, D., Levine, P. The Design of Feedback Rules in Linear Stochastic Expectations Models [J]. In Rules Reputation and Macroeconomic Policy Coordination, edited by D. Curie and P. Levine. New York: Cambridge University Press, 1993.

[46] Cowell, F., Measuring Inequality (2ed). Hemel Hempstead: Prentice - Hall Press, 1995.

[47] Davis, J., Combining Microsimulation with CGE and Macro Modeling for Distributional Analysis in Developing and Transition Countries [J]. International Journal of Microsimulation, 2009, 2 (1): 49 -65.

[48] Davis, J., Goldberg, R., A Concept of Agribusiness [M]. Harvard University, 1957.

[49] Davis, J., From Agriculture to Agribusiness [J]. Harvard Business Review, 1956, 107 - 116.

[50] Decaluwe, B., Martens, A., CGE Modeling and Developing Economics: A Concise Empirical Survey of 73 Applications to 26 Countries [J]. Journal of Policy Modeling, 1988, 10 (4): 529 - 568.

[51] Decaluwé, B., Dumont, J. C., Savard, L., Measuring Poverty and Inequality in a Computable General Equilibrium Model [C]. Working Paper 99 - 20, CREFA, Université Laval, Quebec, Canada, 1999.

[52] Dervis, K., De Melo, J., Robinson, S., General Equilibrium Models for Development Policy [M]. Cambridge University Press, 1982.

[53] Devarajan, S., Lewis, J., Robinson, S., External Shocks, Purchasing Power Parity, and the Equilibrium Real Exchange Rate [J]. The World Bank Economic Review, 1993, 7 (1): 45 - 63.

[54] Dewatripont, M., Michel, G., On Closure Rules, Homogeneity and Dynamics in Applied General Equilibrium Models [J]. Journal of Development Economics, 1987, 26: 65 - 76.

[55] Diaz, A., Microsimulations for Poverty and Inequality in Mexico Using Parameters from a CGE Model [C]. Microsimulation: Bridging Data and Policy, Ottawa, Canada, 2009.

[56] Duarte, M., Restuccia, D., The Role of the Structural Transformation in Aggregate Productivity [J]. The Quarterly Journal of Economics, 2010, 125 (1): 129 - 173.

[57] Echevarria, C., Changes in Sectoral Composition Associated with Growth [J]. International Economic Review, 1997, 38 (2): 431 - 452.

[58] Edwards, M., Shultz, C., Reframing Agribusiness: Move from Farm to Market Centric [J]. Journal of Agribusiness, 2005, 23 (1): 57 - 73.

[59] Estudillo, J., Quisumbing, A., Otsuka, K., Income Distribution in Rice - Growing Villages during the Post - Green Revolution Periods: The Philippine Case, 1985 and 1998 [J]. Agricultural Economics, 2000, 25 (1): 71 - 84.

[60] Fair, R., Optimal Control and Stochastic Simulation of Large Nonlinear Models with Rational Expectations [J]. Computational Economics, 2003, 21 (3): 245 - 256.

[61] Fatah, L., The Potentials of Agro - Industry for Growth Promotion and Equality Improvement in Indonesia [J]. Asian Journal of Agriculture and Development, 2007, 4 (1): 57 - 74.

[62] Follmi, R., Zweimuller, J., Structural Change, Engel's Consumption Cycles and Kaldor's Facts of Economic Growth [J]. Journal of Monetary Economics, 2008, 55 (7): 1317 - 1328.

[63] French, C., Robinson, R., Farris, P., Evolving Status of Agribusiness Management Research [J]. Agribusiness, 1993, 9 (5): 523 - 534.

[64] Furtuoso, M., Guilhoto, J., The Brazilian Agribusiness, Defining and Measuring: 1994 to 2000 [C]. the 29th Brazilian Economics Meeting, 2001.

[65] Furtuoso, M., Barros, G., Guilhoto, J., The Gross National Production of the Brazilian Agroindustrial Complex [J]. Brazilian Review of Agricultural Economics and Rural Sociology, 1998, 36: 9 - 31.

[66] GAIF. Improving Competitiveness and Development Impact [C]. In report of the global agroindustries form New Delhi, 2008.

[67] Gale, F., Huang, K., Demand for Food Quantity and Quality in China [C]. Economic Research Report Number 32, United States Department of Agriculture, 2007.

[68] Gollin, D., Parente, S., Rogerson, R., The Role of Agriculture in Development [J]. American Economic Review Papers and Proceedings, 2002, 92 (2): 160 - 164.

[69] Guilhoto, J., Regional Importance of the Agribusiness in the Brazilian Economy [C]. The 44th Congress of the European Regional Science Association, Porto, Portugal, 2004.

[70] Harrigan, F., McGregor, P., Neoclassical and Keynesian Perspectives on the Regional Macro - Economy: A Computable General Equilibrium Approach [J]. Journal of Regional Science, 1989, 29 (4): 555 - 573.

[71] Harris, J., Todaro, M., Migration, Unemployment and Development: A Two - Sector Analysis [J]. American Economic Review, 1970, 60 (1): 126 - 142.

[72] Harris, R., Applied General Equilibrium Analysis of Small Open Economics with Scale Economics and Imperfect Competition [J]. American Economic Review, 1984, 74 (5): 1016 - 1032.

[73] Harris, R., Robinson, S., Economy - Wide Effects of Nino/Southern

Oscillation (Enso) in Mexico and the Role of Improved Forecasting and Technological Change [C]. TMDP83, The International Food Policy Research Institute, 2001.

[74] Harrison, W., Kimbell, J., Economic Interdependence in the Pacific Basin: A General Approach [C]. In New Developments in Applied General Equilibrium Analysis, edited by J. Piggot and J. Whalley. Cambridge: Cambridge University Press, 1985.

[75] Harrison, W., Jones, R., Kimbell, L., Wigle, J., How Robust Is Applied General Equilibrium Analysis? [J]. Journal of Policy Modeling, 1993, 15 (1): 99-115.

[76] Harrison, W., Vinod, D., The Sensitivity Analysis of Applied General Equilibrium Models: Completely Randomized Factorial Sampling Designs [J]. Review of Economics and Statistics, 1992, 79 (2): 357-362.

[77] Hayami, Y., Godo, Y., The Three Agricultural Problems in the Disequilibrium of World Agriculture [J]. Asian Journal of Agriculture and Development, 2004, 1 (1): 3-16.

[78] Hayami, Y., Ruttan, V., Agricultural Development: An International Perspective [M]. Johns Hopkins University Press, 1985.

[79] Heerink, N., Kuiper, M., Shi, X., China's New Rural Income Support Policy: Impact on Grain Production and Rural Income Inequality [C]. International Association of Agricultural Economists Conference, Gold Coast, Australia, 2006.

[80] Hendy, R., Zaki, C., "Rethinking the Redistribution Effects of Trade Liberalization in Egypt: A Microsimulation Analysis", 2010.

[81] Herault, N., Sequential Linking of Computable General Equilibrium and Microsimulation Models: A Comparison of Behavioural and Reweighting Techniques [J]. International Journal of Microsimulation, 2010, 3 (1): 35-42.

[82] Hewings, G., Regional Input - Output Analysis [M]. Beverley Hills: Sage Scientific Geography Series, 1985.

[83] Johansen, L., A Multi - Sectoral Study of Economic Growth [M]. North - Holland Publishing Company, 1960.

[84] Johnston, B., Mellor, J., The Role of Agriculture in Economic Development [J]. American Economic Review, 1961, 51 (4): 566-593.

[85] Jorgenson, D., Surplus Agricultural Labor and the Development of a Dual Economy [J]. Oxford Economic Papers, 1967, 19 (3): 288-312.

[86] Kapuscinski, C., Warr, P., Estimation of Armington Elasticities: An

Application to the Philippines [J]. Economic Modeling, 1999, 16 (2): 257 –278.

[87] Karanja, D., Renkow, M., Crawford, E., Welfare Effects of Maize Technologies in Marginal and High Potential Regions of Kenya [J]. Agricultural Economics, 2003, 29 (3): 331 –341.

[88] Kilkenny, M., Robinson, S., Computable General Equilibrium Analysis of Agricultural Liberalization: Factor Mobility and Macro Closure [J]. Journal of Policy Modeling, 1990, 12 (3): 527 –556.

[89] Kongsamut, P., Rebelo, S., Xie, D., Beyond Balanced Growth [J]. Review of Economics Studies, 2001, 48 (4): 869 –882.

[90] Kuznets, S., Economic Growth and Income Inequality [J]. American Economic Review, 1955, 45 (1): 1 –28.

[91] Labandeira, X., Labeaga, J., Rodriguez, M., An Integrated Economic and Distributional Analysis of Energy Policies [J]. Energy Policy, 2009, 37 (12): 5776 –5786.

[92] Laitner, J., Structural Change and Economic Growth [J]. Review of Economic Studies, 2000, 67 (3): 545 –561.

[93] Lay, J., Sequential Macro – Micro Modelling with Behavioural Microsimulations [J]. International Journal of Microsimulation, 2010, 3 (1): 24 –34.

[94] Lele, U., Mellor, J., Technological Change, Distributive Bias, and Labor Transfers in a Two Sector Economy [J]. Oxford Economic Papers, 1981, 33 (3): 426 –441.

[95] Leones, J., Schluter, G., Goldman, G., Redefining Agriculture in Interindustry Analysis [J]. American Journal of Agricultural Economics, 1994, 76 (5): 113 –125.

[96] Leontief, W., Input – Output Economics [M]. Oxford University Press, 1966.

[97] Lewis, A., Economic Development with Unlimited Supplies of Labour [J]. Manchester School of Economic and Social Studies, 1954, 22 (2): 139 –191.

[98] Löfgren, H., A Brief Survey of Elasticities for CGE Models [C]. Paper Presented to the Ford Fondation, 1994.

[99] Ma, H., Huang, J., Fuller, F., Rozelle, S., Getting Rich and Eating Out: Consumption of Food away from Home in Urban China [J]. Canadian Journal of Agricultural Economics, 2006, 54 (1): 101 –119.

[100] Matsuyama, K., The Rise of Mass Consumption Societies [J]. Journal of

Political Economy, 2002, 110 (5): 1035 - 1070.

[101] Mehrgan, N., Nessabian, S., Agricultural Growth and Income Distribution in Iran, American - Eurasian [J]. J. Agriculture and Environment Science, 2010, 7 (6): 637 - 643.

[102] Mellor, J., Agriculture on the Road to Industrialization [M]. Johns Hopkins University Press, 1995.

[103] Mghenyi, E., Myers, R., Jayne, T., The Effects of a Large Discrete Maize Price Increase on the Distribution of Household Welfare and Poverty in Rural Kenya [J]. Agricultural Economics, 2011, 42 (3): 343 - 356.

[104] Miller, A., Rice, R., Discrete Approximations of Probability Distributions [J]. Management Science, 1983, 29 (3): 352 - 362.

[105] Miller, R., Blair, P., Input - Output Analysis: Foundations and Extensions [M]. Cambridge University Press, 2009.

[106] Morrisson, C., Thorbecke, E., The Concept of the Agricultural Surplus [J]. World Development, 1990, 18 (8): 1081 - 1095.

[107] Murphy, K., Shleifer, A., Vishny, R., Industrialization and the Big Push [J]. Journal of Political Economy, 1989, 97 (5): 1003 - 1026.

[108] Myint, H., Economic Theory and the Underdeveloped Countries [J]. Journal of Political Economy, 1965, 73 (5): 477 - 491.

[109] Nagi, R., Pissarides, C., Structural Change in a Multi - Sector Model of Growth [C]. London School of Economics, 2006.

[110] Nalitra, T. Rethinking the Role of Agricultural and Agro - Industry in the Economic Development of Thailand: Input - Output and CGE Analyses [D]. Nagoya University PhD Dessertation, 2006.

[111] OECD. Growing Unequal? Income Distribution and Poverty in Oecd Countries, 2008.

[112] Ohno, K., The Middle Income Trap: Implications for Industrialization Strategies in East Asian and Afrian [C]. GRIPS Development Forum, 2009.

[113] Orcutt, G., A New Type of Socio - Economic System [J]. Review of Economics and Statistics, 1957, 39 (2): 116 - 123.

[114] Pagan, R., Shannon, H. Sensitivity Analysis for Linearized Computable General Equilibrium Models. In New Developments in Applied General Equilibrium Analysis, edited by Piggot and Whalley [M]. Cambridge: Cambridge University Press, 1985.

[115] Pang, C., Recent Trends in Chinese Agribusiness [J]. Agribusiness, 1985, 1 (1): 113-125.

[116] Peichl, A., The Benefits of Linking CGE and Microsimulation Models: Evidence from a Flat Tax Analysis [C]. IZA DP No. 3715, 2008.

[117] Pieters, J., Growth and Inequality in India: Analysis of an Extended Social Accounting Matrix [J]. World Development, 2010, 8 (3): 270-281.

[118] Preckel, P., DeVuyst, E., Efficient Handling of Probability Information for Decision Analysis under Risk [J]. American Journal of Agricultural Economics, 1992, 72 (3): 655-662.

[119] Pyatt, G., Thorbecke, E., Planning Techniques for a Better Future [M]. International Labor Office, 1976.

[120] Ranis, G., Fei, J., A Theory of Economic Development [J]. American Economic Review, 1961, 51 (4): 533-565.

[121] Rattso, J., Different Macroclosures of the Original Johansen Model and Their Impact on Policy Evaluation [J]. Journal of Policy Modeling, 1982, 4 (1): 85-97.

[122] Rausch, S., Rutherford, T., Computation of Equilibria in Olg Models with Many Heterogeneous Households [J]. Computational Economics, 2010, 36 (2): 171-189.

[123] Reardon, T., Barrett, C., Agroindustrialization, Globalization, and International Development: An Overview of Issues, Patterns, and Determinants [J]. Agricultural Economics, 2000, 23 (3): 195-205.

[124] Restuccia, D., Yang, D., Zhu, X., Agriculture and Aggregate Productivity: A Quantitative Cross-Country Analysis [J]. Journal of Monetary Economics, 2008, 55 (2): 234-250.

[125] Robilliard, A., Bourguignon, F., Robinson, S., Crisis and Income Distribution: A Micro-Macro Model for Indonesia [M]. In the Impact of Macroeconomic Policies on Poverty and Income Distribution: Macro-Micro Evaluation Techniques and Tools, edited by F. Bourguignon, de Silva, L., Bussolo, M., 112-123. Houndmills, UK: Palgrave-Macmillan Publishers Limited, 2008.

[126] Robilliard, A., Robinson, S., Reconciling Household Surveys and National Accounts Data Using a Cross Entropy Estimation Method [J]. Review of Income and Wealth, 2003, 49 (3): 395-406.

[127] Robinson, S., Macro Models and Multiplier: Leontief, Stone, Keynes,

and CGE Models. In Poverty, Inequality and Development: Essays in Honor of Erik Thorbecke, edited by A. Janvry, Kanbur, R., Springer, 2006.

[128] Roland – Holst, D., Reinert, A., Shiells, R., A General Equilibrium Analysis of North American Economic Integration [M]. In Modeling Trade Policy: Applied General Equilibrium Assessments of North American Free Trade, edited by and C. R. Shiells J. F. Francois [M]. New York: Cambridge University Press, 1994.

[129] Round, J., Decomposing Multiplier for Economic Systems Involving Regional and World Trade [J]. Economic Journal, 1985, 95 (6): 383 – 399.

[130] Rutherford, T., Tarr, D., Poverty Effects of Russia's Wto Accession: Modeling "Real" Households with Endogenous Productivity Effects [J]. Journal of Internatonal Economics, 2008, 75 (1): 131 – 150.

[131] Sadoulet, E., Roland – Holst, D., A General Equilibrium Analysis of Domestic Resources Competitiveness and Trade Policy in Ecuador [M]. World Bank, 1989.

[132] Savard, L., Scaling up Infrastructure Spending in the Philippines: A CGE Top – Down Bottom up Microsimulation Approach [C]. GREDI, Working Paper 10 – 06, 2010.

[133] Schluter, G., Lee, C., Edmondson, W., Income and Employment Generation in the Food and Fiber System [J]. Agribusiness, 1986, 2 (2): 143 – 158.

[134] Scoville, O., The Agribusiness Sector: An Important Link in Economic Growth Models [J]. American Journal of Agricultural Economics, 1973, 55 (3): 520 – 523.

[135] Sen, A., Neo – Classical and Neo – Keynesian Theories of Distribution [J]. Economic Record, 1963, 39: 53 – 64.

[136] Shishido, H., Economic Growth and Urbanization: A Study of Japan [J]. International Regional Science Review, 1982, 7 (2): 175 – 191.

[137] Stanton, J., The Role of Agribusiness in Development: Replacing the Diminished Role of the Government in Raising Rural Incomes [J]. Journal of Agribusiness, 2000, 18 (2): 173 – 187.

[138] Stokey, N., Learning by Doing and the Introduction of New Goods [J]. Journal of Polticial Economy, 1988, 96 (4): 701 – 717.

[139] Taylor, L., Lysy, F., Vanishing Income Redistributions: Keynesian clues about Model Surprises in the Short Run [J]. Journal of Development Economics,

1979, 6 (1): 11 -29.

[140] Thomas, H., David, H., Maros, I., Roman, K., How Confident Can We Be in CGE - Based Assessments of Free Trade Agreements? [J]. Economic Modelling, 2007, 24 (4): 611 -635.

[141] Tuladhar, S., Confidence Intervals for Computable General Equilibrium Models [D]. University of Texas at Austin, 2003.

[142] UNSO, A System of National Accounts, Series F, No. 2, Rev. 4 [M]. United Nations Statistical Office, 1993.

[143] Vogel, E., The Four Little Dragons: The Spread of Industrialization in East Asia [M]. Harvard University Press, 1991.

[144] Vos, R., De Jong, N., Trade Liberalization and Poverty in Ecuador: A CGE Macro - Microsimulation Analysis [J]. Economic Systems Research, 2003, 15 (2): 211 -232.

[145] Vyas, V., Carr, M., Micro Impact of Macroeconomic and Adjustment Policies. http://www. crdi. org/en/ev -114628 -201 -1 -DO_ TOPIC. html.

[146] Walras, L., Éléments d'économie politique pure, ou théorie de la richesse sociale (Elements of Pure Economics, or the theory of social wealth, transl. W. Jaffé), 1874.

[147] Whalley, J., Wigle, R., Are Developed Country Multilateral Tariff Reductions Necessarily Beneficial for the U. S. [J]. Economics Letters, 1983, 12: 61 -67.

[148] Whalley, J., Impacts of a 50% Tariff Reduction in an Eight - Region Global Trade Model [M]. In General Equilibrium Trade Policy Modeling, edited by T. N. Srinivasan and J. Whalley. Cambridge, MA: MIT Press, 1986.

[149] Wigle, J., The Pagan -Shannon Approximation: Unconditional Systematic Sensitivity in Minutes [J]. Empirical Economics, 1991, 16 (1): 35 -49.

[150] Wilk, E., Fensterseifer, J., Towards a National Agribusiness System: A Conceptual Framework [J]. International Food and Agribusiness Management Review, 2003, 6 (2): 99 -110.

[151] Woolverton, M., Cramer, G., Hammonds, T., Agribusiness: What Is It All about [J]. Agribusiness, 1985, 1 (1): 1 -3.

[152] Yamano, N., Ahmad, N., The OECD Input - Output Database: 2006 Edition [C]. STI Working Paper, 2006.

[153] Zhu, N., Luo, X., The Impact of Migration on Rural Poverty and Inequality: A Case Study in China [J]. Agricultural Economics, 2010, 41 (2):

191 – 204.

[154] Zhuang, J., Inclusive Growth toward a Harmonious Society in the People's Republic of China: Policy Implications [J]. Asian Development Review, 2009, 25 (1 – 2): 22 – 33.

[155] Zuleta, H., Young, A., Labor's Shares – Aggregate and Industry: Accounting for Both in a Model with Induced Innovation [C]. University of Mississippi, 2006.

[156] 陈晓光，龚六堂．经济结构变化与经济增长 [J]．经济学（季刊），2005，4（3）：583 – 604.

[157] 陈耀邦．论农业产业化经营 [J]．管理世界，1998（5）：1 – 4.

[158] 崔丽丽，王铮，刘扬．中国经济受 CO_2 减排率影响的不确定性 CGE 模拟分析 [J]．安全与环境学报，2002，2（1）：39 – 43.

[159] 范金，严斌剑，坂本博．随机 CGE 模型研究述评 [J]．中国管理科学，2009，17（5）：183 – 192.

[160] 范金，杨中卫，赵彤．中国宏观社会核算矩阵的编制 [J]．世界经济文汇，2010（4）：103 – 113.

[161] 耿献辉．中国涉农产业：结构、关联与发展——基于国际比较视角的投入产出分析 [D]．南京农业大学博士学位论文，2009.

[162] 耿献辉，周应恒．我国农业关联产业的投入产出分析 [J]．经济管理，2011，33（1）：16 – 21.

[163] 龚刚，杨光．从功能性收入看中国收入分配的不平等 [J]．中国社会科学，2010（2）：54 – 69.

[164] 韩俊．中国经济改革 30 年——农村经济卷（1978—2008）[M]．重庆：重庆大学出版社，2008.

[165] 洪银兴．工业和城市反哺农业、农村的路径研究——长三角地区实践的理论思考 [J]．经济研究，2007，43（8）：13 – 20.

[166] 洪银兴，郑江淮．反哺农业的产业组织与市场组织——基于农产品价值链的分析 [J]．管理世界，2009（5）：67 – 81.

[167] 江春泽．农业关联产业群：向现代农业过渡的通途 [J]．中国农村经济，1996（2）：34 – 42.

[168] 李实，赵人伟．中国居民收入分配再研究 [J]．经济研究，1999，35（4）：3 – 17.

[169] 林毅夫．新结构经济学——重构发展经济学的框架 [J]．经济学（季刊），2010，10（1）：1 – 32.

［170］马晓河，蓝海涛，黄汉权．工业反哺农业的国际经验及我国的政策调整思路［J］．管理世界，2005（7）：55－63.

［171］潘文卿．中国区域经济差异与收敛［J］．中国社会科学，2010（1）：72－86.

［172］速水佑次郎，神门善久．农业经济论：新版［M］．北京：中国农业出版社，2003.

［173］特奥多尔，布鲁克满．农业经营经济学［M］．刘潇然译．北京：农业出版社，1984.

［174］王灿，陈吉宁．用 Monte Carlo 方法分析 CGE 模型的不确定性［J］．清华大学学报（自然科学版），2006，46（9）：1555－1559.

［175］王其文，李善同．社会核算矩阵：原理、方法和应用［M］．北京：清华大学出版社，2008.

［176］王小鲁，樊纲．中国地区差距的变动趋势和影响因素［J］．经济研究，2004，40（4）：33－44.

［177］王震．新农村建设的收入再分配效应［J］．经济研究，2010，46（6）：17－27.

［178］许召元，李善同．区域间劳动力迁移对经济增长和地区差距的影响［J］．数量经济技术经济研究，2008，25（2）：38－52.

［179］许宪春，李善同．中国区域投入产出表的编制及分析（1997）［M］．北京：清华大学出版社，2008.

［180］严斌剑，范金．中国 CGE 模型宏观闭合的实证检验［J］．统计研究，2009（2）：80－88.

［181］严斌剑，范金，周应恒等．涉农产业发展的国际比较研究［J］．江苏行政学院学报，2011（6）：39－44.

［182］严瑞珍．农业产业化是我国农村经济现代化的必由之路［J］．经济研究，1997，33（10）：74－79.

［183］张振国．农业产业化是我国农业发展的基本方向［J］．中国农村经济，1996（6）：12－17.

［184］赵其国，周应恒，耿献辉．我国现代农业发展路线与发展战略［J］．生态环境，2008，17（5）：1721－1727.

［185］赵霞，吴方卫．中国涉农综合体 GDP 测算与结构分析［J］．财经研究，2008，34（12）：107－117.

［186］钟甫宁，顾和军，纪月清．农民角色分化与农业补贴政策的收入分配效应——江苏省农业税减免、粮食直补收入分配效应的实证研究［J］．管理世

界，2008（5）：65－71.

［187］钟宁桦．农村工业化还能走多远？［J］．经济研究，2011，47（1）：18－27.

［188］钟契夫，陈锡康，刘起运．投入产出分析［M］．北京：中国财政经济出版社，1993.

［189］周应恒．现代农业发展：有特色有战略［N］．中国教育报，2008.

［190］周应恒，耿献辉．现代农业内涵、特征及发展趋势［J］．中国农学通报，2007（10）：33－36.

后　记

“三日不见，当刮目相看。”时光飞梭，一转眼博士毕业已满6年。在这6年期间，尤其是党的十八大以来，我国经济社会发展面貌取得很大改观，政府采取了一系列民生政策，城乡差距进一步缩小，农业在政府政策支持下也出现了“幸福的烦恼”。党的十八届三中全会决议《中共中央关于全面深化改革若干重大问题的决定》提出了“健全城乡发展一体化体制机制”，“形成以工促农、以城带乡、工农互惠、城乡一体化的新型工农城乡关系，让广大农民平等参与现代化进程、共同分享现代化成果”，“规范收入分配秩序……努力缩小城乡、区域、行业收入分配差距，逐步形成橄榄型分配格局”。2015年中央一号文件，提出推进农村一、二、三产业融合发展。2016年，国务院印发《关于推进农村一、二、三产业融合发展的指导意见》，并提出“着力构建农业与二、三产业交叉融合的现代产业体系”。2016年10月，国务院印发《关于激发重点群体活力带动城乡居民增收的实施意见》中提出，“建立宏观经济、相关政策和微观数据的综合评估机制……借鉴国际经验，引入收入分配微观模拟模型”。可以看出，我国政策制定者越来越重视缩小城乡差距、涉农产业发展，以及采用宏观和微观经济模型来分析收入分配。

“管中窥豹，可见一斑。”博士毕业以来，我个人的研究兴趣也逐渐从宏观转向微观。从哲学上讲，万事万物皆有关联。对宏观经济的研究，尤其是对可计算一般均衡模型的应用，我看到了这种系统研究在拓宽视野方面的魅力，但是也意识到其中的局限性，即对微观主体行为的严格假设。古人云，失之毫厘，谬以千里。如果现实中的微观主体行为与我们宏观模型的设定有很大的区别，那么，如何使我们的研究结论仍然有效？瓦尔拉斯与马歇尔关于这个问题的争论到现在仍未结束。对我而言，如果要去领略经济学优美的抽象思维，应该关注一般均衡理论；如果要去发现经济学强大的解释能力，应该关注马歇尔的局部均衡分析。对微观主体行为的关注，也得益于国内近年来微观经济数据的涌现，主要包括适合研究全国家庭经济社会行为的中国家庭跟踪调查数据、适合农村研究的农研中心农村固定观察点数据、适合研究城乡和流动人口收入和支出的中国家庭收入调查数据、适合研究家庭金融行为的中国家庭金融调查数据、适合研究中老年人健

康状况的中国健康养老调查数据、适合研究劳动力的中国劳动力动态调查数据、适合研究营养与健康问题的中国营养健康调查数据、适合研究流动人口的中国流动人口调查数据等。

“不忘初心，方得始终。”虽然研究对象从宏观转为微观，但是对农业和城乡不平等的研究一直没有中断。概括来说，研究涉及现代农业发展中的“四化”问题，即农业纵向一体化、农业经营主体多元化、农业服务社会化和农业支持政策体系化。对城乡不平等的关注也从收入扩大到健康、福利和社会地位等指标，关注人群也从城乡聚焦到某一类群体，比如老年、中年、青少年等，研究视角也从经济学扩大到社会学和公共卫生领域，比如关注生命历程的不平等，早期成长环境对中老年健康的影响等。这些话题也可以归为两类：一类是对弱势产业的研究，另一类是对弱势群体的研究。

“冰冻三尺，非一日之寒。”与我目前对早期成长环境对今后发展影响的结论相似，我在农村长大的经历让我上学后对农业发展和农民增收很感兴趣。从家乡由种水稻改种椪柑，让我看到了农业结构调整的条件及其对农民收入的影响；从椪柑喷雾由人工推拉向机械喷雾的转变让我看到科技对农业的影响；从椪柑价格的大起大落让我看到了农民在市场面前的脆弱；从夏季洪水和冬季霜冻等极端天气对椪柑树的严重破坏，让我看到了农民在大自然面前的脆弱；从跟随父辈贩运椪柑到大城市，让我看到了农产品价值链上农民所得相比消费者支出之少，也看到政府交通运输管制下运输成本变化对椪柑产业带来的冲击。在中学期间，我经常和同来自桔乡的同学讨论通过加工做果汁等形式来提高椪柑附加值；在大学期间，我一度在书店购买大量关于农业产业化、农民合作组织等农业经济类的书籍，并暗自打算以从事“三农”研究为己任；在研究生期间，虽然我硕士专业并没有农经课程，但是我学习了宏观经济学和一般均衡分析方法，构建了自己的国民经济分析视角；机缘巧合，博士期间选择农业经济管理专业，并研究以农业现代化为特征的涉农产业发展对增加农民收入，并缩小城乡差距的作用。随着科技进步，农民在更短的时间内就可以完成以前的农业生产任务，多出来的时间，既可以从事非农劳动，也可以从事农产品加工、流通服务等环节的劳动，后者可以使农业生产者分享农业产业链增值成果，这就是涉农产业发展对提高农民收入的主要机理，也是政府推进农村一、二、三产融合的初衷。在耶鲁大学访学期间，当看到美国起诉中国对粮食存在非法补贴、导致美国农民无法与中国农民公平竞争的起诉时，我第一时间撰写报告指出其中的问题，获得了中央领导的肯定性批示。希望以此能保护本已处于劣势的中国农民在国际市场中的权益。

“一万年太久，只争朝夕。”每当我想起城市小孩假期有做不完的作业，参加不完的辅导班时，我会觉得农村是孩子们自由自在的活动场所。但是，当我想到小时候几乎每年都有村里发生小孩子溺亡的事故，当我想到小时候 40 多个伙伴中只有不到 10 位上了高中，只有两位上了大学，我会觉得农村其实是孩子们自生自灭的地方。幸好，经过数十年的经济发展，城市化率在提高，非农就业机会在提高，没有上高中的同学也都在城市里寻有一份工作，农村户口反而因为有宅基地等福利而成为很多城里人的追逐对象，城乡的鸿沟在经济发展中不断消除。我希望，若干年后，人们不再用城乡来判断一个人，实现城乡居民基本权益平等化、城乡公共服务均等化、城乡居民收入均衡化、城乡要素配置合理化、城乡产业发展融合化。

“吾生也有涯，而知也无涯。”本书是笔者的博士学位论文，为了保持论文的原貌，笔者对原文做了微小修订。文中如有错误，责任都在笔者，还请读者批评指正。